# सनातन संस्कृति एवं अध्यात्म में वैज्ञानिक अनुसंधान

डॉ. शरद चतुर्वेदी

Pustak Bharati
Toronto Canada

**Book Title:** सनातन संस्कृति एवं अध्यात्म में वैज्ञानिक अनुसंधान

**Author:** डॉ. शरद चतुर्वेदी

**Published by:**
Pustak Bharati (Books-India)
180 Torresdale Ave, Toronto Canada M2R 3E4
email: pustak.bharati.canada@gmail.com



ISBN : 978-1-998027-19-4

# डॉ० चंद्रिका प्रसाद दीक्षित 'ललित'

पी०एच०डी०, डी०लिट्

पूर्व प्रोफेसर एवं विभागाध्यक्ष हिन्दी पं०जे०एन०पी०जी० कालेज– बांदा

सम्प्रति– प्रोफेसर, अध्यक्ष एवं निदेशक

पाठालोचन एवं सम्पादन विभाग

चंद्रदास रिसर्च इंस्टीट्यूट– सिविल लाइन, बांदा

*हिमालय से भी प्राचीन विंध्याचल गिरि गौरवशाली चित्रकूट बांदा विराटपुरी सांस्कृतिक आरण्यक तपस्थली के रूप में साथ ही महाभारतकालीन पांडवों के अज्ञातवास, रामायण कालीन भगवान राम के वनवास काल की शरण स्थली के रूप में विश्व विख्यात रहा है। महर्षि व्यास, बाल्मिक और तुलसी की भाषा संस्कृतियाँ इसी धरती से उदगमित होकर विश्व भर में फैली। इसी धरती से एक शरद ज्ञान गंगा और प्रवाहित हो उठी है। गंगा कहे या त्रिपथगा ।*

*बुंदेलखंड के प्रख्यात चौबे परिवार में शरद पूर्णिमा का प्रतिबिंब लिए असत में सत्य, तमस में ज्योति और मृत्यु से जीवन का संदेश देने वाले डॉक्टर शरद चतुर्वेदी ने श्रमसाध्य साधना द्वारा ''सनातन संस्कृति एवं अध्यात्म में वैज्ञानिक अनुसंधान' नामक कृति की रचना की है। जिसमें विज्ञान अनुसंधान, संचयन, पुरातात्विक, पौराणिक एवं वैदिक प्रविधियां द्वारा सरल एवं सचित्र विवेचन और निष्कर्ष प्रदान कर आरोग्य जीवन और विश्व मानवता को कृतार्थ किया है। इस महनीय कृति और कृतित्व के द्वारा संस्कृति के संकांति काल में आशंकाएं और आक्षेपों का पटाक्षेप होगा और सांस्कृतिक पुनर्जागरण भी होगा।*

*मेरी समुज्ज्वल कामनाएं हैं कि विद्वत वरेण्य डॉक्टर शरद का यह ''सनातन संस्कृति एवं अध्यात्म में वैज्ञानिक अनुसंधान'', महाकाल के कपाल पर कालंजय हस्ताक्षर बने और समूची सृष्टि के लिए मंगलमय हो ।*

चन्द्रिका प्रसाद दीक्षित ललित

*(डॉ० चन्द्रिका प्रसाद दीक्षित 'ललित')*

---

* राष्ट्र गौरव एवं राष्ट्रकवि उपाधि से सम्मानित।

उत्तर प्रदेश सरकार द्वारा जयशंकर प्रसाद पुरस्कार प्राप्त।

हिन्दी साहित्य सम्मेलन द्वारा अंतर्राष्ट्रीय सम्मान से सम्मानित कवि एवं साहित्यकार।

प्रो. रामनारायण द्विवेदी
महामंत्री

पद्मभूषण प्रो. वशिष्ठ त्रिपाठी
अध्यक्ष


श्रीकाशीविद्वत्परिषद्

# श्रीकाशीविद्वत्परिषद्, वाराणसी

30/03/2024

## शुभाशंसा-पत्रम्

*'**सनातन संस्कृति एवं अध्यात्म में वैज्ञानिक अनुसंधान**' इस ग्रन्थ के लेखक डॉ. शरद चतुर्वेदी ने अत्यंत श्रम और मनन–चिंतन करके भारतीय–परंपरा के संस्कारों को संरक्षित करते हुए उनके महत्व तथा चिकित्सकीय समाजशास्त्रीय प्रभाव और वैज्ञानिक दृष्टि से संस्कारों की उपयोगिता ध्यान मे रखकर एक प्रबन्ध–ग्रन्थ '**सनातन संस्कृति एवं अध्यात्म में वैज्ञानिक अनुसंधान**' का लेखन किया है। इस प्रबन्ध ग्रन्थ के अंदर 49 प्रकार के वायुओं के नाम और नक्षत्रों के साथ उनका संबंध स्थापित करते हुए एक अभिनव दृष्टि रेखांकित की है तथा हमारी प्राचीन वैमानिक कला सहित हिन्दू शब्द की व्युत्पत्ति, हमारे ऋषियों द्वारा वेदादि ग्रंथों पर जो अनुसंधानात्मक कार्य हुए है उनका पूर्ण अन्वेषण करते हुए भारतीय ज्ञान मनीषा का वैभव संपादित किया है। साथ ही डॉ. शरद चतुर्वेदी ने बांदा जनपद का गौरवपूर्ण इतिहास, महर्षि वामदेव की पावन भूमि का उल्लेख, कर्णवती नदी (केन) तथा रामचरितमानस के लेखक तुलसीदास जी की जन्मभूमि राजापुर के महत्व पर विस्तार से उल्लेख किया है। इनके इस प्रबन्ध–ग्रन्थ के सिंहावलोकन करने से ये प्रतीत होता है कि आदरणीय चतुर्वेदी जी ने अभिनन्दनीय कार्य किया है। भगवान विश्वनाथ तथा माता अन्नपूर्ण जी से यही प्रार्थना करते है कि ये उत्तरोत्तर इसी प्रकार के अभिनंदनीय कार्य करते रहे।*

रामनारायण द्विवेदी

**प्रो. रामनारायण द्विवेदी**
**महामंत्री, श्रीकाशीविद्वत्परिषद्**

**प्रधानकार्यालय:- डी. 57/49, डी.-3-ए., प्लाट क्रमाङ्क: 19: मालवीयबाग: सिगरा, वाराणसी, उत्तरप्रदेश:**

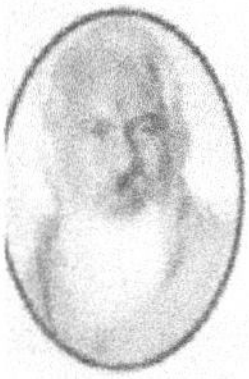


# डॉ. स्वामी शाश्वतानन्द गिरि जी महाराज

+ 91 94160-51108, 83079-84609

नजदीक श्री कृष्णा आयुर्वेदिक कॉलेज, उमरी रोड, कुरुक्षेत्र (हरियाणा)


Ref No.................. Date..................


परम शाश्वत गीता धाम

हरिद्वार

सप्तसरोवर भारत माता मन्दिर

भूपत वाला, हरिद्वार उत्तराखंड


हमारे डॉ शरद चतुर्वेदी जी, जागृत एवं समग्र मानवीय चेतना के प्रतीक सम्पूर्ण सृष्टि के दो विभाग कर सकते हैं, एक प्रकृति का अनुयोगी जीव समुदाय, दूसरा प्रकृति का प्रतियोगी जीव समुदाय : जो केवल मनुष्य ही हो सकता है, यही उसका वैशिष्ट्य और व्यावर्तकत्व है, अस्तु मनुष्य की केवल यही परिभाषा हो सकती है कि "मनुष्य एक विचार शील प्राणी है"।

यह विचारशीलता ही मनुष्य की स्वनाम धन्यता है, इस दृष्टि से डॉ शरद जी खरे उतरते हैं : क्योंकि उन्होंने विज्ञान प्रधान चिकित्साविद् होते हुए भी, जीवन के आंतर एवं सूक्ष्म आध्यात्मिक यथार्थ तथा उससे सम्बन्धित धर्म एवं परम्परा के क्षेत्र में प्रचलित मान्यताओं व्योहारिकताओं का जो सनातन हिन्दू जीवन का पर्याय बन गई हैं : उन सबका एक समग्र व सार्वभौम वैज्ञानिक विश्लेषण करते हुए, एक सर्व तन्त्र समन्वित, सिद्ध जीवन दर्शन देने का सफल एवं प्रामाणिक प्रयास किया है ।

मैं कहा करता हूँ कि विश्व में केवल सनातन धर्म दर्शन एवम् अध्यात्म ही परम् वैज्ञानिक तथा अन्धविश्वास से सर्वथा रहित सिद्धान्त है, इसके अतिरिक्त सर्वत्र धर्म के नाम पर सम्प्रदाय और मान्यताएँ ही है : यह विडम्बना ही है कि जहाँ अन्धविश्वास ही है वह प्रामाणिक माने जाते हैं और जहाँ सब कुछ पूर्ण वैज्ञानिक है उसे उससे ही सम्बन्धित पढ़े लिखे मूर्ख मैथोलॉजी कहते है।

डॉ शरद चतुर्वेदी जी ने विद्वत्ता पूर्वक इस दिशा में अपेक्षित सत्कार्ग का संपादन किया है, मैं आशा करता हूँ उनके द्वारा अन्य विंदुओं पर भी प्रकाश डाला जाएगा। प्रस्तुत पुस्तक निश्चित रूप से पाठकों को स्थायी रूप से बौद्धिक एवं नैष्ठिक धन्यता प्रदान करेगी।

**महामण्डलेश्वर डॉ स्वामी शाश्वतानन्द गिरि**

**परमाध्यक्ष – अखण्ड गीतापीठ शाश्वत सेवाश्रम ट्रस्ट कुरुक्षेत्र, हरिद्वार**

**राष्ट्रीय अध्यक्ष – अखिल भारतीय हिन्दू महासंघ भारत**

# विषयानुक्रमणिका

# आत्मकथ्य

**ध**न्य है हमारी सनातन संस्कृति जिसे पुरातन तथा वैदिक होने का गर्वित अधिकार है। इसमें अध्यात्म एवं विज्ञान का अखण्ड एकाकार है। आत्मीयता का भाव तथा वसुधैव कुटुम्बकम् का संदेश है। दैनिक क्रियाकलाप एवं परिवेश में विज्ञान का सर्वथा व सर्वत्र समावेश है।

उद्देश्य है युवा पीढ़ी पाश्चात्य सभ्यता की ललक को त्याग कर अपनी वैज्ञानिक संस्कृति को जानने समझने तथा आचरित करने की ओर उन्मुख हो सके। पाश्चात्य जीवन पद्धति में प्रतिबंधों की उपेक्षा, शालीनताविहीन खुलापन, असात्विक खानपान, सिनेग्लैमर आदि युवा मन को आकर्षित करता है। परिणामतः भारतीयों ने ही अपनी वैज्ञानिक संस्कृति से मुँह मोड़ लिया है। अभिभावक होने के नाते हमें भी आत्मालोचन करना होगा कि हम अपनी आने वाली पीढ़ी को संस्कारपरक वातावरण प्रदान करने में सक्षम नहीं रहे।

निःसंदेह हमारी युवा पीढ़ी में पर्याप्त तार्किक व विश्लेषणात्मक क्षमता है। यदि उनमें अपने प्राचीन विज्ञान–सम्मत ग्रंथों के परिशीलन की रूचि जाग्रत की जाय, तो अनेक अद्भुत वैज्ञानिक रहस्य उद्घाटित हो सकते हैं। सांकेतिक भाषा, जिसका अधिकाधिक प्रयोग प्राचीन ग्रंथों में हुआ है, उसके विश्लेषण को समझकर निष्कर्ष प्राप्त करना होगा और जब उनकी सारवस्तु का ज्ञान होगा, तो अपनी वैज्ञानिक संस्कृति के प्रति आस्था प्रबल होगी।

हमारे पूर्वज ऋषि अध्यात्मिक क्षेत्र मात्र में समुन्नत नहीं है, वरन उन्होंने गणित, खगोल, ज्योतिष, भौतिकी, रसायन, चिकित्सा एवं स्वास्थ्य, अंतरिक्ष विज्ञान, वास्तु शिल्प एवं कला, संगीत एवं नृत्यकला आदि अनेक विषयों पर गहन शोध करके परिणाम प्राप्त किये थे। कतिपय उदाहरण निम्नांकित हैं–

महर्षि विश्वामित्र द्वारा त्रिशंकु आकार युक्त अंतरिक्ष यान तथा आयुधों का निर्माण, महर्षि कणाद के गुरुत्वाकर्षण तथा सापेक्षता के तीन सिद्धान्त, ऋषि अगस्त्य द्वारा विद्युत बैटरी निर्माण सहित अठारह अविष्कार, बौधायन द्वारा ज्यामिति तथा त्रिकोणमिति का प्रयोग, वास्तुशिल्प विशेषज्ञ विश्वकर्मा आदि आदि। सुदूर अंतरिक्ष में नवग्रहों के गोचर, उंचास (49) मरूतों की मेघ मण्डल से लेकर ध्रुव मण्डल से सम्बद्धता द्वारा–ग्रहों नक्षत्रों, सप्तऋषि मण्डल तथा अंतरिक्ष मण्डल स्थित तारा मण्डल के संचालन तथा ततआधारित ज्योतिष शास्त्र व न्यूनतम से अधिकतम संख्या की गणना भी ऋषियों की वैज्ञानिक देन है।

वेदों व पुराणों में अनेक आख्यान 'टेस्ट ट्यूब बेबी व 'क्लोन से सम्बन्धित तथा अथर्ववेद में 'सेरोगेसी' टेक्निक का स्पष्ट वर्णन, जांघ की हड्डी टूट जाने पर लोहे की जांघ लगाना, कटे हुये अंगों को जोड़ना, कटे हुये सिर को जोड़ना तथा पशु चिकित्सा आदि का स्पष्ट वर्णन है।

अनेक पाश्चात्य वैज्ञानिकों के अविष्कार, उनके नाम से विश्वविख्यात हो गये, क्योंकि ब्रिटिश साम्राज्य उस समय विश्व के अधिकतम भौगोलिक क्षेत्र में विस्तारित था। साथ ही उन्होंने अपनी शिक्षा पद्धति तथा अपने वैज्ञानिकों को शोधकर्ता के रूप में प्रारम्भ से ही छात्रों के मन मस्तिष्क में स्थापित करने का कार्य किया। परिणाम स्वरूप अपनी स्वयं की वैज्ञानिक सस्कृति तथा पूर्वजों की उपलब्धियों को जानने का अवसर ही हमें नहीं मिल सका। विडम्बना है कि भारत को स्वतंत्र हुये लगभग 76 वर्ष हो चुके हैं। अपने प्राचीन साहित्य पर शोध कार्य हो रहा है, फिर भी पाठ्यक्रमों में हम अपने ऋषि शोधकर्ताओं का नाम सम्मिलित नहीं कर पाये हैं। अपनी इस प्रस्तुति में मेरा इसी दिशा में एक लघु प्रयास है।

इस पुस्तक को मूर्तरूप देने में अपने सहयोगी मित्रों डॉ० आचार्य रत्नेश त्रिवेदी, डॉ० आर०बी०एस० तोमर, डॉ0 गोपाल गोयल, श्री यावर हुसैन, श्री अशोक अवस्थी, श्री बी०पी० अग्रवाल, शुभम मिश्रा आदि से समय–समय पर प्राप्त परामर्श के लिये आभारी हूँ। टंकण कार्य के लिये श्री विपिन सक्सेना तथा धर्मिष्ठा जी को धन्यवाद। अपनी पत्नी श्रीमती मंजु सहित परिवार के सभी सदस्यों के सहयोग व प्रोत्साहन से सतुंष्टि व प्रसन्नता है।

आप सभी सुधी पाठकों के समक्ष अपना यह प्रथम प्रयास परिशीलन एवं समालोचना हेतु त्रुटियों के लिये क्षमायाचना सहित प्रस्तुत है।

डॉ. शरद चतुर्वेदी

# 1. यज्ञोपवीत
## (चिकित्सा समाजशास्त्रीय अध्ययन)

वर्तमान की व्यस्त जीवनशैली में शायद ही कोई व्यक्ति हो (बच्चों से लेकर वृद्धावस्था) जो तनावग्रस्त न रहता हो। तनाव कम करने के लिए लोग तरह–तरह के उपाय करते हैं – मनोरंजन के साधनों से, व्यसनों से, औषधियों से और कोई कोई ईश्वर की शरण में निदान पाने का प्रयास करते है। कालान्तर में अवसादजन्य घातक बीमारियों से ग्रसित होने की स्थितियां उत्पन्न हो जाती है। व्यसनों और औषधियों पर निर्भरता उक्तरोत्तर बढ़ती जाती है, जो अत्यधिक व्ययसाध्य है और निरापद तो नहीं ही है।

अतः खोजना होगा कोई ऐसा उपाय जो सरल, निरापद तथा व्यय रहित हो और औषधि के रूप में न हो। जानने का प्रयास करते हैं कि क्या यह यज्ञोपवीत के उपयोग से सम्भव है? आइये इसका अध्ययन व अन्वेषण करते हैं –

वैदिक तथा उत्तर वैदिक काल में यज्ञोपवीत के लिये अनेकानेक ग्रंथो में समानार्थक शब्द मिलते हैं। यथा– उन्नयन, उपनयन, निवीत, उपवीत, यज्ञसूत्र, ब्रह्मसूत्र, मौजीबंधन आदि तथा स्थानीय भाषा में जनेऊ आदि।

**"वासोविन्यासविशेषो यज्ञोपवीतः"**

**आपस्तम्भ धर्म सूत्र (1/2/16/18) हरदत्त**

यज्ञ उपवीत, उपनयन। तात्पर्य यहकि प्रथम बार गुरु के द्वारा शिक्षा दीक्षा प्राप्त करने के उपरान्त गुरु के निर्देश पर यज्ञ करने पर संकल्प के साथ एक 9 धागों से निर्मित सूत्र धारण करना। यज्ञोपवीत धारण के पश्चात वह व्यक्ति द्विज की श्रेणी में मान्यता प्राप्त कर लेता था। द्विज का अर्थ है– जिसका जन्म दो बार हुआ हो (एक बार माता के गर्भ से तथा दूसरी बार गुरु द्वारा ज्ञान प्राप्ति से ज्ञानचक्षु खुल जाने पर) उपनयन पश्चात यज्ञ विधान सम्पन्न करने का अधिकारी हो जाता है।

हमारे पूर्वज ऋषियों ने संस्कारित जीवनयापन की विधा की परिकल्पना की थी। असंस्कारित जीवन की कल्पना करने तक का निषेध था। अनेक नियमों के निर्धारण में उन्होंने आध्यात्मिक के साथ–साथ वैज्ञानिक तथा स्वास्थ्य रक्षा के नियमों का समन्वय व समावेश किया तथा उन नियमों को दैनिक व्यवहार में प्रयोग करने की व्यवस्था भी दी, जिससे पूरा समाज निरोग रहते हुए शतायु प्राप्त करता था।

विडम्बना है कि वर्तमान में हम अपनी पुरातन परम्पराओं को या तो निरर्थक मानकर या अज्ञानवश अथवा पाश्चात्य संस्कृति के हठात अंधानुकरण के कारण नकारते व छोड़ते जा रहे हैं। ऋषियों के कथनों को यथार्थ रूप में जानने का प्रयास भी नही करते हैं।

**षोडश संस्कार**

पूर्वज ऋषियों ने संस्कारित जीवन यापन के उद्देश्य से पहले 48 संस्कार निर्धारित किये। कालान्तर में सभी 48 संस्कारों को समाहित करके 16 संस्कारों का निर्धारण किया जो आद्यतन मान्य है। यह 16 संस्कार निम्नांकित प्रकार से हैं–

1. गर्भाधान, 2. पुंसवन, 3. सीमन्तोन्नयन, 4. जात कर्म, 5. नामकरण, 6. निष्क्रमसार, 7. अन्न प्राशन, 8. चूडाकर्म, 9. कर्णवेध, 10. उपनयन, 11. वेदारम्भ, 12. समावर्तन 13. विवाह, 14 अवस्थाधान, 15 श्रोताधान, 16. अंत्येष्टि ।

उपरोक्त सभी संस्कारों में उपनयन (यज्ञोपवीत) संस्कार के अतिरिक्त सभी संस्कारों के लिये व्यवहारिक रूप से तथा शास्त्र सम्मत भी मात्र एक बार ही अवसर उपलब्ध होता है, जबकि शास्त्रों में केवल यज्ञोपवीत संस्कार को दो बार अवसर प्रदान किया गया है– एक बार गुरु आश्रम विद्याध्ययन हेतु जाने से पूर्व तथा दूसरी बार विवाह पूर्व। इतना ही नहीं कुछ क्षेत्रों में लोकरीति के अनुसार विवाह के समय जब वर, कन्या के घर में प्रथम बार प्रवेश करता है, उससे पहले 'दुर्गा जनेऊ' के नाम से एक तीसरा अवसर भी प्रदान किया जाता है। इस प्रकार यज्ञोपवीत की अनिवार्यता, आवश्यकता तथा उपयोगिता स्पष्ट रूप से आभासित होती है।

**यज्ञोपवीत पर मूलभूत प्रश्न**

1. यज्ञोपवीत की परिकल्पना किसने की ?
2. यज्ञोपवीत से कौन से लाभ मिलते हैं ?
3. यज्ञोपवीत कब और किस प्रकार धारण करने के नियम हैं?

उपरोक्त दो प्रश्नों के उत्तर निम्नांकित श्लोक में प्राप्त होते हैं–

**"यज्ञोपवीतं परमंपवित्रम् प्रजापतेर्यत सहजं पुरस्तात।**
**आयुष्यमग्रम् प्रतिमुञ्चशुभ्रम् यज्ञोपवीतं बलमस्तु तेजः।।**

**बौधायन गृहसूत्र में (2/5/7-8) वैखानस गृहसूत्र (2/5)**

यह श्लोक कई गृहसूत्रों में प्राप्त हैं। उपरोक्तानुसार प्रजापति ने यज्ञोपवीत की परिकल्पना की थी। स्मरणीय है कि ब्रह्मा ने आयुर्वेद का ज्ञान सर्वप्रथम प्रजापति को दिया था। अतः प्रजापति आयुर्वेद के विशेषज्ञ थे। उनके द्वारा आरोग्य से सम्बन्धित आविष्कार किया जाना स्वाभाविक

ही है। यदपि उक्त श्लोक का प्रयोग प्रायः देवपूजन के समय किया जाता है, किन्तु इसमें पांच शब्द ऐसे प्रयुक्त हुए है, जो स्वास्थ्य एवं आयुष्य से सम्बन्धित है – यथा – पवित्रम, आयुष्यमग्रम, प्रतिमुञ्चशुभ्रं, बलम्, तेजः।

**ब्रह्मणा हि यथा प्रोक्तायुर्वेद प्रजापतिः।**
**जग्नाहिनिखिलेनादावश्विनौ तु पुनस्ततः।।**

**चरक संहिता (सूत्र स्थान अ 1–45)**

अब हम इन शब्दों की व्याख्या करेंगे।

### पवित्रम्

स्वच्छता, शुचिता, सफाई, पवित्रता, ये स्वास्थ्य से सम्बन्धित शब्द हैं। पवित्रता अच्छे स्वास्थ्य के लिये आवश्यक है।

### आयुष्यमग्रम्

अर्थात् आयु की वृद्धि करने में अग्रणीय, कोई विशेष औषधि आयु की वृद्धि करने में अग्रणीय हो सकती है, किन्तु क्या तीन–तीन धागों के तीन सूत्रों से निर्मित यज्ञोपवीत को दोनों कानो बांधने से किसी की आयु बढ़ सकती है? एक अन्य स्थिति भी है **आयु को क्षीण करने वाले किसी बड़े कारण को दूर करने में सक्षम उपाय को भी आयु की वृद्धि करने वाला कहा जा सकता है।** यज्ञोपवीत के अध्ययन से हम जानने का प्रयास करेंगे कि क्या यह आयु को क्षीण करने वाले किसी बड़े कारण को दूर करने में समर्थ है, इसीलिये इसे आयुष्यमग्रम कहा गया है?

### प्रतिमुञ्चशुभ्रम्

अर्थात् मुक्ति दिलाता है, शुभ्रता प्रदान करता है। यहां पर आभासित होता है कि मानसिक स्वास्थ्य की ओर इंगित किया गया है। हमारी

संस्कृति में श्वेत रंग को शुभ्रता सद्बुद्धि तथा शान्ति का प्रतीक माना गया है। ज्ञान की देवी सरस्वती के वस्त्र श्वेत, श्वेत कमल में विराजमान, वाहन श्वेत हंस की मान्यता है, जो सद्बुद्धि, ज्ञान तथा शान्ति दायक है। आज भी युद्धरत सेना में जब सद्बुद्धि उत्पन्न होती है तथा शान्ति की अभिलाषा में युद्ध को समाप्त करना होता है तो श्वेत ध्वज लेकर निकल पड़ते हैं।

प्रतिमुञ्च का प्रयोग शुभ्रम के साथ किया गया है। अतः जब सद्बुद्धि व शान्ति होगी तो मानसिक विकारों से अवश्य मुक्ति मिल जायेगी ।

**सहजं पुरस्तात्**

श्लोक का यह शब्द पद भी महत्वपूर्ण है। *'प्रजापतेर्यत पुरस्तात'* (प्रजापति ने परिकल्पित किया) लिख देना पर्याप्त था, किन्तु लिखा गया *'प्रजापतेर्यत सहजं पुरस्तात।'* (सहज में परिकल्पना की) यहां पर सहज शब्द दो प्रकार के भावों को दर्शाता है–

1. साधारणतः ही परिकल्पित कर दिया।
2. किसी असहज (कठिन) कार्य को सहज (सरल) कर दिया।

यज्ञोपवीत के विषय में कहा गया है कि यह आयुष्यमग्रम है (आयु बढ़ाने में अग्रणीय), यह एक असहज कार्य है। इस उद्देश्य की पूर्ति हेतु तीन सूत्र के उपकरण का आविष्कार किया। जो देखने तथा उपयोग में सहज है। यदि किसी ऐसे यंत्र का आविष्कार किया जाय जिसको केवल विशेषज्ञ ही संचालित कर सकें किन्तु जन सामान्य न कर सकें तो वह यंत्र अपनी क्लिष्ट संचालन पद्धति के कारण सहज नहीं कहा जा सकता। परन्तु एक ऐसा उपकरण जिसे बिना किसी विशेषज्ञता के जन सामान्य, शिक्षित, अशिक्षित, बालक, वृद्ध, नर नारी सभी व्यवहरित कर सकें तो ऐसे उपकरण को सहज (सरल) ही कहेंगे। अतः श्लोक में स्पष्ट कथन है कि 'आयुष्यमग्रं' के लिये एक सरल उपकरण का आविष्कार (सहजं पुरस्तात्) किया।

**यज्ञोपवीत धारण करने की वय तथा अवसर**

विभिन्न ग्रंथों में यद्यपि प्रथक–प्रथक विवरण मिलते हैं, किन्तु बाल्यावस्था में यज्ञोपवीत धारण कराये जाने को मान्यता सभी ऋषियों व विद्वानों ने स्वीकारी है। अलग–अलग वर्ण के बालकों के वय में अंतर सम्भवतः उनके कार्य व्यवस्था की दृष्टि से रखा गया है–

**ब्राह्मण बालक**

जिसे अपने जीवन में षट कर्म (पढ़ना–पढ़ाना, यज्ञ करना, यज्ञ कराना, दान लेना, दान देना) करना होता है। उन बालकों का यज्ञोपवीत

संस्कार 08 से 13 वर्ष की वय में गुरु आश्रम में विद्या अध्ययन हेतु जाने से पूर्व अनिवार्यतः सम्पन्न कर दिया जाता था।

**क्षत्रिय बालक**

जिसे 'युवावस्था में समाज व राज्य की रक्षा के दायित्व का निर्वहन करना होता था, उस क्षत्रिय बालक का यज्ञोपवीत संस्कार 11 वर्ष से 22 वर्ष में (प्रायः 16–18 वर्ष में) कर दिया जाता था।

**वैश्य बालक**

जिसे अपने पैत्रिक या नवीन व्यापार व व्यवसाय करना होता था, उस वैश्य बालक का 22 से 24 वर्ष की वय में यज्ञोपवीत संस्कार कर दिया जाता था। अन्य सभी वर्ण के बालकों का यज्ञोपवीत संस्कार 25 वर्ष की वय तक के अन्तर्गत कर दिया जाता था।

महाराज मनु ने सभी का यज्ञोपवीत संस्कार 16 वर्ष की वय तक सम्पन्न कर दिये जाने की व्यवस्था दी है।

**प्रच्छन्नभाव**

उपरोक्त वय व्यवस्था के अवलोकन से परिलक्षित होता है कि तनावपूर्ण स्थिति के आने के पूर्व ही यज्ञोपवीत धारण करा दिया जाता था।

ब्राह्मण बालक द्वारा स्वगृह त्याग कर गुरु के आश्रम जाना, वहां के कठोर नियमों का पालन करने की तनावपूर्ण स्थिति आने से पूर्व यज्ञोपवीत धारण करा दिया जाना।

क्षत्रिय बालक को सैन्य कार्य जैसी कठिन व तनावपूर्ण स्थिति आने से पूर्व यज्ञोपवीत धारण करा दिया जाना ।

वैश्य बालक को व्यवसाय के उतार चढ़ाव तथा व्यवस्था जन्य तनावपूर्ण स्थिति का सामना करने से पहले यज्ञोपवीत धारण करा दिया जाना।

शेष सभी वर्गों के बालकों का यज्ञोपवीत संस्कार उनके अपने–अपने कार्य व्यवसाय की तनावपूर्ण स्थितियां उत्पन्न होने से पूर्व युवावस्था प्राप्त करने तक के पूर्व सम्पन्न कर दिया जान। बढ़ई का उदाहरण उल्लिखित है।

**बालिकाओं का उपनयन संस्कार**

नारी जाति के उपनयन संस्कार का भी विधान शास्त्रों में वर्णित है। ऋषि हारीत ने बालिकाओं को दो श्रेणी में उपनयन संस्कार के सन्दर्भ में विभक्त किया है। 1. ब्रह्मवादनी 2. सद्योवधु।

**ब्रह्मवादनी–** जिस बालिका को उसके माता–पिता शिक्षित करने के पश्चात शिक्षा दीक्षा के कार्य में संलग्न होने योग्य बनाते थे तथा उनका

विवाह नहीं होता था, उन सभी ब्रह्मवादनी बालिकाओं को शिक्षित करने हेतु या तो गुरु को घर पर बुलाया जाता था अथवा माता–पिता स्वयं उसे शिक्षित करते थे। इस श्रेणी की बालिकाओं का उपनयन संस्कार 8 वर्ष की अवस्था में कर दिया जाता था।

**सद्योवधु**

जो बालिकायें विवाह उपरान्त ग्रहस्थ जीवन यापन करती थी, उनका यज्ञोपवीत संस्कार विवाह पूर्व किया जाता था।

स्मृति चंद्रिका भाग–1 तथा 'संस्कार मयूख' ग्रंथा में ऋषि हारीत के मत का निम्नांकित रूप में वर्णन किया है–

''यस्तु हारीतेनोक्तम द्विविधाः स्त्रियों ब्रह्मवादिन्यः सद्योवधुश्च।
तत्र ब्रह्मवादिनीनामुपनयनम् नीनधवम् वेदध्ययनम् स्व गृहे च भिक्षा चर्येति।।
सद्योवधुनांतु उपस्थित विवाहे कथंचिदुपनयन मात्रं कृत्वा विवाह कार्यः।
'उपनयन' षोडशाब्देतुनारीणां मौजीबंधन इश्यते।।
हारीत– पुराकल्पेशु नारीणां मौजीबन्धनसि इश्यते । '
अध्यापनम् च वेदानां सावित्री वाचनम् तथा।।

अर्थात् रजस्वला होने से पूर्व कुमारियों के यज्ञोपवीत का निर्देश दिया गया था। यह भी कथन किया गया है कि गर्भवती तथा सद्यः प्रसूता को इस काल में यज्ञोपवीत धारण करना अनिवार्य नहीं था।

वर्तमान चिकित्सा शास्त्र (एलोपेथी) के अनुसार उपरोक्त स्थितियों में विशेष Harmones गर्भवती तथा सद्यः प्रसूता के शरीर में स्रवित होते हैं, जिसके कारण उनकी पीडा सहने की क्षमता बहुत बढ़ जाती है। जन्म देने के समय महिला 75 डेल (दर्द मापने की इकाई) तक की पीड़ा सह सकती है। पुरुष अधिकतम 45 डेल तक दर्द सह सकते हैं। यह भी कहा गया है कि 75 डेल के दर्द को पुरुष नहीं सह सकते व ऐसी स्थिति में पुरुष की मृत्यु भी हो सकती है।

**उपनयन संस्कार के लिये उपयुक्त ऋतु**

सामान्यतः गुरु की अनुमति से उपनयन का समय निर्धारित किया जाता है जिसे शुभ लग्न व मुहूर्त देखकर गुरु तिथि व समय निर्धारित करते हैं। किन्तु सुविधा की दृष्टि से चारों वर्ण के बालकों के लिये उपनयन संस्कार हेतु ऋतु विशेष का भी उल्लेख है। ऋषि भारद्वाज के अनुसार–

ब्राह्मण बालक के लिये बसन्त ऋतु।
क्षत्रिय बालक के लिये ग्रीष्म/हेमन्त ऋतु।
वैश्य बालक के लिये शरद ऋतु।
बढ़ई आदि अन्य सभी के बालकों के लिये शिशिर ऋतु।

उपरोक्त उद्धरणों से प्रतीत होता है कि सभी वर्णों को यज्ञोपवीत धारण करने की अनुमति थी। चूंकि यज्ञोपवीत की अवधारणा स्वास्थ्य रक्षण की दृष्टि से की गई थी एवं समाज के सभी वर्णों के स्त्री तथा पुरुषों को स्वस्थ रहना आवश्यक होता है। अतः सभी वर्णों को इसके लाभ का अवसर प्रदान किया गया था।

## स्त्रियों ने यज्ञोपवीत धारण करना क्यों बंद कर दिया ?

हम बालिकाओं के उपनयन संस्कार की चर्चा कर चुके हैं किन्तु कालान्तर में स्त्रियों ने यज्ञोपवीत धारण करना बंद कर दिया। यह तो हम अनुमान लगा सकते हैं कि यज्ञोपवीत धारण करना उनके लिये एक असुविधाजनक कार्य था। **मेरी परिकल्पना है** *कि यज्ञोपवीत के विकल्प स्वरूप कान में पहने जाने वाले 'कर्ण फूल' नामक आभूषण बनाये गये (ग्रामीण परिवेष की वृद्ध महिलायें आज भी उपयोग करती मिल जाती हैं।) यह आभूषण पर्याप्त बजनी होते थे, जो पहने जाने पर कानों को नीचे की ओर खीचे रहते थे तथा इनमें जंजीर भी लगी होती थी, जो कान के चारों ओर दबाव भी डालती थी, साथ ही आभूषण को भी सम्भाले रहती थी। इस आभूषण से वह प्रभाव प्राप्त हो जाता था, जो यज्ञोपवीत से कानों को बांधने से होता है। अतः आभूषण रूपी विकल्प उपलब्ध हो जाने पर यज्ञोपवीत धारण करना स्त्रियों ने बंद कर दिया होगा तथा 'कर्णफूल' नामक आभूषण प्रचलन में आ गया होगा।*

किन्तु वर्तमान में यज्ञोपवीत पहनना तो दूर विकल्प स्वरूप आभूषण भी प्रयोग नहीं किये जाते हैं।

## यज्ञोपवीत से दोनों कान बांधने की विधि

यज्ञोपवीत को दोनों में बांधने का नियम है। (वर्तमान में केवल दाहिने कान में बांध कर औपचारिकता कर ली जाती है।) यज्ञोपवीत बांधने की सही विधि हेतु निम्नांकित चित्रों का अवलोकन करें–

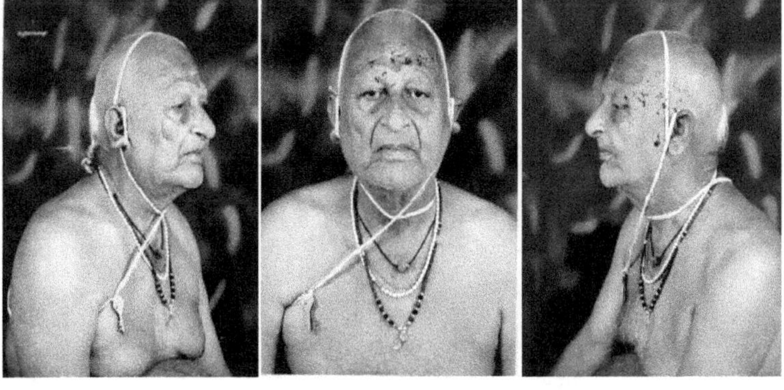

**स्थितियां जिनमें अवश्य यज्ञोपवीत धारण करना चाहिए**

सापला धर्म सूत्र (2/2/4/23) के अनुसार ऋषि तर्पण, सम्भोग के समय, शव ढोते समय, मलमूत्र त्याग करते समय तथा बच्चों के उपनयन संस्कार के समय यज्ञोपवीत अवश्य धारण करना चाहिये। सभी के लिये 96 चावा (हथेली और चार उंगलियों के जोड़ की चौडाई का) यज्ञोपवीत धारण करने का विधान है।

**यज्ञोपवीत और एक्यूप्रेशर सिद्धान्त**

1. किसी अंग पर दबाव डालना या बांधना दोनों एक ही प्रकार असर डालने वाले उपाय है। यज्ञोपवीत द्वारा गर्दन में दोनों ओर कान के नीचे तथा सिर के ऊपर दबाव डालते हुए दोनों कानों को चारों ओर से मोटे धोगे से लपेट कर कसना एक्युप्रेशर की चिकित्साविधि पर आधारित है। उस समय (वैदिककाल में) भी एक्यूप्रेशर विधि का प्रयोग तथा प्रचलन था। इस प्रकार यज्ञोपवीत एक्यूप्रेशर सिद्धान्त का प्रथम प्रयोग था ।
2. एक्यूप्रेशर पद्धति में कान के पीछे एक बिन्दु पर दबाव डालने से मानसिक तनाव कम किया जाता है। यज्ञोपवीत से कान बांधने पर इस उद्देश्य को प्राप्त किया जा सकता है।
3. गर्दन में दोनों ओर कान के निचले हिस्से से कुछ नीचे Angle of Jaw के पास स्थित Carotid Sinus नामक Point होती है, जो एक्यूप्रेशर के चिकित्सा विज्ञानियों के मत से उच्च रक्तचाप को नियंत्रित करने तथा Failing Heart जैसी अत्यन्त आपात स्थिति से मरीज को बचाने के लिए अति महत्वपूर्ण Pressure Point है। सिर के सर्वोच्च भाग की मध्य रेखा के प्रेशर प्वाइंट का भी इनके उपचार में महत्व है।

अमेरिका के एक प्रसिद्ध डॉक्टर *जे. वी. कर्ने* ने अपनी पुस्तक *''एक्यूपंचर विदाउट नीडल्स''* (भारतीय संस्करण 1983 सन् चौप्टर 5 के पृष्ठ 36 से 142 ) में *''कैरोटिड साइनस* तथा *मिड लाइन ऑन टाप आफ हेड''* का उच्च रक्तचाप नियंत्रित करने तथा हार्ट फेल्योर के मरीज को बचाने का अति महत्वपूर्ण वर्णन किया है तथा एक सफल व रोचक उद्धरण भी प्रस्तुत किया है।

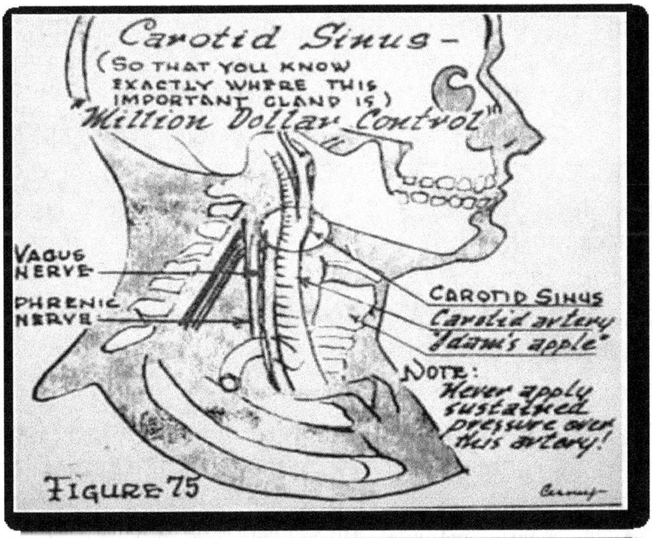


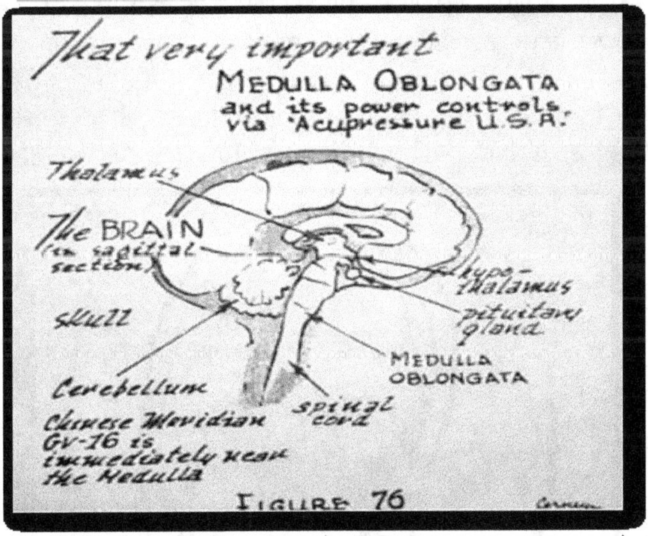


हम पहले ही यज्ञोपवीत की प्रयोगविधि का अध्ययन कर चुके हैं कि इससे एक कान बाँधकर सिर के ऊपर से होते हुए दूसरे कान को बाँधे जाने का नियम था। इस प्रकार से कान बाँधे जाने पर हम पाते हैं कि गर्दन के दोनों ओर के कैराटिड पर तथा मिड लाइन टाप आफ हेड पर एवं दोनों कानों के चारों ओर एक साथ ही यज्ञोपवीत से दबाव डाला जाता है। महत्पूर्ण सावधानी रखना चाहिए कि कैराटिड आर्टरी पर कभी भी लगातार और अधिक दबाव नहीं डालना चाहिए।

यज्ञोपवीत से जाने–अनजाने ही वह लाभ मिल जाता है जो एक्यूप्रेशर के सिद्धान्त के अनुसार उच्च रक्तचाप को नियंत्रित करना तथा अत्यन्त जानलेवा स्थिति ''हार्ट फेल्योर'' जैसी स्थिति से बचाने के लिए आवश्यक होता है। दोनों कान पर बांधने से आप देखेंगे कि गले के सामने वाले भाग पर एक गुणा के चिन्ह की आकृति बनती है। यह स्थान थायराइड नामक ग्रंथि का हैं इस ग्रंथि से निकलने वाला **Harmone** शरीर को बैलेंस (संतुलित) करता हैं, कम या अधिक बनने पर शरीर असंतुलित हो जाता है। यज्ञोपवीत का विधि सहित उपयोग करने से थायराइड ग्रंथि की क्रिया पर भी प्रभाव पड़ता है तथा थायराइड की क्रिया भी नियंत्रित होती है।

**4.** सिस्टम आफ अल्टरनेट मेडिसिन के विषय पर डॉक्टर मुशर्रफ अली, एम. डी. द्वारा दूरदर्शन पर दिनांक 30 एवं 31 जनवरी 1990 को प्रसारित हुए कार्यक्रम में दी गयी वार्ता में कान की बाह्य बनावट को गर्भ के अन्दर स्थित बच्चे की तरह बतलाई गयी है तथा निम्नांकित स्कैच के अनुसार शरीर के विभिन्न अंगो के दर्द की रोकथाम व संज्ञाहरण कान के विभिन्न भागों पर दबाव डालने अथवा उत्तेजना पैदा करने से होना बतलाया गया है। वास्तव में कान की आकृति स्वतः में महत्वपूर्ण है। कान की बनावट गर्भस्थ शिशु के शरीर से साम्यता के कारण सम्पूर्ण शरीर का परिचायक कहा जा सकता है।

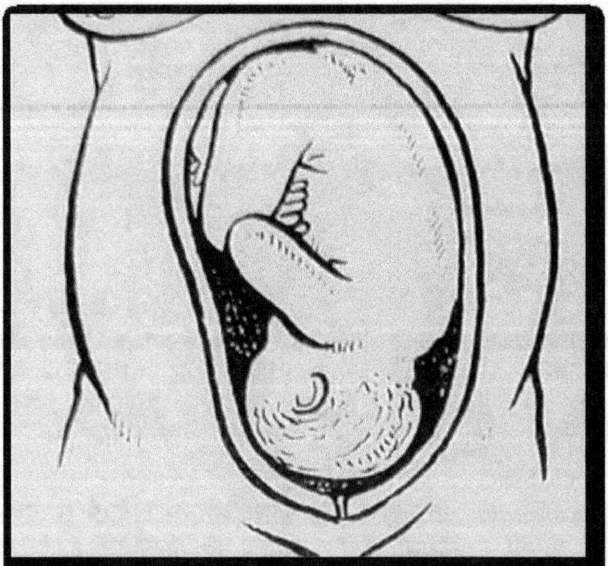

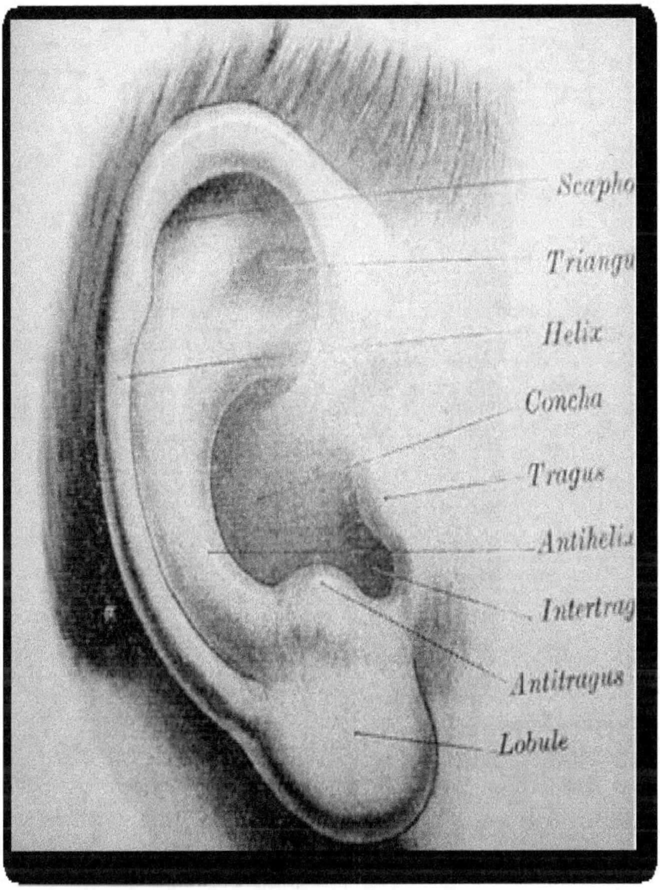


**एलोपैथिक मतानुसार** – अमरीका के ह्यूस्टन के हेल्थ सांइस सेंटर से प्रकाशित '*Life time Health Letter Volume 5, No-2, Feb-1993 Earlobe crease may point to heart desease'* शीर्षक से प्रकाशित समाचार अवलोकनीय है। 'अमेरिकन जर्नल ऑफ कार्डियोलॉजी में रिपोर्टेड – अस्पताल में भर्ती 1000 मरीजों पर की गयी स्टडी पर आधारित निष्कर्ष है कि, कान के लोब की डायगोनल क्रीज का मोटा हो जाना और हृदय की धमनियों में रुकावट होने में सम्बन्ध अवश्य है। डॉ. मुशर्रफ अली भी कान के लोब को मस्तिष्क व वक्ष से सम्बन्धित मानते हैं।

THE UNIVERSITY OF TEXAS HEALTH SCIENCE CENTER AT HOUSTON

LIFETIME HEALTH LETTER

VOLUME 5, NUMBER 2
FEBRUARY 1993

Useful news about health, fitness, nutrition and mental well-being

## NEWS FROM THE WORLD OF RESEARCH

### Earlobe Crease May Point To Heart Disease

A new study appears to support a link between a diagonal crease in the earlobe and the presence of heart disease.

Researchers have debated the importance of earlobe creases as predictors of heart disease for nearly 20 years. In the current study, which was reported in the *American Journal of Cardiology*, investigators examined more than 1,000 hospitalized patients for the deep diagonal fold in the earlobe.

The results: Patients with documented coronary artery disease were significantly more likely to have the distinctive crease than were patients without heart disease — 65% versus 28%. Moreover, among the patients with confirmed heart disease, those who had earlobe creases were more likely to have blockages in several arteries.

Researchers can't explain the possible link between the earlobe and the heart. Some investigators suspect that a common genetic factor may affect both sites or that the crease may result from vascular changes or skin atrophy associated with heart disease. Others believe the crease may be a sign of increased activity of male hormones or simply a marker of biologic aging.

### Does Diabetes Protect Women's Bones?

Non-insulin-dependent diabetes may have an unexpected silver lining, at least for women.

In a study of more than 600 men and women, which was reported in the *Journal of the American Medical Association*, bone density measured at the forearm, wrist, neck and spine was significantly greater among women with type-II (adult-onset) diabetes than among women with normal glucose levels. Greater bone density means a lower risk of osteoporosis. Bone density among male diabetics didn't differ significantly from that of non-diabetics.

A possible explanation for the unexpected bone benefits in women is that levels of male hormones tend to be higher in women with type-II diabetes. These male hormones may delay the bone loss that occurs in women after menopause.

### High-Fiber Diet May Stave Off Hypertension

Findings from a long-term study of more than 30,000 men suggest that a low intake of dietary fiber increases the risk of developing high blood pressure.

In the study, which was reported in *Circulation*, men who consumed fewer than 12 grams of fiber a day had a 60% greater risk of developing hypertension than did men who consumed 25 grams or more per day. Health experts generally recommend that people consume 25 to 30 grams of fiber each day in the form of fruits, vegetables, legumes and whole grains.

Researchers aren't sure whether fiber itself helps regulate blood pressure or whether people who consume lots of high-fiber foods simply eat less of other, potentially detrimental foods.

### Vascular Disease (continued)

When performed regularly over the course of a year, these blood pressure comparisons help physicians monitor progression of the disease. If the disease worsens, bypass surgery or angioplasty should be performed before rest pain or gangrene sets in, says Dr. Sweeney, director of thoracic and cardiovascular surgery at Hermann Hospital.

In bypass surgery, surgeons reconstruct the vessels and detour the blood supply around the blockage. In angioplasty, a balloon is inserted into the arteries and then inflated, flattening the fatty material against the artery walls and opening the narrowed vessels.

Because angioplasty appears to be effective only for short, isolated blockages, which are the exception rather than the rule, bypass surgery is used more often. Both techniques usually are successful in restoring blood flow to the tissues, although neither will stop the progression of atherosclerosis.

The good news is that only 15% of people who have lower-extremity vascular disease require bypass surgery or angioplasty, says Dr. Sweeney. Most people with mild or moderate disease can look forward to a satisfactory outcome. Several studies suggest that five years after symptoms begin, half of patients remain stable or have improved with conservative treatment.

### Self-Help Works

Whether the disease is mild or severe, Dr. Sweeney says, the patient's role is critical.

- **Exercise as much as possible every day.** Walking or bicycling until claudication occurs, resting and then resuming activity for a total of 30 minutes a day can triple pain-free walking distance.
- **If you smoke, quit.** The risk of developing claudication is up to nine times higher among smokers compared with non-smokers, and outcomes tend to be worse among those who continue to smoke.
- **Keep blood pressure under control.** Hypertension increases the extent and severity of atherosclerosis.
- **Bring elevated cholesterol levels in line.** Studies have shown that treating high cholesterol with a low-fat diet and cholesterol-lowering drugs reduces the progression of atherosclerosis in all areas of the body.
- **If you're overweight, lose weight.** Shedding pounds reduces the effort of walking.
- **If you have diabetes, take good care of your feet.** People who have diabetes are seven times more likely than non-diabetics to require amputation, a grim possibility that can be made less likely by meticulous foot care. Wear comfortable shoes, treat ulcers, dry between the toes, carefully trim the nails and use lanolin cream or lotion to prevent skin fissuring.
- **Take half an aspirin daily.** Doctors generally recommend long-term aspirin therapy for people with intermittent claudication. In a recent study, aspirin prevented or delayed the need for surgery.
- **Take care of coexisting medical conditions.** Often, improvement in general medical status can improve the symptoms of vascular disease.

मस्तिष्क के पिछले भाग में पीनियल बाडी में एक स्राव स्रवित होता है जिसे 'सिरोटिनिन' के नाम से जाना जाता है। इस स्राव की मात्रा कम या अधिक होने से मानसिक विकार जेसे ऐंगजाइटी व डिप्रेशन आदि उत्पन्न होने लगते हैं। दूसरे अर्थों में एंगजाइटी और डिप्रेशन को 'सिरोटिनिन कंट्रोल करता है। वर्तमान में सिरोटिनन का उपयोग मानसिक विकारों के ठीक करने के लिए बहुतायत से प्रचलित हो गया है। सिरोटिनिन के रिसेप्टर्स को प्रभावित करके उपचार किया जाना वर्तमान में प्रचुरता से स्वीकार किया गया हैं।

ब्लडप्रेशर की सर्केडियन साइकिल एण्ड रिद्म से सिद्ध है कि प्रत्येक व्यक्ति का ब्लडप्रेशर प्रातः 2 बजे से 9 बजे तक सायं 2 बजे से 9 बजे तक बढ़ी हुयी स्थिति में रहता है तथा प्रातः एवं सायं 7 से 9 बजे के बीच अपनी अधिकतम स्थिति में मिलता है।

ब्लडप्रेशर अधिक बढ़ जाने के कारण प्रातः 7 बजे से 9 बजे के मध्य अधिकांशतः (70 प्रतिशत) मृत्यु होने की घटनायें हुई हैं। अतः 7 से 9 बजे का समय Risk Period माना गया है। इस सन्दर्भ में सर्केडियन वैरिएशन इन कार्डियोवैस्कुलर इवेन्ट्स के निम्नांकित ग्राफ व लाग्स अवलोकनीय है–

There was a close correlation between the two methods of determination. Figure 2, in which the number of infarcts per hour is shown as a function of time of day (plotted for two 24-hour periods to permit appreciation of the relation between the end and beginning of the day), reveals a pronounced circadian rhythm.

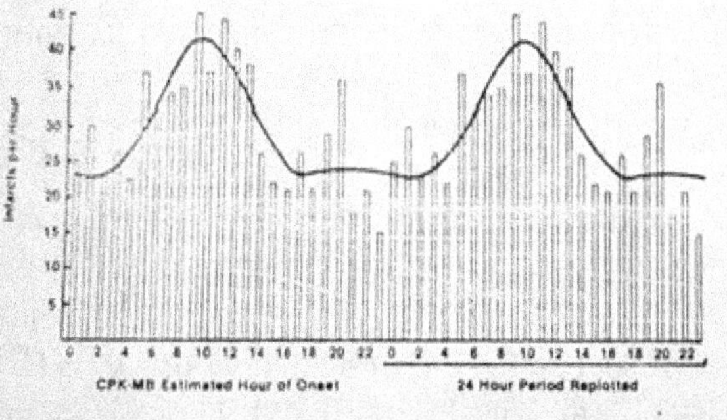


FIGURE 2
Relationship between time of infarc (CPK-MB determined) and the number of infarcts per hour in 849 patients. No the morning peak a 9 AM and the suggestion of a secondary peak at 8 PM

Infarct frequency peaked in the morning for younger and older men and women, in smokers and non-smokers, in coffee drinkers and nondrinkers, and in patients with and without previous histories of angina or infarction. Previous studies had anticipated the finding of a 6 AM to Noon peak in infarct onset, but because they relied solely on the subjective reporting of chest pain, uncorroborated by enzyme data, th[illegible] had been considered inconclusive. The MILIS conclusion, based on subjective and objective data, is widely accepted by experts in the field.

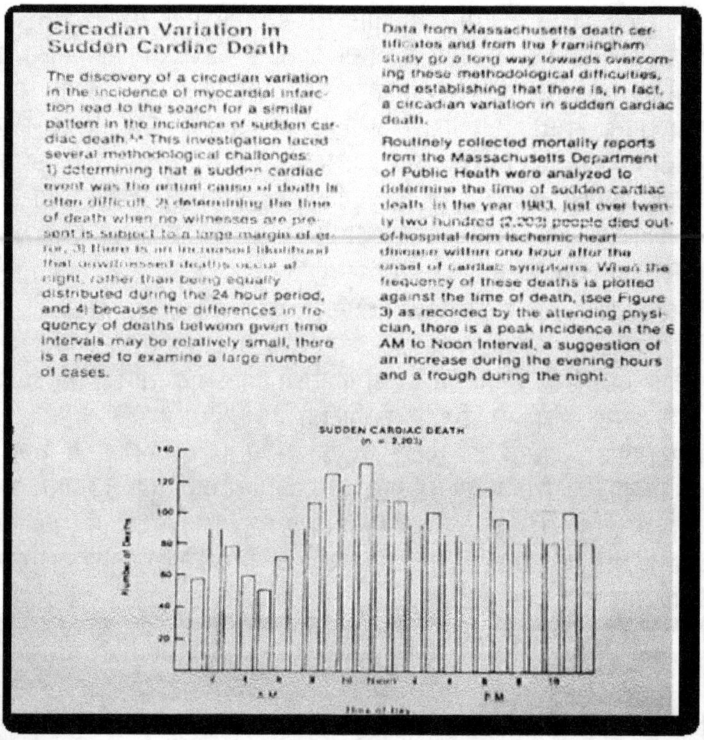

**Circadian Variation in Sudden Cardiac Death**

The discovery of a circadian variation in the incidence of myocardial infarction lead to the search for a similar pattern in the incidence of sudden cardiac death.[3,4] This investigation faced several methodological challenges: 1) determining that a sudden cardiac event was the actual cause of death is often difficult, 2) determining the time of death when no witnesses are present is subject to a large margin of error, 3) there is an increased likelihood that unwitnessed deaths occur at night, rather than being equally distributed during the 24 hour period, and 4) because the differences in frequency of deaths between given time intervals may be relatively small, there is a need to examine a large number of cases.

Data from Massachusetts death certificates and from the Framingham study go a long way towards overcoming these methodological difficulties, and establishing that there is, in fact, a circadian variation in sudden cardiac death.

Routinely collected mortality reports from the Massachusetts Department of Public Heath were analyzed to determine the time of sudden cardiac death. In the year 1983, just over twenty two hundred (2,203) people died out-of-hospital from ischemic heart disease within one hour after the onset of cardiac symptoms. When the frequency of these deaths is plotted against the time of death, (see Figure 3) as recorded by the attending physician, there is a peak incidence in the 6 AM to Noon interval, a suggestion of an increase during the evening hours and a trough during the night.



## विवेचना

1. यज्ञोपवीत की परिकल्पना (अविष्कार) चिकित्सा शास्त्र के ज्ञाता द्वारा किया गया।
2. यज्ञोपवीत के उपयोग का स्वास्थ्य से सम्बन्धित होना सिद्ध होता है।
3. यज्ञोपवीत का उपयोग बाल्यावस्था में अध्ययन हेतु गुरु के आश्रम जाने के लिए गृहत्याग से पूर्व कराया जाना, विवाह से पूर्व गृहस्थी का दायित्व आने से पहले, युवकों को उनके व्यवसाय का दायित्व प्रारम्भ करने से पूर्व आदि मानसिक तनाव उत्पन्न करने वाली स्थितियों के आने से पहले ही यज्ञोपवीत का उपयोग प्रारम्भ कराया जाना।
4. बालक–बालिकाओं, स्त्री–पुरुष सभी चारों वर्गों को यज्ञोपवीत धारण व उपयोग कराया जाता रहा है अर्थात् समाज में सभी का स्वस्थ होना आवश्यक माना गया है।
5. सभी सोलह संस्कारों में से यज्ञोपवीत की अनिवार्यता अर्थात् किसी भी संस्कार को दो बार अवसर नहीं था, किन्तु यज्ञोपवीत को शास्त्र द्वारा दो बार तथा लोक रीति द्वारा तीन बार अवसर देकर इसकी अनिवार्यता एवं उपयोगिता सिद्ध होती है।

6. यज्ञोपवीत का उपयोग आबालवृद्ध अर्थात् बाल्यकाल से जीवन पर्यन्त सभी चारों वर्गों अर्थात् सम्पूर्ण समाज में अनिवार्यता से इसका स्वास्थ्य उपयोगी होना सिद्ध होता है।
7. यज्ञोपवीत का मुख्यतः नियमित उपयोग किये जाने का क्रम प्रातः 4 बजे से 9 बजे और सायं भी 4 से 9 बजे सिद्ध करता है कि प्रातः एवं सायं विशेष काल मल त्याग के समय दोनों कान बाँधे रहना सिद्ध करता है कि यह समय Risk Period है, अतः इस समय विशेष में शरीर रक्षा का उपाय अवश्य करना चाहिए। एलोपैथिक मत से 'Mills study' on Cardiovascular Events से भी यह समय Risk Period माना गया है। यही समय कान में यज्ञोपवीत बाँधने का प्रमुखता से होता था।
8. दोनों कैरोटिड साइनसेज पर दबाव डालने से ब्लडप्रेशर को नियंत्रित किया जा सकता है तथा हार्ट अटैक जैसी घातक स्थिति से बचाया जा सकता है।

   –(एक्यूपंचर विदाउट निडल्स से उद्धृत)
9. अमेरिकन जर्नल अफ कार्डियोलॉजी की स्टडी रिपोर्ट जो ह्यूस्टन से प्रकाशित *लाइफ टाइग हेल्थ लेटर* Volume-5 No- 2 Feb 1993 में प्रकाशित हुई। अवलोकनीय है कान की डायगोनल क्रीज में सूजन का सम्बन्ध हृदय रोग से सम्बन्धित होने से यह सिद्ध है कि कान में यज्ञोपवीत का बाँधा जाना अभीष्ट फलदायक है।
10. Cardiovascuar Events अधिकांशतः प्रातः सायं 7 बजे से 9 बजे घटित होना और Toilets के अन्दर मृत्यु हो जाना पाया गया है। नियमानुसार उस समय यज्ञोपवीत का कान में बाँधा जाना अनिवार्य था।
11. नमाज पढ़ने से पहले पाँचो वक्त वजू करते समय कान के पीछे से अंगूठे को घुमाने की क्रिया भी इसी का रूपान्तर प्रतीत होता है।

**निष्पत्ति**

उपरोक्त अध्ययन से निम्न निष्कर्ष प्राप्त होते हैं–

1. यज्ञोपवीत एक स्वास्थ्यरक्षक, जीवन रक्षक सरलतम चिकित्सकीय उपकरण है।
2. आयुर्वेद, एक्यूप्रेशर एवं एलोपैथिक आदि सभी चिकित्सा पद्धतियों से यज्ञोपवीत के प्रयोग से होने वाले लाभ की पुष्टि प्रत्यक्ष एवं परोक्ष रूप से होती है।
3. अवसाद तथा अवसादजन्य उच्च रक्तचाप व हृदयरोग से बचने का सहज उपाया इस उपकरण के दैनिक उपयोग द्वारा सम्भव है।

असहज लाभों को सहजता से इस उपकरण द्वारा प्राप्त किया जा सकता है।

4. इस उपकरण में कोई व्यय नहीं है अर्थात् यह अत्यन्त Cost Effective है जो कि किसी भी चिकित्सा पद्धति में सम्भव नहीं है।
5. यह उपकरण शरीर के बाह्य उपयोग में लाया जाता है अर्थात् Non-Invasive है।
6. इस उपकरण को बाह्य उपयोग में लाया जाता है, इसके प्रयोग हेतु न कोई औषधि खाना है, न लगाना है। अतः इसका कोई विपरीत प्रभाव भी नहीं है।
7. उपयोग अत्यन्त सहज, सरल, सर्वोपयोगी, सर्वसुलभ एवं सर्वग्राह्य है।
8. हमारे पूर्वजों, ऋषियों ने आयुर्वेद के सर्वप्रथम ज्ञाता प्रजापति के अविष्कार का सहजता से होने वाले लाभ तथा उपयोग की सरलता को देखकर इसे षोडस संस्कारों में सर्वप्रमुख संस्कार की मान्यता देकर धार्मिक अनुष्ठानों से भी जोड़ दिया, ताकि पूरा समाज यज्ञोपवीत को स्व–अनुशासित ढंग से अपनायें तथा इसका उपयोग करें और स्वस्थ रहें तथा आयु क्षीण करने वाले बड़े कारणों से बचे रहें।
9. वर्तमान परिस्थिति में मानसिक तनाव व उच्च रक्तचाप एवं हृदयघात के रोगियों की संख्या दिन–ब–दिन बढ़ती जा रही है। इन रोगों से सुविधा सम्पन्न समाज तथा गरीब सभी प्रकार के लोग प्रभावित हो रहे हैं। अतः यज्ञोपवीत जैसे सरल, उपयोग में साधारण, अत्यल्प मूल्य वाले, निरापद एवं प्रभावी उपाय को अपनाने व प्रयोग करने की और भी अधिक आवश्यकता है। प्रतिरक्षा करना चिकित्सा की अपेक्षा उत्तम है (Prevention is better than cure)।

अतः उपरोक्त अध्ययन से प्राप्त निष्कर्षों के आधार पर मेरा अभिमत है कि मानसिक तनाव जन्य स्थितियों से बचाये रखने के लिये सरलता से सभी के द्वारा व्यवहरित किया जा सकने वाला, सुरक्षित तथा किसी भी दुष्प्रभाव से रहित एवं अत्यल्प (नगण्य) व्यय साध्य उपाय, जो उच्च रक्तचाप, हृदय रोग, मूत्र रोग आदि से सुरक्षित रखने वाला हो, वह यज्ञोपवीत के अतिरिक्त अन्य कोई उपकरण नहीं है। पूर्वाग्रह तथा आधुनिकाता की मरीचिका को त्याग कर इसका उपयोग करना श्रेयस्कर है। अपने इस चिकित्सा समाजशास्त्रीय अध्ययन से समाज को सहमत करने में यदि सक्षम होता हूँ, तो अपना प्रयास सार्थक मानूँगा।

# 2. भारतीय ज्ञान एवं दर्शन के अप्रतिम ग्रंथ

वेद सर्वमान्य प्राचीन ग्रन्थ हैं। वेदों की संख्या चार है। 1. ऋग्वेद, 2. यजुर्वेद, 3. सामवेद, 4. अथर्ववेद। ऋग्वेद प्राचीनतम है। वेदों की भाषा तथा वेदार्थ अत्यन्त गूढ़ हैं। सायण द्वारा ऋग्वेद के गूढ़ रहस्यों का सरलीकरण किया गया है, फिर भी बिना आत्म ज्ञान के वेदों के निहितार्थ को यथार्थ रूप में समझ पाना कठिन है।

वैदिक लिपि में कुछ विशिष्ट चिन्हों का प्रयोग किया गया है। इन्हें **'स्वर'** कहते हैं। वैसे तो वैदिक ऋचाओं की लिपि में सात प्रकार के स्वर मिलते हैं किन्तु मुख्य स्वर तीन हैं। 1. उदात्त, 2. अनुदान और 3. स्वरित। इन स्वरों को ऋचाओं के श्लोकों का उच्चारण करते समय लगाया जाता है। इन्हें लगाने में दाहिने हाथ तथा उंगलियों का प्रयोग किया जाता है। इसे हम उच्चारित अक्षर को शक्ति प्रदान करने की विधि भी मान सकते हैं।

वेदों में मंत्र दृष्टा ऋषियों द्वारा रचित सूक्त हैं। यह मंडल, सूक्तों तथा श्लोकों एवं मंत्रों के समूह उनके रचयिता के नाम पर है। रचयिता ऋषि के नाम के साथ कहीं कहीं अन्य ऋषियों के नाम भी सम्मिलित हैं।

उपरोक्त चारों वेदों के उपवेद भी हैं यथा ऋग्वेद का उपवेद आयुर्वेद, यजुर्वेद का उपवेद– धनुर्वेद, अथर्ववेद का उपवेद स्थापत्यवेद अथर्ववेद का भी उपवेद आयुर्वेद माना जाता है तथा सामवेद का उपवेद– गंधर्व वेद है। वेदों में लगभग 100 प्रकार की छंद रचनायें है तथा लगभग 140 जड व चेतन देवताओं के निमित्त सूक्त लिखे गये हैं।

**ऋग्वेद**

ऋक्– स्थिति तथा ज्ञान। ऋग्वेद में 10 मण्डल हैं तथा ऋग्वेद के सूक्तों के रचयिता ऋषियों की संख्या लगभग 300 है। ऋग्वेद के मूल विषयों में भौगोलिक स्थिति, खगोलीय स्थिति के साथ साथ सूर्य, इन्द्र आदि अनेक देवताओं की प्रार्थना है। ऋग्वेद में अनेक रोगों, शल्य चिकित्सा, मनोरोगों का वर्णन है। सूर्य किरण, अग्नि, जल, यज्ञ तथा वायु एवं वनस्पतियों द्वारा रोगों की चिकित्सा का वर्णन है। देव चिकित्सकों में अश्विनी कुमारों का विशेष उल्लेख तथा उनके द्वारा चिकित्सा तथा शल्य चिकित्सा के अनेक आख्यान हैं। अनेक रोगों के भी नामों का उल्लेख है।

**यजुर्वेद**

यजु–गतिमान। यजुर्वेद दो हैं 1– शुक्ल यजुर्वेद तथा कृष्ण यजुर्वेद। यजुर्वेद का मुख्य विषय यज्ञ सम्बन्धी ज्ञान से है। यजुर्वेद में यज्ञों तथा

प्रार्थना के मंत्र हैं। ईश्वर, आत्मा, ब्राह्मण्ड तथा पदार्थ ज्ञान भी यजुर्वेद में है। यज्ञ द्वारा सवार्थ सिद्धि की परिकल्पना भी यजुर्वेद में है।

**सामवेद**

साम–संगीत। सामवेद में संगीत, गायन व नृत्य आदि का वर्णन है। वाद्य यंत्रों, सप्तस्वरों व थाटों का उल्लेख मिलता है। सामवेद में गंधर्व विद्या के अतिरिक्त मनोविज्ञान का भी उल्लेख है।

हमारे पुरातन ग्रन्थ दो प्रकार के हैं– 1. श्रुति, 2. स्मृति। श्रुतियां धार्मिक व अध्यात्मिक ग्रन्थ हैं तथा स्मृतियां इन श्रुति ग्रंथों की व्याख्या तथा ऐतिहासिक कथानकों के ग्रंथ है। वेद सर्वप्रथम लिपिबद्ध किये गये ग्रंथ है। इनका सार संक्षेप उपनिषदों में है। उपनिषद (पास में बैठना) वेदों से बहुत साम्यता रखते हैं। पुराणों में सर्व साधारण के लिये ग्राह्य कथानकों के रूप में वेदों में वर्णित विषय वस्तु को प्रस्तुत किया गया है। महर्षि व्यास ने 18 पुराणों की रचना की, किन्तु सर्वाधिक लोकप्रिय 'श्री मद्भागवत महापुराण' है। इसमें 18000 श्लोक है। कथानकों के माध्यम से वेद की ऋचाओं के मूलतत्व का विवेचन किया गया है। किन्तु विडम्बना है कि अधिकांश जनमानस केवल कथावस्तु में ही उलझा रहता है। मूल रूप से क्या कह दिया गया है इस ओर ध्यान नहीं दिया जाता।

**अथर्ववेद**

थर्व– कम्पन, अतः अथर्व स्थिर (कम्पन रहित)।

अथर्व वेद में अधिकांशतः आयुर्वेद विषयक ज्ञान है। रोग, उनके उपचार हेतु वनस्पतियों का देवी देवताओं के रूप में वर्णन हैं कुछ रहस्मयी व चमत्कारी विद्या तथा ज्योतिष का भी उल्लेख है।

**वाल्मीकि रामायण** भी ऐसी ही उत्कृष्ट रचना है। त्रेतायुग में भगवान् राम के समकालीन महर्षि वाल्मीकि जी ने कथानक को यथार्थ रूप में प्रस्तुत किया है। वेदों की मान्यताओं के अनुरूप अनेक आख्यान हैं। गोस्वामी तुलसीदास जी ने उन्हीं श्री राम जी के कथानकों को अतिसरल जन– जन को समझ में आने वाली अवधी भाषा में भक्तिभाव मिश्रित करके गूढरहस्थों का रुचिपूर्ण ढंग से उद्घाटन किया है।

**श्रीमद्भगवत गीता** एक अप्रतिम सर्वमान्य ग्रन्थ है। यह महाभारत पुराण के भीष्म पर्व का अंश है। श्री कृष्ण जी द्वारा अर्जुन को दिये गये उपदेश ही गीता है। इसका अनेक भाषाओं में अनुवाद किया गया है। श्रीमद्भगवत गीता में कर्म योग, ज्ञान योग तथा भक्ति योग के उपदेश हैं कर्म, ज्ञान, तथा भक्ति के अतिरिक्त सृष्टि की उत्पत्ति, वंश, धर्म, नीति, अजर–अमर आत्मा, पुनर्जन्म, ईश्वर का साकार अवतरण तथा ईश्वर के वचनानुकरण से मोक्ष की प्राप्ति आदि के उपदेश श्रीमद्भगवत गीता में

हैं।

**उपनिषद** (समीप बैठना)। उपनिषदों में वेदों का सार संक्षेप है। कुछ विद्वान उपनिषदों को भी वेद ही मानते हैं। उपनिषद आध्यात्म एवं भारतीय दर्शन शास्त्र के ग्रन्थ हैं। निराकार परमात्मा, ईश्वर, आत्मा, मोक्ष आदि का तत्व ज्ञान तथा ध्यान, योग और समाधि द्वारा आत्म साक्षात्कार एवं परमात्मा से तादात्म्य स्थापित करना उपनिषदों के विषय हैं। ब्राह्माण्ड की उत्पत्ति व रचना, आत्मा व शरीर भी इनके विषय हैं।

**उपनिषद 108 है किन्तु 13 उपनिषद प्रमुख माने गये हैं–**

1. ईशावास्योपनिषद, 2. केनोपनिषद, 3. कठोपनिषद, 4. प्रश्नोपनिषद, 5. मुण्डकोपनिषद 6. माण्डूक्योपनिषद, 7. तैत्तरीयोपनिषद, 8. ऐतरेयोपनिषद, 9. छंदाग्योपनिषद, 10. बृहदारण्यकोपनिषद, 11. कौषीतकियोपनिषद, 12. श्वेताश्वतरोपनिषद। 13. मैत्रायणी उपनिषद

**भारतीय षड् दर्शन–** मंत्रदृष्टा ऋषि दार्शनिकों ने ईश्वर, परम आत्मा, परम सत्य को जानने के छै मार्ग बतलाये हैं। यह छै मार्ग छै ऋषियों ने बतलाये हैं, इसलिये इन मार्गों को षड्दर्शन कहा गया है, यह छः दर्शन निम्नांकित हैं–

न्याय दर्शन, 2. वैशेषिक दर्शन, 3. सांख्य दर्शन, 4. योग दर्शन, 5. मीमांसा दर्शन तथा 6. वेदांत दर्शन।

भारत की गौरवशाली सम्पदा वेद, उपनिषद, पुराण, गीता, रामायण एवं दर्शन ग्रन्थों का उपरोक्त प्रकार से भारतीय ज्ञान एवं दर्शन के सन्दर्भ में अति संक्षिप्त प्रकाश डालने का प्रयास किया गया। उपरोक्त सत्साहित्य के अतिरिक्त अनेक पुराण तथा अनेकानेक ग्रंथ सनातन साहित्य के उपलब्ध हैं, जिनके परिशीलन से सनातन मान्यताओं का ज्ञान होता है। विस्तार में जाने तथा चर्चा करने की सामर्थ्य का अभाव है। अतः यथा सम्भव सूक्ष्म आलेख प्रस्तुत है।

**रामचरित मानस**

गोस्वामी तुलसीदास जी रचित जन–जन में लोकप्रिय ग्रंथ है। सरल अवधी भाषा में रचित यह ग्रंथ 'नाना पुराण निगमागम सम्मतम् यत, क्वचिदन्यतोपि' के अनुसार यथार्थ में वेदों, पुराणों के सार तत्व अपने में समाहित किये हुये हैं। श्री गोस्वामी जी ने इस ग्रंथ से वैष्णव, शैव तथा शाक्त तीनों मतावलियों को एक साथ लाकर हिन्दू समाज तथा संस्कृति को नष्ट होने से बचाने का सराहनीय उपकार किया है, साथ ही ज्ञानी तथा भक्त दोनों को संतुष्ट किया है। 'रामचरित मानस' एक अप्रतिम ग्रंथ है। हमारे सांस्कृतिक व धार्मिक सद्ग्रंथों की संख्या गणना से परे हैं, यहाँ संक्षेप में कुछ ही ग्रंथों का उल्लेख किया गया है।

# 3. उन्चास मरूत और समय यात्रा (Time Travel)

गोस्वामी तुलसीदास जी ने **'रामचरित मानस'** में श्री हनुमान जी द्वारा लंकादहन के प्रसंग में लिखा है 'हरि प्रेरित तेहि अवसर चले मरुत उन्चास'। कौन–कौन से उन्चास मरुत हैं, यह जानने की उत्कण्ठा हुई। प्रेच्छा के उत्तर में निम्नांकित विवरण प्राप्त हुआ–

संस्कृत भाषा के सर्वमान्य शब्दकोष 'अमरकोष' में पवन के बीस पर्यायवाची शब्द लिखें है–

1. स्वशन, 2. स्पर्शन, 3. वायु 4. मातरिश्वन, 5. सदागति, 6. प्रखदश्च 7. गंधवह, 8. अनिल, 9. आशुग, 10. समीर, 11. मरुत, 12. मारुत, 13. जगत्प्राण, 14. समीर, 15. समीरण, 16. नभस्व, 17. वात, 18. पवन, 19. पवमान, 20. प्रभञ्जन ।

इन पर्यायवाची शब्दों में से मरुत, मारुत, नभस्व को ध्यान में रखना होगा। ऋग्वेद, रामायण, भागवत पुराण, नारद पुराण, वामन पुराण, देवी भागवत आदि में उन्चास मरुत के प्रसंग हैं।

ऋग्वेद में मरुतों की अंतरिक्ष यात्रा, निवास, उनके यान, रथ, गणवेश, मुकुट, कवच, छाती पर पदक, पैरों में आभूषण आदि का वर्णन है। ऋग्वेद में मरुतों का उल्लेख प्रथम, पंचम, अष्टम तथा दशम मण्डलों में है। कुछ संदर्भ हिन्दी भावार्थ सहित निम्नांकित है–

1. **ते अज्येष्ठा अकनिष्ठा उद्भिदोऽमध्यमासो मसावि वावृधुः ।**
**सुजाता सौ जनुषा पृश्निमातरः देवो मर्या आ नो अच्छा जिगातन।**

**(15/59/6)**

अर्थात् – सभी मरुत एक समान हैं, सब देखने में एक जैसे हैं।

2. **अनेनो वो मरुतो यामो अस्त्वनश्वश्चिद् यमजत्यरथीः।**

(**ऋग्वेद 6/66/7**)

अर्थात्– हे मरुतो तुम निर्दोष हो, तुम्हारा रथ निर्दोष है। उसमें घोडे नहीं जोते जाते तथापि वह चलता है। वह रथ बिना रथी भी चलता है। रक्षक की इसे आवश्यकता नहीं है। लगाम नहीं है ऐसा तुम्हारा रथ धूल उड़ाता हुआ आकाश मार्ग से अपना अभीष्ट करता हुआ जाता है।

3. **या यतो मरुतोदिव अंतरितिादमादुत। मानस्यात परवतः।।**

(**ऋग्वेद 5/53/8**)

अर्थात्– हे मरुदगण तुम आकाश, अंतरिक्ष अथवा किसी भी लोक में जहाँ कही हो, वहाँ से आओ।

**4. अंसेषु व ऋष्टयः पृत्सु खादयो वक्षःसु रुक्मा मरुतो रथे शुभः।
अग्निभ्राजसो विद्युतो गभस्त्योः शिप्राः शीर्षसु विजता हिरण्ययीः।।**
**(5/54/11)**

अर्थात्– उपरोक्त से तीन बातें पता चलती हैं मरुतगणों के पास अंतरिक्ष यान थे, उन यानों में यात्रा करने पर विशेष प्रकार के गणवेश धारण करना होता था, और वे अंतरिक्ष में किसी भी लोक की यात्रा करते थे। यहां अनुमान होता है कि अंतरिक्ष मे निवासी जो प्रजातियां अंतरिक्ष में यात्रा करती रहती थीं उन्हें मरुत नाम से वेदों में सम्बोधित किया गया।

**उन्चास मरुतों की गणना**

प्रमुख मरुत सात हैं तथा प्रत्येक के सात–सात गण हैं। इस प्रकार 7 X 7 = 49 मरुतों की संख्या है। सात प्रमुख मरुतों के नाम – 1. प्रवह, 2. आवह, 3. उद्वह, 4. संवह, 5. विवह, 6. परिवह तथा 7. परावह। प्रत्येक प्रमुख मरुत के सात गण 1. ब्रह्मलोक, 2. इंद्रलोक, 3. अंतरिक्ष, 4. पूर्व दिशा, 5. पश्चिम दिशा, 6. उत्तर दिशा तथा 7. दक्षिण दिशा के लिये एक–एक मरुत।

**प्रमुख सात मरुतों का संक्षिप्त विवरण**

**1. प्रवह मरुत**

यह पृथ्वी से मेघ मण्डल तक स्थित है। यह अत्यन्त शक्तिशाली है। यह मेघों को उड़ाकर यत्र तत्र ले जाकर वर्षा कराते हैं।

**2. आवह स्थल**

यह सूर्य मण्डल में स्थित है। ध्रुव मण्डल से सम्बद्ध होकर सूर्य मण्डल को घुमाता है।

**3. उद्वह मरुत**

यह चद्र मण्डल में स्थित है। ध्रुव मण्डल से सम्बद्ध होकर यह चंद्र मण्डल को घुमाता है।

**4. संवह मरुत**

यह नक्षत्र मण्डल में स्थित है। ध्रुव मण्डल से सम्बद्ध होकर नक्षत्र मण्डल को घुमाता है।

**5. विवह मरुत**

यह ग्रह मण्डल में स्थित है। ध्रुव मण्डल से सम्बद्ध होकर ग्रह मण्डल को घुमाता है।

**6. परिवह मरुत**

यह सप्तर्षि मण्डल में स्थित है। ध्रुव मण्डल से सम्बद्ध होकर सप्तर्षि मण्डल को घुमाता है।

**7. परावह मरुत**

ध्रुव मण्डल में स्थित है। इसी के द्वारा ग्रह, नक्षत्र तथा सम्पूर्ण अंतरिक्ष ध्रुव मण्डल से सम्बद्ध रहते हैं।

इनके गण मरुत अपने–अपने प्रमुख मरुत के साथ–साथ ब्रह्मलोक, इन्द्रलोक तथा अंतरिक्ष तथा चारों दिशाओं का नियंत्रण करते तथा घुमाते हैं। सभी मरुत देव रूप में विचरण करते हैं जिस प्रकार देवता दिखते नहीं हैं, इसी प्रकार मरुत की अदृश्य रूप में रहते हैं। इस विवरण से यह स्पष्ट होता है कि मरुत नामक अदृष्य पथ अंतरिक्ष में हैं, जो सभी ध्रुव मण्डल से सम्बद्ध हैं तथा ध्रुव तारा अंतरिक्ष का केन्द्र है।

भगवत् गीता में श्री कृष्ण जी ने कहा है–

**'आदित्यानामहम् विष्णु जयोतिषां रविरंशुमान।**
**मरीचि मरुतास्मि नक्षत्राणामहं शशी।।**

**(अ0–10 श्लोक–2)**

उपरोक्त से स्पष्ट होता है कि अंतरिक्ष में मरुतों की व्यापक भूमिका है। ध्रुव तारा तथा ध्रुव मण्डल केन्द्रीय भूमिका में है। **ध्रुव तारा बृहाण्ड का केन्द्र सिद्ध होता है।**

ध्रुव तारा सदैव उत्तर दिशा में दिखाई देता है। यह लगभग स्थिर दिखता है। यह पृथ्वी से 434 प्रकाशवर्ष दूर है। अतः यदि यह थोडा बहुत अपने स्थान से हटता भी होगा तो भी स्थिर ही दिखता है।

केवल प्रबह मरुत पृथ्वी की मेघमण्डल सीमा तक रहता है। शेष सभी मरुत अंतरिक्ष में ध्रुव तारा व ध्रुव मण्डल से सम्बद्ध रहकर ग्रहों, नक्षत्रों, तथा सम्पूर्ण अंतरिक्ष तारा मण्डल सहित सभी के सम्पर्क में रहते हैं। सप्तर्षि मण्डल को ध्रुव तारा के चारों ओर घूमता हुआ देखते ही हैं।

**सप्तर्षि मण्डल व स्वास्तिक**

सनातन धर्म में स्वास्तिक चिन्ह की विशिष्ट एवं पवित्र भाव से मान्यता है। सप्तर्षि मण्डल को हम अलग–अलग ऋतुओं में ध्रुव तारा की अलग अलग दिशाओं में घूमता हुआ देखते हैं यह स्वास्तिक का आकार निर्मित करता है। बसंत ऋतु में उत्तर, शिशिर ऋतु में पूर्व, शरद ऋतु में दक्षिण तथा ग्रीष्म ऋतु में पश्चिम दिशा में सप्तर्षि मण्डल को हम देख सकते हैं संलग्न चित्र में

इस क्रिया से निर्मित स्वास्तिक आकार का अवलोकन करें।

## समय यात्रा (Time Travel)

अभी हमने मरुतों के विषय में जाना। अब हम समय यात्रा जिसे वैज्ञानिक Time Travel कहते हैं के विषय में संक्षिप्त चर्चा करेंगे, तत्पश्चात यह जानने का प्रयास परिकल्पना के आधार पर गवेषणात्मक दृष्टि से करेंगे कि मरुतों का सम्बन्ध समय यात्रा से है अथवा नहीं है। समय यात्रा किसे कहते हैं इस पर वैज्ञानिक मत क्या है, साथ ही हमारे पुरातन ग्रंथों, पुरातात्विक अन्वेषणों, प्राचीन मंदिरों से प्राप्त तथ्यों की भी चर्चा करेंगे। सर्वप्रथम वैज्ञानिक सिद्धान्त समय यात्रा पर क्या है, उनका अवलोकन करें–

समय–यात्रा से तात्पर्य है बीत चुके समय (भूतकाल) की यात्रा तथा भविष्य में आने वाले समय की पहले से ही यात्रा कर लेना। साधारणतया यदि कहें तो भूतकाल में प्रवेश करके उस समय घटित घटनाओं को देख लेना तथा भविष्य में घटित होने वाली घटनाओं को भविष्यकाल के पहले से ही जान लेना।

आधुनिक वैज्ञानिक इस विषय पर गम्भीरता से चिन्तन करने में संलग्न हैं। कुछ वैज्ञानिकों का मानना है कि यह एक विवादास्पद विषय है क्योंकि हम भूतकाल की समय यात्रा नहीं कर सकते किन्तु कदाचित यह सम्भव भी हुई तो भूतकाल से वर्तमान में लौटना सम्भव नहीं होगा। इन्हीं वैज्ञानिकों का मत है कि भविष्य की समय यात्रा करना सम्भव है किन्तु भविष्य काल से वर्तमान में वापस लौटना भी सम्भव नहीं है। इस प्रकार अभी केवल सम्भावनाओं तक ही विमर्ष चल रहा है।

## आधारभूत सिद्धान्त

1. समय यात्रा तभी सम्भव है जब प्रकाश की गति या अधिक गति से यात्रा की जाय। स्मरणीय है कि प्रकाश की गति 300000 km/Sec है। सूर्य के धरातल से पृथ्वी पर प्रकाश आने में 8 Min 17 Sec लगते हैं। पृथ्वी से सूर्य की दूरी 14 करोड़ 96 लाख किमी0 है।
2. पहले कुछ विदेशी विचारक मानते थे कि अंतरिक्ष में सभी जगह 'समय' एक समान रहता है। किन्तु अब वैज्ञानिकों ने ब्रह्माण्ड में सतत परिवर्तन होते रहने की बात स्वीकारी है। भारतीय संस्कृति में वैदिक काल से ही ब्रह्माण्ड में सतत परिवर्तन के सिद्धान्त की मान्यता है। अतः होने वाले परिवर्तन के साथ–साथ समय में भी परिवर्तन होता रहता है।
3. एलबर्ट आइंसटीन की 'स्पेशल रिलेटिविटी थ्योरी' के अनुसार अंतरिक्ष चार आयामी है– 1. लम्बाई, 2. चौड़ाई, 3. ऊँचाई तथा 4. समय । इस प्रकार आंइस्टीन ने 'समय' को चौथा आयाम माना है।

4. समय को हम अपनी इच्छा अनुसार अपने तरीके से परिवर्तित नहीं कर सकते हैं।
5. यदि गुरुत्वाकर्षण बल समय को प्रभावित करे तथा प्रकाश गुरुत्वाकर्षण बल पैदा कर सके, ऐसी स्थिति में प्रकाश समय को प्रभावित कर सकता है।
6. समय को माध्यम बनाकर, इसके अंदर एक बिन्दु से दूसरे बिन्दु की यात्रा समय–यात्रा है।
7. जिस वस्तु में Mass (पिंड) है वह प्रकाश की गति या अधिक गति से यात्रा नहीं कर सकती। फोटोंस (Photons) में Mass नहीं होता है। प्रकाश को तीव्र गति से ले जाने में फोटोंस की भूमिका होती है।
8. पृथ्वी से सबसे निकट की आकाश गंगा (Black Hole) 2600 प्रकाश वर्ष दूर है। एक प्रकाश वर्ष की दूरी 95 खरब किमी0 के लगभग होती है।
9. चूंकि प्रत्येक यान में Mass होता है, इसलिये किसी यान का प्रकाश की गति से चलपाना सम्भव नहीं है। यही कारण है कि कुछ वैज्ञानिक समय–यात्रा को असम्भव तथा काल्पनिक मानते हैं।
10. किन्तु प्रश्न उठता है कि उड़न तश्तरियां यदि अस्तित्व में है, तो किस धातु की बनी होती हैं? उनमें 'मास' (पिण्ड) तो होता ही है। फिर भी वह अत्यधिक गति से यात्रा करती हैं, जो गति आज अमेरिका, रूस और चीन के पास भी तकनीकी रूप से उपलब्ध नही है। उड़न तश्तरियों को उनकी इलेक्ट्रो मैग्नेटिक रेडियेसन के या किसी अन्य कारण से Shock waves के कारण कोई स्पर्श नहीं कर पाता है। गोलाकार होने के कारण इनकी गति बहुत तीव्र होती है, क्योंकि यह डिस्क की तरह घूमती हुई चलती हैं। किसी न किसी ग्रह से आती हैं, तो फिर हमारे वैज्ञानिक क्यों नहीं उन ग्रहों तक पहुंच पा रहे हैं?

**वैज्ञानिक परिकल्पनायें**

उपरोक्त तथ्यों के बावजूद वैज्ञानिकों ने समय–यात्रा (Time Travel) को सम्भव बनाने हेतु कतिपय परिकल्पनायें की हैं।

**(अ) ब्लैक होल थ्योरी–** पहले ब्लैक होल को विनाशक माना जाता था किन्तु अब वैज्ञानिक मानते हैं कि यदि ऐसे किसी यान का आविष्कार कर लिया जाय जो ब्लैक होल के अंदर प्रवेश करके तेजी से बाहर आ जाये तो समय–यात्रा सम्भव हो सकेगी। यदि ऐसा यान बनाना सम्भव न हो तो कृत्रिम ब्लैक होल बनाना होगा, जो तेज गति से घूम रहा हो।

**(ब) वर्म होल–** अंतरिक्ष में वर्म की तरह की ट्यूब जैसी रचनायें बनाना होंगी जो अंतरिक्ष में स्थित किसी पिण्ड तक पहुंचा सकें।

**(स) उच्च आयाम में यात्रा–** प्रकाश की गति या इससे भी अधिक गति प्राप्त करने का उपक्रम करना।

**(द) कास्मिक स्ट्रिंग–** कुछ वैज्ञानिकों का मत है कि जब ब्रह्माण्ड की रचना हुई उस समय ट्यूब की तरह की रचनायें भी बनी होंगी, जो बाद में सघन होकर लम्बी व सकरी हो गई होंगी तथा उनके अंदर सघन पदार्थ है, जिसके कारण यह ट्यूब की तरह की रचनायें अंतरिक्ष के समय को बदलने व मोडने में सक्षम होंगी।

**(घ) अनन्त सिलेंडर–** इस परिकल्पना के अनुसार यदि सूर्य के भार से दस गुना भार वाले पदार्थ को कई अरब बार लपेट कर एक बहुत लम्बी सिलेंडर बनायें जो सघन हो और उसे प्रति मिनट कई खरब बार घुमायें तो सम्भव है उसके माध्यम से समय यात्रा की जा सके।

उपरोक्त सभी परिकल्पनायें सैद्धांतिक हैं, व्यवहारिक प्रतीत नहीं होती हैं। अब हम अपने प्राचीन ग्रंथों वेद, पुराणों में प्राप्त आख्यानों तथा प्राचीन मंदिरों में प्राप्त मूर्ति शिल्प के माध्यम से समय यात्रा के विषय में जानने का प्रयास करते हैं–

1. लेख के प्रारम्भ में ऋग्वेद के कुछ श्लोंको को उद्धृत किया गया है जो अंतरिक्ष तथा ग्रहों की यात्रा का संकेत करते हैं।
2. महर्षि नारद तो हर समय विभिन्न लोकों तथा ग्रहों की यात्रायें करते ही रहते थे। तत्सम्बन्धित वर्णनों में ब्रह्म लोक, विष्णु लोक, शिवलोक, इन्द्रलोक राहित देवलोक, पृथ्वी तथा पाताल लोक की यात्रा करने में वह सिद्धहस्त थे। स्पष्टतः समय–यात्रा करते थे।

   श्रीमद्भागवत पुराण में राजा रैवतक का अपनी पुत्री रेवती सहित ब्रह्मलोक की यात्रा करने का प्रसंग उद्धृत है। ब्रह्म लोक जाने, वहां पर कुछ क्षण रुकने तथा वापस आने पर युग बीत चुके होंगे, ऐसा ब्रह्म जी ने राजा रैवतक से कहा कि वह एक क्षण विलम्ब किये बिना पृथ्वी की ओर लौट जाये। (आधुनिक गणना के अनुसार, जो समय ब्रह्मा जी के कथन के अनुरूप व्यतीत हुआ होगा, वह 216 वर्ष होते हैं। बिना समय यात्रा के ब्रह्म लोक जाना–आना सम्भव नहीं था।

   इसी प्रकार विभिन्न वैदिक ग्रंथों तथा पुराणों में विभिन्न लोकों तथा उनके स्थान और समय का वर्णन मिलता है।

5. श्री हनुमान जी, जिनके नाम मारुत सुत, मारुतनंदन, पवन पुत्र आदि हैं से परिलक्षित होता है कि मरुत के माध्यम से अंतरिक्ष में समय–यात्रा करने में सक्षम थे। सूर्य ग्रह की यात्रा का चर्चित प्रसंग तथा अन्य आख्यान अनेक ग्रहों व अंतरिक्ष विचरण के हैं।

6. देव भिषग अश्वनी कुमारों के आख्यान वेदों में प्रचुर मात्रा में उपलब्ध हैं, वह भी अनेक ग्रहों व अंतरिक्ष की यात्रा अपने विशेष यान से करते थे। इंद्रलोक की यात्रा का विशेष वर्णन है। यह भी समय यात्रा का उदाहरण है।

अनेक ऋषियों वशिष्ठ, विश्वामित्र, परशुराम आदि की अनेक लोकों की यात्रा के वर्णन प्रचुरता से उपलब्ध हैं। यह सभी समय यात्रा के सशक्त आख्यान तथा उदाहरण हैं। वेदों तथा पौराणिक ग्रंथों के उपरोक्त तथा अन्यान्य बहुत से कथानकों से स्पष्टतः ज्ञात होता है कि पूर्व काल में समय यात्रा की जाती रही है।

अब कुछ उदाहरण स्वरूप मंदिरों में उकेरी गई मूर्तियों आदि को देखकर निकाले गये निष्कर्षों का अवलोकन करें। श्री प्रवीण मोहन के शोध पर आधारित उद्धरण –

a) बारहवीं शताब्दी में कर्नाटक में निर्मित 'हयलेश्वर मंदिर' में एक स्थान पर मूर्तियों का समूह है जिसमें सभी लोग अंतरिक्ष यात्रियों के वेश मे हैं। इनके सिर पर हेडगेयर (हेलमेट) जिससे कुछ तार व ट्यूब निकलकर इनके पीठ में बने बैग से जुडे हुये हैं, हाथों में दस्ताने पहने हैं तथा शरीर पर अंतरिक्ष यात्रियों जैसे सूट पहने हैं। ये अंतरिक्ष यात्री एक मूर्ति के सामने कुछ याचना करते हुये दर्शाये गये हैं। जिस मूर्ति के समक्ष याचना कर रहे हैं उसका चेहरा खंडित है, किन्तु कमल के आकार का उनका सिंहासन, दाहिने हाथ में गोलाकार चक्र, बांयी ओर गोद में बैठी एक स्त्री की मूर्ति (लक्ष्मी) से स्पष्ट है कि यह विष्णु की मूर्ति है, जिससे वह अंतरिक्ष यात्री याचना कर रहे हैं। विष्णु लोक की यात्रा का यह चित्रण है।

b) दो हजार वर्ष पूर्व निर्मित तमिलनाडु के 'पंचवर्ण स्वामी मंदिर में समय–यात्रा को दर्शाती कई मूर्तियां हैं–

एक महिला की मूर्ति, जिसका शरीर महिला का है, सिर और मुह हाथी का है, उसके शरीर पर उड़ सकने लायक बडे पंख हैं। पुराणों में नरसिंह, गणेश, हथग्रीव, अश्वमुखः आदि का वर्णन है। यह सब हायब्रिड प्रजाति के उदाहरण हैं। आधुनिक वैज्ञानिक जेनेटिक इंजीनियरिंग द्वारा हायब्रिड मानव प्रजाति बनाने पर काम कर रहे हैं। सम्भव है सौ या दो सौ वर्षों में मनुष्यों की हायब्रिड प्रजाति अस्तित्व में आ जाय । उपरोक्त महिला की मूर्ति देखकर लगता है जैसे कि भविष्य में आने वाली हायब्रिड प्रजाति की पहले से ही कल्पना करके यह मूर्ति बनाई गई है। यह भविष्य की समय यात्रा का उदाहरण हो सकता है।

c) एक और महिला की मूर्ति पंखों से युक्त है जिसके साथ छोटा बच्चा भी है और वह महिला उड़ने के लिये तैयार खड़ी दिख रही है। यह भी भविष्य की समय यात्रा को दर्शाने वाली मूर्ति है।

d) भूतकाल की समय–यात्रा दर्शाती हुई भी एक जानवर की मूर्ति है। यह जानवर शेर जैसा है किन्तु इसका सिर गोल आकार का है, इसकी लम्बी पूंछ है, काफी बड़े, मुंह के बाहर निकले हुये दांत (सैबर टीथ) हैं। यह जीव *'थायलाकार्पोलिस'* है। इस जानवर की प्रजाति 25000 वर्ष पूर्व पूरी तरह समाप्त हो चुकी है। 2000 वर्ष पूर्व बने मंदिर मे यह मूर्ति भूतकाल की समय यात्रा का संकेत देती है।

e) इसी पंचवर्ण मंदिर मे एक साइकिल पर सवार एक पुरुष की बहुचर्चित मूर्ति है। स्मरणीय है कि साइकिल का आविष्कार सन 1839 ईसवी मे हुआ है। 2000 वर्ष पूर्व बने मंदिर मे साइकिल सवार व्यक्ति की मूर्ति भविष्य की समय यात्रा का सशक्त संकेत कहा जा सकता है।

f) कर्नाटक के 'हेयलेश्वर मंदिर' मे एक महिला की मूर्ति है, जिसमे स्पष्ट रूप से वह अपना मुंह ऊपर की ओर किये हुये दूरबीन (टेलीस्कोप) अपनी एक आंख के पास किये हुये कुछ देखती हुई हैं, वह अपनी दूसरी आंख बंद किये हुये है। यह मंदिर 1120 ई0 (900 वर्ष पूर्व) बनाया गया था, जबकि टेलोस्कोप का आविष्कार 1608 ई० में हुआ है। विचारणीय है कि आविष्कार से पूर्व ही मंदिर मे टेलोस्कोप कैसे बना दिया गया। यह भविष्य की समय–यात्रा से सम्भव हो सका होगा।

g) प्रसिद्ध 'विट्ठल मंदिर' समग्रता में एक अंतरिक्ष यान का पाषाण माडल है।

h) अफगानिस्तान की एक गुफा में एक अद्‌भुत अंतरिक्ष यान अमरीकी सेना को मिला है, जिसकी तकनीक अभी भी नहीं समझी जा सकी है, क्योंकि उस यान के पास जो भी जाता है, यान से निकली किरणों के कारण वह अदृश्य या लुप्त हो जाता है। वैज्ञानिकों का मत है कि यह यान महाभारत कालीन है। सम्भव है ऐसे यान से 'युद्ध' तथा अंतरिक्ष की यात्रा की जाती रही होगी।

अफगानिस्तान में प्राप्त महाभारत कालीन यान की बनावट, धातु जिसका प्रयोग किया गया हो, Fuel या Power जिसका प्रयोग किया गया हो आदि के आधार पर गहन वैज्ञानिक अध्ययन किया जाना आवश्यक है। बहुत सम्भव है कि अध्ययन किया भी गया हो किन्तु अधिकारिक जानकारी का अभाव है। यह भी सम्भव है कि भविष्य में उसी प्रकार के Sambor या Disc Type यान बनाये जाये जो Desired Extra Super speed में travel भी कर सकें।

यह सभी उदाहरण पूर्व में बने मंदिरों से प्राप्त साक्ष्यों पर आधारित है। अब कुछ वर्तमान समय के उदाहरणों का अवलोकन करें जो समय–यात्रा से सम्बन्धित हैं–

1. भारत–चीन युद्ध (1962) के समय मेजर सत्येन्द्र नाथ सन्याल अपने 17 सैनिकों के साथ भारत–चीन सीमा पर डटे थे। एक दिन एक बौना आदमी मेजर सन्याल के पास आया और उसने एक पत्र दिया, जो दिल्ली के सेना मुख्यालय से भेजा हुआ था, जिसमें मेजर सन्याल

को पीछे हटने का आदेश था । किन्तु मेजर सन्याल को बौने व्यक्ति पर शक हुआ तो उन्होंने बौने को बंदी बना लिया। तीन दिन तक वह कहता रहा कि यह जगह छोड दो, वरना सब मारे जाओंगे, किन्तु मेजर सन्याल ने उसकी बात नहीं मानी। फिर चीनी सेना ने आक्रमण कर दिया और 17 सैनिकों को मार कर मेजर सन्याल को बंदी बना लिया। चीन के बंदी ग्रह में एक साल रहने के बाद वह छोड़ दिये गये। भारत आने के बाद उन्होंने सैन्य मुख्यालय से उस पत्र तथा व्यक्ति द्वारा भेजे जाने की जानकारी ली, तो पता चला कि ऐसा पत्र किसी बौने व्यक्ति द्वारा नहीं भेजा गया तथा जिस दिन मेजर सन्याल को बौने ने पत्र दिया था, वह पत्र उस दिन के 22 दिन बाद मुख्यालय में लिखा गया था। प्रश्न है कि वह बौना व्यक्ति कौन था। क्या वह समय यात्री था? पत्र लिखे जाने से 22 दिन पहले ही उसे वह पत्र कैसे मिला। यह समय यात्रा द्वारा ही सम्भव है।

2. सन् 2012 में बम्बई (अब मुम्बई) में एक सब–वे बनाये जाने हेतु खुदाई करते समय एक बैग मिला, जिसके अंदर कुछ पुराने सिक्के, कुछ जली हुई फोटो और एक मोबाइल की तरह का गैजेट मिला, जिस पर ऐपल कम्पनी का लोगो बना हुआ था। जांच करने पर पता चला कि वह बैग 500 वर्ष पुराना है। उस समय इस प्रकार की फोटोग्राफी नहीं होती थी और ऐपल कम्पनी का तो अस्तित्व भी तब नहीं था। क्या यह किसी समय यात्री का बैग था, जो 500 वर्ष पूर्व ही आज की चीजें प्रयोग कर रहा था।
3. सन् 2014 में उत्तर प्रदेश में घटी एक दुर्घटना में साहिल बाजपेयी नामक एक व्यक्ति घायल हो गया। उसे आई. सी. यू. में भर्ती कराया गया । वह एक वर्ष तक आई. सी. .यू. में रहा फिर होश में आने पर उसने बतलाया कि चोट लगने के बाद उसने एक तेज रोशनी देखी फिर वह सन 2036 में चला गया। उसने बतलाया कि भारत में बहुत कुछ बदल गया है। सड़कों पर अधिक ट्रैफिक के कारण फ्लाइंग कार बना ली है। सन 2026 में लोग मंगल ग्रह में रहने लगे हैं। सन् 2016 में दक्षिण भारत में सुनामी आयी है। वास्तव में 2016 में चेन्नई में भयंकर बाढ़ आयी थी, जिसमें बहुत नुकसान हुआ था। यह घटना भी समय यात्रा की ओर इंगित करती है।

**टाइम मशीन**

हमारे प्राचीन ग्रंथों में त्रिकालदर्शी ऋषियों, योगियों के आख्यान है, यह योगी व ऋषि एक स्थान पर बैठे रहकर भूतकाल, वर्तमान काल तथा भविष्य काल में होने वाली घटनाओं को देख लेते थे। ऐसे भी कथानक हैं कि सतयुग में किसी को श्राप दिया कि द्वापर में तुम्हारा जन्म अमुक

योनि में होगा, राक्षस बनोगे आदि, द्वापर में श्राप दिया गया कि कलियुग में अमुक के साथ क्या घटना घटेगी आदि तथा पूर्व जन्म में अमुक व्यक्ति क्या था और उसने क्या किया जिसके फलस्वरूप उसे क्या भोगना पडा। आदि आदि के कथानक प्रचुरता से कहे गये हैं। यह भूतकाल की तथा भविष्यकाल समय यात्राओं के ही उदाहरण है। भागवत पुराण द्वापर में लिखा गया जिसमें कलियुग के विषय में भविष्यवाणी की गई है जो स्पष्टतः देखने में आ रही है।

इंग्लैण्ड के थियोफिजिस्ट रोनाल्ड मैनेट ने दावा किया है कि उन्होंने एक ऐसी मशीन बनाई है जिसके द्वारा समय यात्रा सम्भव हो सकेगी। उनका कहना है कि प्रकाश के एक स्थाई सिलेंडर में मजबूत गुरुत्वाकर्षण पैदा करके उसके माध्यम से समय–यात्रा की जा सकती है। किन्तु अभी यह काल्पनिक या प्रायोगिक अनुसंधान के स्तर तक ही है।

भौतिकी भी मानती है कि प्रकृति के विपरीत कार्य विनाशकारी होता है। हम समय को नियंत्रित नहीं कर सकते हैं। समय पीछे की ओर नहीं चलता है सदैव आगे की ओर चलता है इसीलिये भूतकाल की समय–यात्रा सम्भव नहीं है ऐसा वैज्ञानिकों का मत है। यदि कदाचित समय– यात्रा संभव भी हुई तो वह भविष्य की समय यात्रा होगी। यदि मनुष्य 'समय को अपनी रुचि अनुसार नियंत्रित करने में सफल हो गया तो मनुष्य स्वयं अपना भविष्य निर्धारित करने में सक्षम हो जायेगा।

उपरोक्त शस्त्रोक्त विवरण के परिशीलन करने से हम यह तो समझ गये कि अंतरिक्ष में या यों कहें कि ब्रह्माण्ड में 'मरुतों' की पहुंच सभी स्थानों पर है। 'मरुतों' का केन्द्र बिन्दु ध्रुव तारा तथा ध्रुव मण्डल है। 'मरुत' सभी ग्रहों, नक्षत्रों सप्तर्षि मण्डल आदि से सम्बद्ध होकर उन्हें घुमाते हैं। इस तथ्य को आधार मान लेने पर एक परिकल्पना जन्म लेती है, जो अन्वेषण का विषय है।

**शोध की प्रेरणा देती एक परिकल्पना**

1. क्या 'मरुत' एक सांकेतिक शब्द है तथा सामान्य अर्थ के अतिरिक्त कोई गूढ़ अर्थ है? संकेतिक शब्दों का प्रयोग प्राचीन ग्रंथो की भाषा मे प्रचुरता से हुआ है।
2. प्रत्येक मरुत का सम्बन्ध अलग–अलग स्थानों से है किन्तु यदि सामूहिक रूप से देखें तो इनकी सम्पूर्ण अंतरिक्ष मे व्याप्ति है। क्या यह मरुत अंतरिक्ष मे अदृश्य पथ (Invisible Electromagnatic Pathways ) हैं ?
3. ध्रुव मण्डल से सभी मरुत सम्बद्ध होकर अपने–अपने निर्धारित स्थानों तक जाकर उन्हें घुमाते हैं। क्या यह मरुत उन सभी स्थानों तक

पहुंचने के लिये अपेक्षित गति प्रदान करते हुए पथ प्रदान करने में सहायक हो सकते हैं?

वेदों में मरुतों को शरीरधारी मानव की तरह से भी वर्णनित किया गया है। सम्भावना है कि जो प्रजाति अंतरिक्ष में इन 49 अदृष्य मार्गों (Invibile Electromagnatic Pathways) मरुतों का प्रचुरता से प्रयोग करते रहे हों, उस प्रजाति समूह को मरुत/मारूत नाम से सम्बोधित किया जाने लगा हो। वैज्ञानिकों का मत है कि हमारी आकाश गंगा (Galaxi) में 10000 ग्रह हैं जिनमें से 10% ग्रहों में जीवन विद्यमान है।

यहां यह भी उल्लेख करना आवश्यक है कि प्रायः उडन तश्तरियों (UFOs) की चर्चा होती रहती है। माना जाता है कि अंतरिक्ष के किन्ही दूरस्थ ग्रहों से Alians अपने गोल तश्तरी की तरह के स्वयं घूमने वाले, अतितीव्र गति से चलने वाले यानों से पृथ्वी पर आते हैं। उनके यानों को कोई स्पर्श नहीं कर पाता है। क्योंकि उनसे कोई अदृश्य ऊर्जा चारो ओर प्रवाहित होती रहती है। इन यानों के यात्री भी विशेष आकार प्रकार के होते हैं। जो इस पृथ्वी के निवासियों से बिल्कुल भिन्न हैं। यह भी चर्चा का विषय है कि अमेरिका तथा रूस में भी कुछ Alians को उनके यान सहित अपने आधीन करके उनका वैज्ञानिक रूप से अध्ययन किया गया है, किन्तु इस विषय पर कोई अधिकारिक जानकारी किसी देश की ओर से नहीं दी गई है। उपरोक्त पर कुछ बिन्दु विचारणीय हैं–

(A) यदि Alians के अस्तित्व को स्वीकार करते है और मानते है कि वह पृथ्वी पर अपने यान से आते–जाते है, तो उनके यान में भी तो Mass है।

(B) इन यानों की गति अत्यधिक तीव्र है। (Extra Super Speed)

(C) इन यानों का आकार गोला तश्तरी के आकार का है, जो स्वयं भी चक्रवत घूमती रहती है।

(D) इनसे विशेष प्रकार की ऊर्जा का प्रवाह इनके चारों ओर होता है, जिसके कारण इनके पास कोई जाकर स्पर्श नहीं कर पाता है।

(E) इनका संचालन किसी अज्ञात विशेष ऊर्जा से होता है।

यदि कदाचित उपरोक्त बिन्दु तथ्यात्मक रूप से सत्य हैं, तो Mass के साथ भी अंतरिक्ष के अन्यान्य ग्रहों की यात्रा प्रकाश की गति से की जा सकती है। अतः पूर्व मान्यता कि कोई मास प्रकाश की गति से यात्रा नहीं कर सकता है, खण्डित होती है। साथ ही साथ समय यात्रा की परिकल्पना भी साकार होने की सम्भावना प्रबल होने की आशा जगती हुई प्रतीत होती है।

अतः मेरा कहना है कि उपरोक्त विषय पर अध्ययन एवं अनुसंधान

तो किये ही जा रहे होंगे, किन्तु यदि पुरातन वैदिक साहित्य तथा विषय विशेष से सम्बन्धित ग्रंथों का गहन अध्ययन किया जाये, तो न केवल अन्य ग्रहों तथा आकाश गंगाओं (Galaxies) की यात्रा की सम्भावना बढ़ेगी वरन समय–यात्रा भी सम्भव हो सकेगी, क्योंकि प्राचीन भारतीय साहित्य में इस विषय पर प्रचुर मात्रा में वर्णन उपलब्ध है। केवल उनकी भाषा का वास्तविक वैज्ञानिक अर्थ समझ लेने की आवश्यकता है।

# 4. हमारी प्राचीन वैमानिक–कला

('कल्याण' वर्ष 89, संख्या 4 से साभार)

वर्तमान समय से कुछ दिनों पूर्व तक प्राचीन वैमानिक कला प्रायः लुप्त सी हो गयी थी। बाद में पाश्चात्य विद्वानों के बुद्धि विकास से विमान फिर संसार में दिखायी देने लगे हैं। कहा जाता है कि विमान नाम की कोई वस्तु पहले नहीं थी, बल्कि पक्षियों को आकाश में उड़ते देखकर भारतीयों की यह निरी कपोल–कल्पन थी कि विमान नाम की कोई वस्तु देश में थी, जो आकाश में उड़ती थी एवं जिसका उल्लेख रामायणादि ग्रन्थों में पाया जाता है। महर्षि कर्दम के विमान के विषय में भी उनकी यही धारणा है, किन्तु आज भी हमारे समक्ष उदाहरणार्थ एक ऐसा ग्रन्थ रत्न उपस्थित है, जिससे यह मानना पड़ेगा कि विमान के विषय में हमारे पूर्वजों ने जिस उच्च कोटि के वैज्ञानिक तत्व ढूँढ निकाले थे, उसे आज भी पाश्चात्य विज्ञानवेत्ता खोज निकालने में असमर्थ ही हैं। वह ग्रन्थ है प्राचीनतम महर्षि भारद्वाज रचित ग्रंथ 'यन्त्रसर्वस्व'।

यह ग्रन्थ बड़ौदा राज्य के पुस्तकालय में हस्तलिखित वर्तमान में उपलब्ध है, जो किंचित खण्डित है। उसका 'वैमानिक प्रकरण' बोधानन्द की बनायी हुई वृत्ति के साथ छप चुका है। इसके पहले प्रकरण में प्राचीन विज्ञान विषय के पचीस ग्रन्थों की एक सूची है, जिनमें अगस्त्यकृत 'शक्तिसूत्र' ईश्वरकृत 'सौदामिनीकला', भारद्वाजकृत 'अंशुमतंन्त्र', 'आकाशशास्त्र' तथा यन्त्रसर्वस्व', शाकटायनकृत 'वायुतत्वप्रकरण' तथा नारदकृत 'वैश्वानरतन्त्र', धूमप्रकरण' आदि हैं। वृत्तिकार बोधानन्द लिखते हैं–

निर्मथ्य तवेदाम्बुधि भारद्वाजो महामुनिः।<br>
नवनीतं समुद्धृत्य यन्त्रसर्वस्वरूपकम् ।।<br>
प्रायच्छत् सर्वलोकानामीप्सितार्थफलप्रदम् ।<br>
तस्मिन् चत्वारिंशतिकाधिकारे सम्प्रदर्शितम् ।।<br>
नानाविमानवैचित्र्यरचनाक्रमबोधकम् ।<br>
अष्टाध्यायैर्विभजितं शताधिकरणैर्युतम् ।।<br>
सूत्रैः पञ्चशतैर्युक्तं व्योमयानप्रधानकम् ।<br>
वैमानिकाधिकरणयुक्तं भगवता स्वयम् ।।

अर्थात् भारद्वाज महामुनिने वेदरूपी समुद्र का मन्थन करके यन्त्रसर्वस्व नाम का ऐसा मक्खन निकाला है, जो मनुष्यमात्र के लिये इच्छित फल देने वाला है। उसमें उन्होंने चालीसवें अधिकरण में वैमानिक प्रकरण कहा है, इस प्रकरण में विमान विषयक रचना के क्रम कहे गये

हैं। वह आठ अध्याय में विभाजित किया गया है, जिसमें एक सौ अधिकार और पाँच सौ सूत्र हैं। उसमें विमान का विषय ही प्रधान है।

एवं विधाय विधिवन्मङ्गलाचरणं मुनिः।
पूर्वाचार्यांश्च तद्ग्रन्थान् द्वितीयश्लोकतोऽब्रवीत्।।
विश्वनाथोक्तनामानि तेषां वक्ष्ये यथाक्रमम्।
नारायणः शौनकश्च गर्गो वाचस्पतिस्तथा।।
चाक्रायणिर्धुण्डिनाथश्चेति शास्त्रकृतः स्वयम्।
विमानचन्द्रिका व्योमयानतन्त्रस्तथैव च।।
यन्त्रकल्पो यानबिन्दुः खेटयानप्रदीपिका ।
तथैव व्योमयानार्कप्रकाशश्चेति षट् क्रमात्।
नारायणादिमुनिभिः प्रोक्तानि ज्ञानवित्तमैः।।

अर्थात् भारद्वाजमुनि ने इस तरह विधानपूर्वक मंगलाचरण करके दूसरे श्लोक में विमान शास्त्र के पूर्वाचार्यों तथा उनके बनाये हुए ग्रन्थों के नाम भी कहे हैं। उनके नाम विश्वनाथ के कथनानुसार इस प्रकार हैं– नारायण, शौनक, गर्ग, वाचस्पति, चाक्रायणि और धुण्डिनाथं ये छः ग्रन्थकार हैं तथा विमानचन्द्रिका, व्योमयानतन्त्र, यन्त्रकल्प, यानबिन्दु, खेटयानप्रदीपिका और व्योमयानार्क प्रकाश– ये छः क्रम से इनके बनाये हुए ग्रन्थ हैं।

विमान की परिभाषा बतलाते हुए कहा गया है–

**पृथिव्यप्स्वन्तरिक्षेषु खगवद्वेगतः स्वयम्।**
**यः समर्थो भवेद् गन्तुं स विमान इति स्मृतः।।**

अर्थात् जो पृथ्वी, जल और आकाश में पक्षियों के समान वेगपूर्वक चल सके, उसका नाम विमान है।

**'रहस्यज्ञोऽधिकारी' –**

वृत्ति– वैमानिकरहस्यानि यानि प्रोक्तानि शास्त्रतः।
द्वात्रिंशदिति तान्येव यानयन्तृत्वकर्मणि।।
एतेन यानयन्तृत्वे रहस्यज्ञानमन्तरा ।
सूत्रेऽधिकारसंसिद्धिनैति सूत्रेण वर्णितम्।।
विमानरचने व्योमारोहणे चालने तथा।
स्तम्भने गमने चित्रगतिवेगादिनिर्णये ।।
वैमानिकरहस्यार्थज्ञानसाधनमन्तरा ।
यतोऽधिकारसंसिद्धिनैति सम्यग्विनिर्णितम्।।

***(भरद्वाज सूत्र अ01 सू02)***

विमान के रहस्यों को जानने वाला ही उसके चलाने का अधिकारी

है। शास्त्रों में बत्तीस वैमानिक रहस्य बतलाये गये हैं, विमान चालकों को उनका भली भांति ज्ञान रखना परमावश्यक है और तभी वे सफल चालक कहे जा सकते हैं। सूत्र के अर्थ से यह सिद्ध हुआ कि रहस्य जाने बिना मनुष्य यान चलाने का अधिकारी नहीं हो सकता। क्योंकि विमान बनाना उसे जमीन से आकाश में ले जाना, खड़ा करना, आगे बढ़ाना, टेढ़ी–मेढ़ी गति से चलाना या चक्कर लगाना और विमान के वेग को कम अथवा अधिक करना आदि वैमानिक रहस्यों का पूर्ण अनुभव हुए बिना यान चलाना असम्भव है।

विमान चलाने के जो बत्तीस रहस्य कहे गये हैं, उनमें से कुछ रहस्यों का यहाँ संक्षिप्त दिग्दर्शन कराया जा रहा है, जिनके द्वारा यह ज्ञात होता हे कि पाश्चात्य विद्वानों की वैज्ञानिक कला प्राचीन भारत की वैज्ञानिक कला से कितनी पिछड़ी हुई है–

**'कृतकरहस्यो.नाम** – विश्वकर्मछाया–पुरुषमनु–मयादिशास्त्रानुष्ठान द्वारा तत्तच्छक्त्यनुसन्धानपूर्वकं तात्कालिकसङ्कल्पानुसारेण विमानरचनाक्रम–रहस्यम्' ।

अर्थात् उन बत्तीस रहस्यों से यह कृतक नामक तीसरा रहस्य है। विश्वकर्मा, छाया पुरुष, मनु, गयदानव आदि विमानशास्त्रकारों के बनाये हुए शास्त्रों का अनुशीलन करने से उन–उन धातु– क्रिया आदि में जो सामर्थ्य है– उसका अनुभव होने पर इच्छा के अनुसार नवीन विमान रचना करनी चाहिए।

**'गूढ़रहस्यो नाम** – वायुतत्त्वप्रकरणोक्त–रीत्यावातस्तम्भाष्टमपरिधिरेखापथस्य यासावियासाप्रयासा–दिवातशक्तिभिः सूर्यकिरणान्तर्गततमश्शक्ति माकृष्य तत्संयोजन द्वारा विमानाच्छादनरहस्यम्' । (Stealth Technology)

अर्थात् गूढ़ नामक पाँचवाँ रहस्य है। वायुतत्त्व–प्रकरण में कही गयी रीति के अनुसार वातस्तम्भकी जो आठवीं परिधिरेखा है, उस मार्गकी यासा, वियासा, प्रयासा इत्यादि वायुशक्तियों के द्वारा सूर्यकिरण में रहने वाली जो अन्धकारशक्ति है, उसका आकर्षण करके विमान के साथ उसका सम्बन्ध कराने पर विमान छिप जाता है। 'अपरोक्षरहस्यो नाम – शक्तितन्त्रोक्त–रोहिणीविद्युत्प्रसारणेन विमानाभिमुखस्थवस्तूनां प्रत्यक्षनिदर्शन–क्रियारहस्यम्।

अर्थात् अपरोक्ष नामक नवें रहस्य के अनुसार शक्तितन्त्र में कही गयी रोहिणी विद्युत (विशेष प्रकार की बिजली) के फैलाने से विमान के सामने आने वाली वस्तुओं को प्रत्यक्ष देखा जा सकता है। (यह सम्भवतः 'नाइट विजन' के परिपेक्ष मे कथन है।)

**'सर्पगमनरहस्यो नाम–** दण्डवक्रादिसप्त–विधमातरिश्वार्ककिरणशक्तीराकृष्य

यानमुखस्थवक्रप्रसारणकेन्द्रमुखे नियोज्य पश्चात्तदाहृत्य शक्त्युद्गमननाले प्रवेशयेत्। ततः तत्कीलीचालनाद्विमानस्य सर्पवद्गमनक्रियारहस्यम्'।

अर्थात् सर्पगमन नामक बाईसवें रहस्य के अनुसार दण्ड, वक्र आदि सात प्रकार के वायु और सूर्यकिरणों की शक्तियों का आकर्षण करके यान के मुख में जो तिरछे फेंकने वाला केन्द्र है, उसके मुख में उन्हें नियुक्त करके पश्चात् उसे खींचकर शक्ति पैदा करने वाले नाल में प्रवेश कराना चाहिये, तब उसके बटन दबाने से विमान की गति साँप के सामन टेढ़ी हो जाती है। (*एयरोवैटिक्स तथा डागफाइट के सन्दर्भ में*)

'**परशब्दग्राहकरहस्यो नाम–** सौदामनीकलोक्त–प्रकारेण विमानस्थशब्दग्राहकयन्त्रद्वारापरविमानस्थ–जनसंभाषणादिसर्वशब्दाकर्षणरहस्यम्'।

अर्थात् परशब्दग्राहक पचीसवें रहस्य के अनुसार 'सौदामनीकला' में कही गयी रीति से विमान पर जो शब्दग्राहक यन्त्र है, उसके द्वारा दूसरे विमान पर के लोगों की बातचीत आदि शब्दों का आकर्षण किया जाता है। (*पावरफुल रेडियो रिसीवर*)

'**रूपाकर्षणरहस्यों नाम–** विमानस्थरूपाकर्षणयन्त्र द्वारा परविमानस्थितवस्तुरूपाकर्षणरहस्यम्।

अर्थात् रूपाकर्षण नामक छब्बीसवें रहस्य के अनुसार विमान में स्थित रूपाकर्षण–यन्त्रद्वारा दूसरे विमान में रहने वाली वस्तुओं का रूप दिखलायी देता है। (*लेजर कैमरा*)

'**दिक्प्रदर्शनरहस्यो नाम–** विमानमुखकेन्द्रकीलीचालनेन दिशाम्पतियन्त्रनालपत्रद्वारा परयानागमनदिक्प्रदर्शनरहस्यम्'।

अर्थात् दिक्प्रदर्शन नामक अट्ठाइसवें रहस्यानुसार विमान के मुख केन्द्र की (बटन) चलाने से 'दिशाम्पति' नामक यन्त्र की नली में रहने वाली सुई द्वारा दूसरे विमान के आने की दिशा जानी जाती है। (*विमान रडार से सुसज्जित*)

'**स्तब्धकरहस्यो नाम–** विमानोत्तरपार्श्वस्थ–सन्धिमुखनालादपस्मारधूमं संग्राह्य स्तम्भन–यन्त्रद्वारा तद्धूमप्रसारणात् परविमानस्थसर्वजनानां स्तब्धीकरणरहस्यम्'।

स्तब्धक नाम के इकतीसवें रहस्य के अनुसार विमान की बायीं बगल में रहने वाली सन्धिमुख नाम की नली के द्वारा अपस्मारनामक (किसी विशेष छेद से निकलने वाले) धूएं को इकट्ठा करके स्तम्भनयन्त्रद्वारा दूसरे विमान पर फेंकने से उस दूसरे विमान में रहने वाले सब व्यक्ति स्तब्ध (बेहोश) हो जाते हैं। (*एनेस्थेटिक गैस*)

**'कर्षणरहस्यो नाम–** स्वविमानसं हारार्थं परविमानपरम्परागमने विमानाभिमुखस्थवैश्वानरनालान्तर्गतज्वालिन प्रज्वालनं कृत्वा सप्ताशीतिलिङ्कप्रमाणोष्णं यथा भवेत् तथा चक्रद्वयकीली चालनात् शत्रुविमानोपरि वर्तुलाकारेण तच्छक्तिप्रसारणद्वारा शत्रुविमाननाशनक्रियारहस्यम्।

अर्थात् कर्षण नामक बत्तीसवाँ रहस्य है। उससे शत्रु के विमान का नाश करने के लिये शत्रुविमानों के आने पर विमान के मुख में रहने वाली वैश्वानर नाम की नली में ज्वालिनी (किसी गैस का नाम) को जलाकर सत्तासी लिङ्क प्रमाण (लिङ्क डिग्री की तरह किसी माप का नाम है) गर्मी हो, उतना दोनों चक्की की कीली (बटन) चलाकर शत्रु–विमानों पर गोलाकार से उस शक्ति को फैलाने से शत्रु के विमान नष्ट हो जाते हैं। (*मिसाइल अटैक*)

इस वैमानिक प्रकरण में कहे गये अनेक ग्रन्थों व ग्रन्थकारों के नाम से यह स्पष्ट ज्ञात होता है कि हमारे पूर्वज विमानशास्त्र में अत्यन्त निपुण थे। इसके रहस्यों को देखने से यह पता लगता है कि आजकल के वैज्ञानिक विमान द्वारा जिन–जिन कलाओं का उपयोग करते हैं, वे सभी कलाएँ तो उन लोगों के पास थीं ही, बल्कि जिन कलाओं की खोज में आज आधुनिक वैज्ञानिक व्यस्त हैं या जिनकी कल्पना भी अभी वे नहीं कर पाये हैं, उनको भी हमारे पूर्वज जानते थे। नवें रहस्य से यह पता लगता है कि दूरबीन की तरह कोई दूरदर्शक यन्त्र उनके पास था। पचीसवें रहस्य से यह सिद्ध होता है कि 'वायरलेस' रेडियो भी उनके पास था। अट्ठाईसवाँ रहस्य बतलाता है कि आजकल के वैज्ञानिकों की तरह दूर से ही शत्रुविमान का पता लगा लेने की कला भी उनके पास थी। बत्तीसवें रहस्य से यह स्पष्ट है कि जैसे ये लोग गैस, बम (मिसाइल) आदि द्वारा शत्रु संहार करते हैं, वैसे ही वे लोग भी ऐसे शस्त्रास्त्रों का उपयोग करते थे। छब्बीसवें रहस्य से मालूम होता है कि आज के वैज्ञानिकों ने टेलीफोन पर बात करने वाले की आकृति दिखा देने वाले 'टेलीविजन' नामक जिस यन्त्र का आविष्कार किया है, वह इससे अधिक चमत्कारिक रूप में हमारे पूर्वजों के पास था। इसमें जो विमानों का अदृश्य करने वाला पाँचवाँ रहस्य है तथा उसके सदृश अन्य कई रहस्य हैं जो कि विस्तार भय से यहाँ उद्धृत नहीं किये गये हैं, उन सबके विषय में आज के वैज्ञानिक हमारी समझ में अभी तक सोच भी नहीं सके हैं।

**'सिद्धान्त'**

# 5. 'हिन्दू' शब्द की व्युत्पत्ति

'हीनं दुशयति इति–हिन्दू' अर्थात जो हीनता (अज्ञानता) का नाश करता है वह हिन्दू है। हीन–दू: अर्थात जो हीनता (अज्ञानता) से दूर रहे वह हिन्दू है। कुछ ग्रन्थों के उदाहरणों का अवलोकन करें–

ऋग्वेद के बृहस्पति आग्यम–

**"हिमालयं समारम्भ यावत इंदुसरोवरं।**
**तं निर्मितं देशं हिन्दुस्थान प्रचक्षते।"**

अर्थात् हिमालय से लेकर इंदु सरोवर (हिन्द महासागर) तक जो देश है वह हिन्दू स्थान है।

शैव ग्रन्थ– **मेरू तंत्र–**

'हीनं च दृष्येत्येव हिन्दुरित्युच्यते प्रिये'।

**शब्द कलिपद्रुम–**

'हीनं दूशयति इति हिन्दू'।

**पारिजात हरण–**

'हिनस्ति तपसा पापं दैहिकां दुष्टम।
हेतिभिः शत्रुवर्गं च स हिन्दुर्णमधीयते।।'

**माधव दिग्विजय–**

'ओंकारमूलाढ्य पुनर्जन्म दृढ़शयः।
गो भक्तो भारत गुरु हिन्दु हिंसन दूषकः'।।

ऋग्वेद– (8 : 2 : 41 तथा 8वें मण्डल) में *'विवहिन्दू' नाम* के राजा का वर्णन है। वह बहुत पराक्रमी तथा दानशील था। उसने 46000 गौयें दान दी थीं।

***अलीबिन अली तालिव–*** *यह इस्लाम के चौथे खलीफा थे।* इन्होंने लिखा है कि वह भूमि जहां पर सर्वप्रथम पुस्तकें लिखी गई, जहां विवेक और ज्ञान की नदियां बही वही भूमि हिन्दुस्तान है।

***अल जहीज –*** *यह नौवी सदी के इतिहासकार थे।* इन्होंने लिखा है कि 'हिन्दू ज्योतिष शास्त्र, गणित, औषधि विज्ञान तथा विभिन्न विज्ञानों में श्रेष्ठ है। मूर्तिकला, चित्रकला, वास्तु कला का इन्होंने पूर्ण विकास किया है। इनके पास कविताओं, दर्शन, साहित्य, नीतिशास्त्र के संग्रह हैं। इन लोगों में निर्णायक शक्ति है। ये बहादुर हैं। इनमें शुचिता, शुद्धता के गुण हैं। मनन वहीं से प्रारम्भ हुआ है'।

भाषा विज्ञान के अनुसार देखें तो संस्कृत भाषा में 'स' का 'ह' और

'ह' को 'स' के स्थान पर प्रयोग किये जाने के उदाहरण मिलते हैं। 'सिंधु' से 'हिन्दु' बना ऐसा मान सकते हैं।

ऋग्वेद में एक राजा का नाम 'सैन्धव' मिलता है जो बाद में 'हैन्दव' नाम से जाना गया। इस हैन्दव शब्द का अपभ्रंश हिन्दू हुआ माना जा सकता है। 'इंदुसरोवर' नाम के समुद्र का नाम 'सिन्धु सरोवर' तथा अब हिन्द महासागर नाम से जाना जाता है।

तात्पर्य यह है कि 'हिन्दू शब्द वैदिक काल से ही प्रचलित हुआ है। यह ईरानियों या अरबों अथवा किसी के द्वारा दिया गया शब्द नहीं है। 'हिन्दू' शब्द मुस्लिम आक्रमण से पूर्व के ग्रन्थों में ''उल्लिखित हैं''। सनातन धर्म सर्वाधिक प्राचीन धर्म है। हिन्दू सभ्यता सनातन धर्म की ही देन है।

# 6. ऊर्जा केन्द्र मंदिर

भारतीय पौराणिक वांग्मय में त्रेता व द्वापर युगों में भव्य भवनों का तथा मंदिरों का वर्णन मिलता है। यही नहीं वैदिक साहित्य में भी मंदिरों का उल्लेख है। पुरातत्वविदों ने तो पुरावैदिक काल में भी देवालयों की खोज की है। एक भारतीय मूल के अमरीकी वैज्ञानिक ने खगोलशास्त्र तथा वैदिक एव पौराणिक उद्धरणों से महाभारत काल, श्री राम का युग तथा वैदिक काल के समय के लिये क्रमशः सात, चौदह तथा इक्कीस हजार वर्ष पूर्व का खगोल के प्रमाण सहित उल्लेख किया है। भारतीय पुरातत्व वेत्ताओं ने कुछ मंदिरों में पुरातत्व विभाग के शिलापट तथा सूचनापट लगा रखे हैं जिनके द्वारा उन मंदिरों को महाभारत काल में बना हुआ कहा गया है। महाभारत व श्री राम के समय के अनेक अन्य प्रमाण भी प्राप्त होते जा रहे हैं।

हम यहां पर दो हजार वर्ष पूर्व बने मंदिरों की चर्चा करने का यत्न कर रहे हैं। संस्कृत भाषा के सर्वमान्य शब्दकोष 'अमर कोष' तथा 'संस्कृत–हिन्दी कोश' (वा० शि० आप्टे कृत) में मंदिर शब्द को निवास स्थान का पर्यायवाची माना है। महाकाव्य व सूत्र ग्रन्थों में मंदिर के लिये देवालय, देवायतन, देवकुल, देवगृह आदि शब्दों का प्रयोग हुआ है।

हम मंदिरों को अपने आराध्य का निवास स्थान मानते हैं। इसलिये अपने आराध्य का गृह निर्माण करने में अपने प्राचीन ग्रंथों में उपलब्ध वास्तुशास्त्र, निर्माण शिल्प, मूर्तिकला एवं गूढ़ वैज्ञानिक, खगोल तथा भौतिक नियमों का प्रयोग करने में कोई कृपणता नहीं दिखाई। एक से बढ़कर एक भव्य, सुन्दर व आकर्षक मंदिरों का निर्माण किया।

आस्तिकजन मंदिरों में अपने आराध्य का दर्शन करने, पर्यटक अपने पर्यटन में भव्यता एवं सुन्दरता का आनन्द लेने तथा वैज्ञानिक व पुरातत्वविद एवं इतिहासकार अपने अपने विषयवस्तु के दृष्टिकोण से अध्ययन करने के उद्देश्य से प्राचीन मंदिरों में आते हैं। सभी लोग अपने अपने विषय विषयक अध्ययन द्वारा निष्कर्ष निकालते हैं। अनेक आश्चर्यजनक रहस्य उदघटित हुये हैं, यथा मंदिरों में ऊर्जा स्रोत, ऊष्मास्रोत, सौर ऊर्जा, ध्वनि रहस्य एवं विशिष्ट शिल्प जैसे अनेक अगणित रहस्य वैज्ञानिकों नें पाये हैं। प्राचीन मंदिरों के अध्ययन से प्राप्त तथ्यों को संकलित करके इस लेख में प्रस्तुत करने का प्रयास किया गया है–

**मंदिरों में वास्तु**

आगम, पुराण, वृहत संहिता, मानासर आदि वास्तु शास्त्र के प्रमाणिक

ग्रन्थ हैं। 'मानासर' ग्रन्थ में वास्तु विषयक 70 अध्याय तथा 1000 श्लोक हैं। इस ग्रन्थों में वास्तु के अनेक नियमों का उल्लेख है। इनके अतिरिक्त खगोल शास्त्र, ज्योतिष शास्त्र का भी प्रचुरमात्रा में मन्दिरों के निर्माण में उपयोग किया गया है। प्रत्येक स्थान पर ज्यामिति व गणित का सम्बल लिया गया है। अनेक आकार के भवनों व मन्दिरों आदि का वर्णन इन ग्रंथों में है, यथा चतुर्भुज, षडभुज, चक्राकार, स्वास्तिक आकार तथा मानव शरीर के आकार का भी उल्लेख है। अपने आराध्य के निवास को सुन्दर, सुरुचिपूर्ण निर्मित करने के लिये भवन का स्वरूप कैसा हो, कहां किस स्थान व दिशा में निर्मित किया जाय, उसका (नक्शा) मानचित्र, नाप जोख, ज्यामिति, निर्माण सामग्री, समय तथा मुहूर्त का निर्धारण किया जाता था। ज्योतिष का सन्दर्भ लेना आवश्यक था।

**वास्तुपुरुष मण्डल**

यह एक ज्यामिति थी। वास्तु से तात्पर्य है भवन, पुरुष से तात्पर्य है ब्रह्माण्ड का स्वरूप तथा मण्डल से तात्पर्य है वृत्त अर्थात भूमि का वह भाग जिस पर मन्दिर का निर्माण किया जाना है। भूमि का भाग प्रायः चौकोर लिया जाता था। इसको 64 या 81 पदों में (सेक्शन में) में विभाजित करके यह तय किया जाता था कि किस भाग में क्या निर्मित किया जायेगा।

उपरोक्त मण्डल के मध्य में गर्भग्रह (जहां मूर्ति स्थापित की जाती थी), गर्भग्रह के ऊपर शिखर (गुम्बद) बनाया जाता था, जो आकाश की ओर उन्मुख होता है, जो कि नमस्कार का प्रतीक माना जाता है।

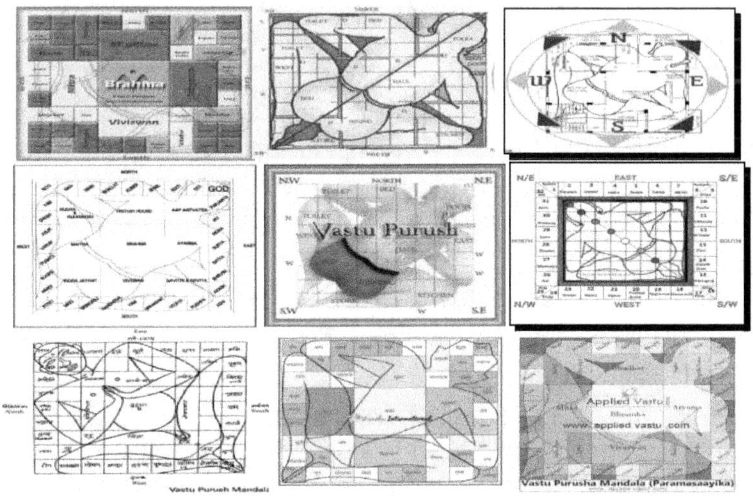

**ताल**

एक पैमाना जिसके आधार पर उस भू–भाग को एक निश्चित माप पर विभाजित किया जाता था। ताल का निर्धारण प्रत्येक बार भू–भाग की उपलब्धता के आधार पर किया जाता था। मंदिर के कुछ प्रमुख भाग–

1. प्रवेश द्वार, 2. परिसर, 3. गोपुर, 4. अर्ध मण्डप, 5. मण्डप, 6. गर्भग्रह, 7. शिखर, 8. कलश, 9. अंतराल, 10. उरुशृंग, 11. गबाक्ष, 12. अमलक, 13. जगति, 14. अधिष्ठान, 15. शुकनास, 16. स्तम्भ, 17. प्रदशिणपथ, 18. तोरण, 19. जलाशय, 20. रथ (चबूतरा), 21. परिसर मे छोटे मंदिर आदि।

**भूमि चयन**

मंदिर हेतु भूमि प्रायः (या यों कहे अधिकांशतः) वन्य क्षेत्रों में आवासीय ग्रामों से दूर ऊँचाई वाले स्थानों पर प्राप्त समतल स्थान जहां पर भूमि ठोस हो, जल स्रोत हो तथा निर्माण सामग्री यथा पत्थर, चूना, लकड़ी आदि सुलभ हो, ऐसे पहाड़ों, पहाडियों तथा टीलों पर चयनित की जाती थी। निर्माण सामग्री तो कहीं कहीं दूरस्थ स्थानों से लाकर भी प्रयुक्त की गई है क्योंकि कुछ ऐसे मंदिर है वहां वह निर्माण सामग्री उपलब्ध ही नहीं है, जिसमें मंदिर निर्मित किया गया है।

मंदिर बनाते समय उत्तरी व दक्षिणी ध्रुव का ध्यान रखा गया है। सम्भवतः इसका उद्देश्य अधिकाधिक चुम्बकीय ऊर्जा की उपलब्धता से रहा होगा। शिखर सहित गर्भगृह में पंचतत्वों की समग्रता एवं आध्यात्मिक ऊर्जा की प्रचुरता का आभास होता है। मंदिर निर्माण से लेकर मूर्ति स्थापना तक ज्योतिषीय निमयानुसार शुभ लग्न, नक्षत्र आदि के आधार पर **मंदिर के अन्दर एक स्वतंत्र वृह्माण्ड की परिकल्पना को साकार किया जाता है।**

**वास्तु शैली एवं शिल्प**

प्रथक–प्रथक स्थानों, प्रथक–प्रथक जलवायु वाले क्षेत्रों तथा भिन्न भिन्न धार्मिक, सामाजिक एवं सांस्कृतिक मान्यताओं व परिवेश के कारण मंदिरों के वास्तु, उनकी शैली तथा शिल्प एवं कलात्मकता में विविधता मिलती है। प्रमुखता से प्राचीन मंदिरों में 7 प्रकार की शैली का प्रयोग हुआ है–

1. नागर शैली, 2. द्रविड शैली, 3. बेसर शैली, 4. पगोडा शैली, 5. संथार शैली, 6. निरंधार शैली एवं 7. सर्वतोभद्र शैली ।

**1. नागर शैली**

हिमांचल से विन्ध्य पर्वत श्रृंखला के मध्य स्थित मंदिरों में नागर शैली का प्रयोग हुआ है। इस शैली में निर्मित मंदिर चतुष्कोणीय हैं। इनमें एक ही अक्ष पर गर्भग्रह, अंतराल, मण्डप तथा अर्धमण्डप निर्मित है।

उन्नत शिखर का निर्माण गर्भगृह के ऊपर किया गया है। इनमें रेखीय शिखर होता है। नागर शैली के मंदिरों में एक 'जगती' (बडा चबूतरा) उसके ऊपर एक छोटा चबूतरा जिसे 'पीठ' कहते हैं, होता है। यह मंदिर के आधार होते हैं। मंदिर पंचायतन के रूप में (प्रधान देवता के मंदिर की चारों दिशाओं में एक एक छोटा मंदिर) होता है। गर्भग्रह के मुख्य द्वार के दोनों ओर नदियों (गंगा, यमुना ) की मूर्ति बनी होती हैं।

नागर शैली के मंदिरों के कुछ उदाहरण –

कानपुर का भीतरगांव मंदिर, झांसी का दशावतार मंदिर, कंदरिया महादेव मंदिर खजुराहो आदि ।

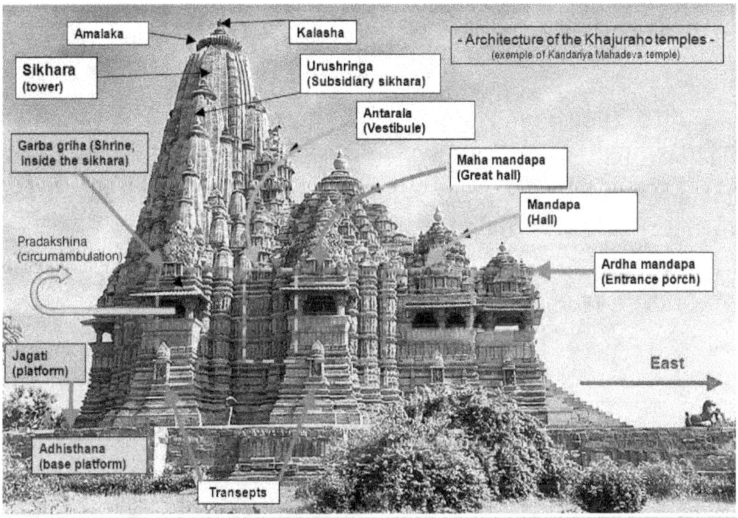

## 2. द्रविड शैली

दक्षिण भारत के मंदिरों में जिस शैली का प्रयोग हुआ है, उसे द्रविड शैली कहा गया है। इन मंदिरों का आधार वर्गागार है। गर्भग्रह के ऊपर पिरामिड के आकार के अति उन्नत शिखर हैं। मंदिरों के प्रवेश द्वार को 'गोपुरम' कहते हैं। इन मंदिरों के प्रांगण विशाल हैं। मंदिर प्रांगण में कई छोटे मंदिर हैं। मंदिर प्रांगण में जलकुण्ड भी हैं। इनके शिखर विमान शैली (एक के ऊपर एक गुम्बद में निर्मित हैं। इनमें भी पंचायतन की शैली मिलती है। (प्रधान मंदिर की चारों दिशाओं में ) एक एक मंदिर हैं।) इन मंदिरों का आधार तीन चबूतरों का होता है। सबसे नीचे वाला चबूतरा ''जगती' उस पर उससे छोटा चबूतरा जिसे 'अधिष्ठान' कहते हैं तथा उस पर उससे छोटा चबूतरा 'पीठ' कहलाता है, और इस पर मंदिर बना होता है।

द्रविड शैली के मंदिरों के कुछ उदाहरण द्रविड शैली में तीन प्रकार के शिल्प मिलते हैं– 1. नायक शैली–मीनाक्षी मंदिर–मदुरै, 2. विजयनगर शैली–विट्ठल स्वामी मंदिर, 3. होयसाला शैली–हम्पी कर्नाटक का पम्पापति मंदिर। यह तीनो द्रविण शैली के ही प्रकार हैं।

### 3. बेसर शैली

बेसर शैली, नागर शैली तथा द्रविड शैली का मिश्रित रूप है। इस शैली के मंदिर विन्ध्यपर्वतमाला और कृष्णा नदी के मध्य के भूभाग में पाये जाते हैं। यह मंदिर अतिकलात्मक हैं। अति सुन्दर एवं आकर्षक हैं। इन मंदिरों में नागर तथा द्रविड दोनों शैलियों की विशेषताओं का अद्भुत मिश्रण किया गया है। ये मंदिर मुख्य रूप से चालुक्य शासकों ने बनवाये। उदाहरण–एहोल में सूर्य मंदिर, बादामी (वालापि) में मालेगीति शिव मंदिर, विरूपाक्ष मंदिर, वृंदावन का वैष्णव मंदिर आदि।

### 4. पगोडा शैली

नेपाल, इण्डोनेशिया तथा बाली द्वीप में पगोडा शैली के मंदिर हैं। इस शैली के मंदिरों की छतें लम्बित रूप में एक के ऊपर एक निर्मित हैं। गर्भग्रह प्रायः दूसरी मंजिल पर होता है। मंदिर तीन चार या अधिक मंजिल के हैं। उदाहरण स्वरूप नेपाल में आकाश भैरव मंदिर, भीमसेन स्थान मंदिर, भक्तपुर का न्यातपोल मंदिर आदि ।

**5. संधार शैली**

इस शैली के मंदिर वर्गाकार होते हैं। इन मंदिरों के चारों ओर स्तम्भों वाली वीथिका (गैलरी) होती है। यह वीथिका प्रदक्षणा के लिये बनाई जाती है।

**6. निरंधार शैली**

यह मंदिर भी वर्गाकार होते हैं। किन्तु इस शैली के मंदिरों के चारों ओर स्तम्भों वाली वीथिका या प्रदक्षणा पथ नहीं होता है।

**7. सर्वतोभद्र शैली**

सर्वतोभद्र शैली के मंदिरों में चारो प्रमुख दिशाओं (पूर्व, पश्चिम, उत्तर और दक्षिण ) में प्रवेश द्वार होते हैं मंदिर के चारों ओर 12 स्तम्भों वाला प्रदक्षणा पथ होता है। इन मंदिरों में किसी भी दिशा से प्रवेश कर सकते हैं।

**मंदिरों के निर्धारित सामान्य नियम और उन नियमों में व्याप्त वैज्ञानिकता**

भारतीय संस्कृति में स्वास्थ्य एवं विज्ञान के नियम सहज रूप से दैनिक आहार विहार व आचरण में समाहित व सम्मिलित किये गये हैं। वैदिक काल से ही यह नियम व्यवहारित होते आये हैं। समय समय पर संहिता व स्मृति के रचनाकारों ने परिस्थिति अनुसार कुछ परिवर्तन किये किन्तु मूलभाव वही रहा । 'मंदिर' शब्द का उल्लेख सर्वप्रथम चौथी शताब्दी में "शतपथ ब्राह्मण" में मिलता है। 'मानासर' (मान=नाप या मेजरमेन्ट) शिल्प का अति महत्वपूर्ण ग्रन्थ है। वर्तमान में अधिकांश प्राचीन मन्दिर मौर्य काल तत्पश्चात कुषाण काल में निर्मित किये गये । दक्षिण भारत के अधिकांश मंदिर पल्लव, चोल, पाण्ड्य तथा विजयनगर के राजाओं ने निर्मित कराये। भागवत धर्म के मंदिरों में विष्णु प्रतिमा की प्रधानता तथा वैष्णव धर्म जिसका अभ्युदय व विकास गुप्त वंश के शासन काल में हुआ उस समय निर्मित मंदिरों में विष्णु तथा रूद्र दोनों प्रतिमायें मिलती हैं।

मंदिरों के सामान्य नियमों का उल्लेख करने से पूर्व मंदिरों की वैज्ञानिकता की चर्चा करेंगे–

हमारे पूर्वज ऋषि न केवल प्रचुर आध्यात्मिक ज्ञान से सम्पन्न थे वरन उच्च कोटि के विज्ञान वेत्ता भी थे। उनके द्वारा दिये गये ज्ञान का उपयोग मंदिरों के निर्माण में वैज्ञानिक आधार बना। उन प्रमुख ऋषि वैज्ञानिकों का उल्लेख करना प्रासांगिक है–

**ऋषि विश्वामित्र**

खगोल, भौतिकी, रसायन शास्त्र तथा युद्धक उपकरणों के ज्ञाता थे।

उन्होने अंतरिक्ष में त्रिशंकु को भेजा। वर्तमान में अंतरिक्ष में भेजे जाने वाले यान में भी शंकु के आकार वाले तीन राकेट प्रयोग किये जाते हैं।

**ऋषि अगस्त**

दक्षिण भारत में जल प्रबन्धन का दुरुह कार्य सम्पन्न किया जिसे समुद्र पी लेने की संज्ञा दी गई। भौतिकी के ज्ञाता–विद्युत बैटरी निर्माण करने सहित 18 आविष्कार किये। एलेक्जेन्डर वोल्टा ने बैटरी तथा थामस एडीसन ने इनके सिद्धान्त का अनुकरण करके बल्व बनाया।

**ऋषि कणाद**

परमाणु विज्ञान के ज्ञाता तथा सापेक्षता के तीन सिद्धान्तों के आविष्कारक के रूप में न्यूटन विख्यात हुए। न्यूटन ने ऋषि कणाद के ही तीनों सिद्धान्तों का उसी क्रम में नकल करके अपने को प्रसिद्ध कर लिया।

**ऋषि बोधायन**

ज्यामिति तथा त्रिकोणमिति के जनक ऋषि बौधायन थे, जिस थ्योरम को पायथागोरस के नाम से जाना जाता है, वह ऋषि बोधायन ने आविष्कृत की थी। ज्यामितीय सिद्धान्तों पर विभिन्न प्रकार की यज्ञवेदियां निर्मित किये जाने की विधा का उल्लेख किया है।

**गर्गाचार्य** –

नक्षत्र विज्ञान तथा ज्योतिषीय गणित के ज्ञाता ।

**भास्कराचार्य**

गुरुत्वाकर्षण के सिद्धान्त के आविष्कारक।

यहाँ पर अति संक्षेप में कुछ ऋषि वैज्ञानिको का परिचय करा सके हैं। उनके कृतित्व तथा सूची वृहत है। वर्तमान में हमें अंग्रेज आविष्कारकों के नाम पढ़ाये गये हैं, जबकि हमारे पूर्वज अनेकानेक ऋषि वैज्ञानिक अपने द्वारा किये गये आविष्कारों के लिये स्मरणीय तथा स्तुत्य हैं। इस प्रकार हम अपने ऋषियों के द्वारा दिये गये ज्ञान को संदर्भित वास्तु और शिल्प के ग्रथों में दिये गये सिद्धान्तों को मंदिरों के निर्माण एवं उनमें समाविष्ट वैज्ञानिकता को मूर्त हुआ पाते हैं।

1. मंदिरों का निर्माण ऐसे स्थानों पर किया गया जहां पर भू–चुम्बकीयता प्रचुर मात्रा में घनीभूत होकर उपलब्ध थी ।
2. मंदिर की नीव भवन या मूर्ति के आसान के नीचे धातु (प्रायः तांबे की प्लेट अथवा स्वर्ण या रजत की मुद्रा) रखी जाती थी। मूर्ति के ऊपर धातु का छत्र तथा शिखर पर धातु की छड़ तथा धातु का कलश होना विद्युत चुम्बकीय तरंगो के ही अवशोषण का उपक्रम था।

3. मंदिर के शिखर व गुम्बद की बनावट ऐसी है जिससे मंदिर के अंदर की शंख ध्वनि, घंटे की ध्वनि तथा प्रार्थना के स्वर टकराकर परावर्तित होकर आवृत्ति उत्पन्न करते हैं।
4. लगभग सभी प्राचीन मंदिर भूमि के धनात्मक केन्द्र पर निर्मित किये गये हैं यथा उज्जैन का महाकाल मंदिर कर्क रेखा पर स्थित है।
5. मूर्ति की प्राण प्रतिष्ठ – हम अपने साकार स्वरूप में आराध्य की ओर आकर्षित होते हैं। मंदिर के अन्दर सुन्दर तेजवान मूर्ति अपनी सजीवता का मनोवैज्ञानिक प्रभाव डालती है। आस्था प्रबल होती है। वैदिक मंत्र शक्ति के द्वारा की गई प्राण प्रतिष्ठा के द्वारा मूर्ति में अधिकाधिक ऊर्जा विद्यमान बनी रहे इसका उपक्रम है। प्रभाव स्वरूप मूर्ति के सम्मुख कम समय के लिये खडे रहकर भी पर्याप्त ऊर्जा के निष्क्रमण व दर्शनार्थी को पर्याप्त ऊर्जा प्राप्त हो ऐसा विधान है।

**सामान्य नियम**

उपरोक्त प्रकार से हमने संक्षेप में मंदिरों की वैज्ञानिकता का अवलोकन किया। अब हम मंदिरों के सामान्य नियमों और उनके द्वारा प्राप्त होने वाले शारीरिक, मनोवैज्ञानिक तथा आध्यात्मिक लाभ की भी चर्चा करेंगे–

1. मंदिर में भगवान के दर्शन करने हेतु स्नानोपरान्त ही जाने का नियम है। इस प्रकार शुचिता व पवित्रता के साथ हम अपने को ऊर्जा ग्रहण करने योग्य बना लेते हैं। मंदिर में प्रवेश पूर्व अपने उपानह (खड़ाऊ, चप्पल, जूते आदि) बाहर ही उतारने का नियम है। इसके दो उद्देश्य हैं– एक तो बाहर की अस्वच्छता अंदर नहीं पहुँचती और दूसरा लाभ यह है कि हम अपने पैरों के तलवों से भूमि के स्पर्श द्वारा पृथ्वी की भूचुम्बकीय ऊर्जा के सम्पर्क में आते हैं।
2. **घंटा बजाना –** घंटे की ध्वनि सामान्यतया लगभग सात सेकेण्ड तक गूंजती रहती है। यह ध्वनि तरंगे मस्तिष्क के तंतुओं को सक्रिय करती हैं। योग क्रिया के जानकारों का अनुभव है कि यह ध्वनि शरीर के सातों ऊर्जा केन्द्रों (मूलाधार से सहस्रार चक्र) पर प्रभाव डालती है। इन ऊर्जा चक्रों की सक्रियता तथा सकारात्मकता का शारीरिक तथा आध्यात्मिक विकास में महत्वपूर्ण योगदान है।
3. **चंदन तथा पुष्प अर्पित करना –** चंदन अपनी शीतलता के लिये जाना जाता है। चंदन की शीतलता तथा सुगंध और पुष्पों की सुन्दरता व सुगंध वातावरण में शान्ति, सम्मोहन और उल्लास उत्पन्न करते हैं।
4. **आरती करना व दीप प्रज्वलित करना –** घृत व अन्य सुगंधित द्रव्यों से आरती करना, इसे ऊपर नीचे चारों ओर घुमाने से मंदिर में उत्पन्न

प्रकाश में मूर्ति की छवि देखने तथा सुगंध से मन की प्रसन्नता के साथ वातावरण में शुद्धता होती है।

5. **भोग लगाना** – वैसे तो छप्पन प्रकार के भोग का भी वर्णन है किन्तु अपने आराध्य को श्रद्धा से अपनी क्षमता व सामर्थ्य के अनुसार अर्पित भोग समर्पण का भाव जगाता है। एक बात का ध्यान अवश्य रखा जाता है कि भोग सामग्री जूठी न हो। इसीलिये नारियल और केला भोग सर्वोत्तम माना जाता है, क्योंकि नारियल समूचा भूमि में दबा दिया जाता है और तब वह वृक्ष रूप में बढ़ता है तथा फल के रूप में भोग लगाने तक इसको कोई जूठा नही कर सकता है, इसी प्रकार केले का कंद लगाकर केले का वृक्ष लगाया जाता है और केला भी पूरे फल के रूप में ही अर्पित किया जाता है।

6. **शंख ध्वनि करना** – 'ॐ' अर्थात प्रणव ब्रह्माण्ड की उत्पत्ति का कारक व प्रथम शब्द है। यह सनातन मान्यता है कि ॐ की ध्वनि तथा शंख की ध्वनि में साम्यता है। शंख ध्वनि के द्वारा ब्रह्माण्ड में व्याप्त ध्वनि तरंगो से तारतम्य स्थापित होता है। नासा (अमरीका) ने कुछ समय पूर्व एक वीडियो प्रकाशित किया था कि सूर्य के घूर्णन में ॐ की ध्वनि होती है। शंख बजाने से फेफड़ों में अधिक वायु धारक क्षमता बढ़ती है।

7. **तिलक लगाना** – भिन्न भिन्न द्रव्यों से तिलक सामग्री बनायी जाती है। सामान्यतः श्वेत चंदन, रक्त चंदन, हल्दी व भभूति और सिन्दूर से तिलक लगाया जाता है। तिलक दोनों भौंहों के मध्य तथा मस्तक पर लगाया जाता है। दोनों भौंहो के मध्य आज्ञा चक्र की स्थिति है। आज्ञा चक्र इडा व पिंगला नाडियों को नियंत्रित करता है। इस स्थान का स्पर्श तथा यहाँ पर तिलक लगाने से इडा पिंगला की गतिविधि को लगाये गये तिलक के द्रव्य से शान्त या उत्तेजित किया जाता है। बिना सोचे समझे किसी भी द्रव्य का तिलक लगाना उचित नहीं है।

8. **ध्यान व प्रणाम करना** – मंदिर के अन्दर कुछ समय आंख बंद कर शान्त चित्त से बैठकर उस सर्वशक्तिमान का स्मरण करना। अपने आराध्य की तेजोमय ऊर्जा का अनुभव करते हुये उसे आत्मसात करना तथा अपने अंतस में देखना ध्यान की प्रक्रिया है। मूर्ति के सम्मुख सिर झुकाकर हाथ जोडकर, मूर्ति का स्पर्श करके अथवा साष्टांग दंडवत प्रणाम करके अपने आराध्य से सीधे आशीर्वाद स्वरूप अपने अंगो द्वारा ऊर्जा ग्रहण करना प्रणाम का उद्देश्य है।

9. **प्रार्थना** – प्राण प्रतिष्ठित मूर्ति से साक्षात वार्तालाप की एक प्रक्रिया,

प्रार्थना है। यह अपनी व्यथा, आभार और समस्या का निदान हेतु निवेदन करने का भी एक प्रकार व अवसर है। इससे एक ऐसा भाव जाग्रत होता है कि हमने उस सर्वशक्तिमान तक सीधे अपनी बात कह ली। एक आत्मसंतोष होता है तथा उस सर्वनियंता द्वारा प्रार्थना स्वीकृति के भाव से आत्मबल पुष्ट व प्रबल होता है। प्रार्थना व्यक्तिगत तथा सामूहिक दोनों प्रकार से होती है।

10. **प्रदक्षणा –** अपने द्वारा वर्तमान के साथ साथ पूर्व जन्मों में ज्ञात व अज्ञात किये गये अशोभनीय व पाप कर्मों के लिये क्षमा मांगते हुये परिक्रमा करने का नियम है।

**यानि कानि च पापानि जन्मांतर कृतानि च।**
**तानि सवार्णि नश्यन्तु प्रदक्षिणे पदे–पदे।।**

परिक्रमा सदैव घडी की सुइयों की दिशा में चलने व करने का विधान है। क्योंकि विद्युत चुम्बकीय तथा ध्वनि तरंगे इसी प्रकार घूमती है। परिक्रमा पथ पर मंदिर परिसर में व्याप्त इन तरंगो से सम्पर्क होता है। उल्टी दिशा में परिक्रमा करने से विपरीत प्रभाव पड़ता है।

11. **पुजारी से आशीर्वाद लेना–** हम तो कुछ समय ही मंदिर परिसर में रहते हैं किन्तु पुजारी का अधिकांश समय मंदिर में ही व्यतीत होता है अतः पुजारी के अन्दर अधिक सात्विकता, अध्यात्मिकता तथा मंदिर में व्याप्त ऊर्जा का प्रभाव अधिक होता है। इसलिये मंदिर के पुजारी का आशीर्वाद कल्याणकारी होता है।

12. **प्रसाद ग्रहण करना–** मूर्ति के समक्ष अर्पित भोग में से कुछ अंश प्रसाद के रूप में पुजारी से प्राप्त करने का नियम है। मंदिर में न तो खाली हाथ जाया जाता है भले ही पत्र पुष्प मात्र लेकर ही क्यों न हो और न खाली हाथ वापस आया जाता है भले ही एक पुष्प प्रसाद के रूप में प्राप्त हो । प्रसाद प्राप्ति से प्रार्थना स्वीकृत हो जाने का भाव भी जुड़ा हुआ है।

हमारे पौराणिक ग्रंथो में त्रेता व द्वापर युगों में मंदिरों के संदर्भ है। स्वयंवर पूर्व जानकी जी द्वारा देवी मंदिर में पूजन करना तथा श्री कृष्ण जी का रुकमणि जी से मंदिर में मिलन होना इसके उदाहरण हैं। ऋग्वेद में सोमनाथ का उल्लेख है। इस प्रकार हिन्दू मंदिरों के निर्माण की परम्परा सात हजार वर्षों या अधिक से चली आ रही है।

अति पुरातन काल में मंदिरों में रूद्र व विष्णु की प्रतिमायें स्थापित की गई। कालान्तर में देवी की भी मूर्तियां स्थापित की गईं। विष्णु के अवतार श्रीराम तथा श्रीकृष्ण की मूर्तियां कालान्तर में स्थापित हुईं। दक्षिण

भारत में शिव, विष्णु तथा देवी तीनों के विशाल मंदिर हैं। ये मंदिर अपनी भव्यता, कलात्मकता तथा विशालता के लिये विख्यात हैं। विश्व में विष्णु का विशालतम मंदिर अंकोरवाट (कम्बोडिया) में है। यह मंदिर 402 एकड भूमि पर राजा सूर्यवर्मन ने बनवाना प्रारम्भ किया तथा उनके उत्तराधिकारियों ने बनवाकर पूर्ण किया।

उपरोक्त प्रकार से यह कहना सर्वथा प्रासंगिक है कि प्राचीन मंदिर वैज्ञानिक आधार पर निर्मित ऊर्जा केन्द्र हैं। सनातन संस्कृति पर आधारित धर्म को एक 'रिलीजन' कहना उचित ही नहीं आपत्तिजनक है। सनातन संस्कृति से पोषित हिन्दू धर्म विज्ञान आधारित आचरण पद्धति है जो आध्यात्मिक धरातल पर परम आत्मा, सर्वशक्तिमान परम ऊर्जावान, जगत नियंता, ईश्वर से तदातम्य स्थापित करने के उपक्रम को उद्घाटित करता है। प्रसन्नता व संतोष का विषय है कि बार–बार आघातित होने के बाद भी अस्तित्व में है। वर्तमान काल में एक विचित्र परिस्थिति है– सनातन संस्कृति पर प्रबल प्रतिघात रचे जा रहे हैं वहीं दूसरी ओर इस संस्कृति को जानने पहचानने की रुचि भी वैश्विक परिवेश में हो रही है। आवश्यकता है कि हम आने वाली पीढ़ी को सम्यक तार्किक धरातल पर दीक्षित करते हुये अपनी सनातन संस्कृति का पोषक बनायें।

आशा है कि मंदिरों के विषय में संकलित व यथा संयोजित तथ्यों के अवलोकन से कतिपय प्रेच्छाओं का समाधान हो सका होगा साथ ही इन मंदिरों को देखने की उत्कण्ठा जाग्रत करने में यह लेख सफल होगा।

# 7. ऋषि परम्परा के वैज्ञानिक और उनके अन्वेषण

वेद तथा पुराण हजारों वर्ष पूर्व लिखे गये। अतिगूढ़ विषयों को सांकेतिक भाषा में तथा कथानकों के रूप में सरल भाषा में लिखकर बतलाया गया है। हर्ष व आश्चर्य का विषय है कि आधुनिक जिन आविष्कारों को आज की उपलब्धि माना जाता है वे अपने ग्रंथो में किसी न किसी श्लोक में अथवा कथा प्रसंग में हमारे मंत्रद्रष्टा ऋषि व योगियों ने हजारों वर्ष पूर्व ही सिद्ध करके लिपिबद्ध कर दिया था।

अनेकों पाश्चात्य वैज्ञानिक, गणितज्ञ, खगोलशास्त्री व अन्य विषयों के वैज्ञानिक अपने द्वारा किये गये आविष्कारों को लेकर विख्यात है किन्तु हमारे प्राचीन ग्रन्थों में अनेक वैज्ञानिक सिद्धान्तों, सूत्रों आदि का उल्लेख है जो उत्तरोत्तर उद्घाटित हो रहे हैं।

आवश्यकता है कि हम अपने पुरातन साहित्य के ग्रन्थों को केवल भक्तिभाव से या आध्यात्मिक द्रष्टि से पढ़ना अपना दायित्व न मान लें वरन वैज्ञानिक द्रष्टिकोण से भी अध्ययन करें ताकि गूढ़ रहस्य उद्घाटित हो सकें। कुछ उदाहरण इसी सन्दर्भ में अवलोकनीय है–

**अथर्ववेद (काण्ड 6 सूत्र 11 श्लोक 2 तथा 3) –**
**पुंसि वैरैतो भवति तत् स्त्रियामनुच्यते ।**
**तद वै पुत्रस्य वेदनं तत् प्रजापतिरब्रवीत ।। 2 ।।**
**प्रजापतिरनुमतिः सिनीवालस्य चीक्लृयत् ।**
**स्त्रैषुयमन्यत्र दधात भांसमु दधदिष्ट ।। 3 ।।**

अर्थात् – पुरुष का बीजभूत वीर्य गर्भाशय में सींचा जाता है। उसी से पुत्र की प्राप्ति होती है। इस पुत्र जन्म के उपाय को प्रजापति ने कहा है ।। 2।। (Artificial Insemination) अगादेवता, सिनीवाल तथा पौर्णमासी (अमा देवता अर्थात अमावस्या, सिनीवाल अर्थात चंद्रदर्शन से पूर्व का दिन तथा पौर्णमासी अर्थात पूर्णचंद्र का दिन) को गर्भास्थापना के लिये उपयुक्त दिन माने गये हैं। **एक विशेष बात कही गई है कि सिंचित गर्भाशय स्थित बीज को प्रजापति ने अन्यत्र स्थापित किया और वहां पर सन्तान के हाथ पैर व अन्य अंग बनाये (Surrogacy Technique)।**

इस पूरी प्रक्रिया पर ध्यान दें तो ज्ञात होता है कि एक स्त्री के गर्भ में पुरुष वीर्य के बीज (स्पर्म) से गर्भधारण कराया जाता है तदुपरान्त इसे अन्यत्र (दूसरी स्त्री के गर्भ में) स्थापित किया जाता है और फिर वहां हाथ, पैर व अन्य अंग बनते हैं। यह पूरी क्रिया प्रजापति के द्वारा सर्वथा उपयुक्त तिथियों में सम्पन्न करने की बात कही है ताकि प्रक्रिया बार–बार दोहराना न पडे। यह Surrogacy Technique का स्पष्ट उल्लेख है।

यदि आज के विज्ञान के अनुसार इसे देखें तो यह I.V.F. Technique तथा 'सेरोगेट चाइल्ड' प्राप्त करने का स्पष्ट उदाहरण व वर्णन है।

**भागवत महापुराण (नवम स्कंद अध्याय तेरह)**

भागवत महापुराण के नवम स्कंद के तेरहवें अध्याय में 'राजा निमि' के सम्बन्ध में एक प्रसंग का वर्णन है – राजा निमि इक्ष्वाकु के पुत्र थे। इन्होंने यज्ञ करने हेतु महर्षि वशिष्ठ को यज्ञ का ऋत्विज (यज्ञ कराने वाले प्रधान ऋषि) के रूप में वरण किया। किन्तु वशिष्ठ जी ने कहा कि हे राजन इंद्र मुझे अपने यहां इन्ही तिथियों में यज्ञ कराने के लिये पहले ही वरण कर चुके हैं। उनका यज्ञ पूर्ण कराकर मैं तुम्हारे पास आऊँगा तब तक तुम प्रतीक्षा कराना। यह सुनकर निमि चुप रहे और वशिष्ठ इन्द्र का यज्ञ कराने चले गये।

विचारवान निमि ने यह सोचकर कि जीवन तो क्षणभंगुर है। विलम्ब करना उचित न समझा और अन्य ऋषियों के द्वारा यज्ञ प्रारम्भ करा दिया। प्रधान ऋत्विज ऋषि वशिष्ट को ही माना। जब वशिष्ठ लौटे तो उन्होंने देखा कि उनके शिष्य ने उनकी बात नहीं मानी तथा प्रतीक्षा नहीं की और यज्ञ प्रारम्भ करा दिया। क्रोधित होकर वशिष्ठ ने राजा निमि को श्राप दे दिया कि राजा निमि को अपने पाण्डित्य पर घमंड है। मेरी प्रतीक्षा नहीं की इसलिये इसका शरीरपात हो जाय (अर्थात मृत हो जाय) किन्तु निमि की दृष्टि में गुरु वशिष्ठ का यह श्राप देना धर्म के अनुकूल नहीं था। इसीलिये निमि ने भी वशिष्ठ को श्राप दे दिया कि आपने लोभवश अपने धर्म का आदर नहीं किया इसलिये आपके शरीर का भी पात हो जाये। यह कहकर आत्म विद्या में निपुण निमि ने अपना शरीर त्याग दिया। इधर वशिष्ठ ने भी अपना शरीर त्यागकर मित्र वरुण के द्वारा उर्वशी के गर्भ में जन्म ग्रहण किया।

राजा निमि के यज्ञ में आये हुये श्रेष्ठ मुनियों ने निमि के शरीर को सुगंधित द्रव्यों में रख दिया। जब सत्र–याग की समाप्ति हुई और देवता आये तब मुनियों ने देवताओं से प्रार्थना की महानुभावों आप समर्थ है। यदि आप प्रसन्न हों तो राजा निमि पुनः जीवित हों उठें। देवताओं ने तथास्तु कहा। राजा निमि ने कहा मुझे देह बंधन नहीं चाहिये एक दिन तो शरीर छोड़ना ही होगा। शरीर के लिये सब कहीं मृत्यु ही मृत्यु है। इसके बाद महर्षियों ने यह सोचकर कि राजा के न होने पर अराजकता फैल जायेगी – निमि के शरीर का मंथन किया (तात्पर्य यह कि क्लोन बनाने की प्रक्रिया प्रारम्भ की)। उस मंथन से एक कुमार उत्पन्न हुआ। जन्म लेने के कारण (विशेष विधि द्वारा जन्म) उस कुमार का नाम 'जनक' हुआ। यह Example of cloning है।

**आलोक**

शरीर मंथन किया गया। यह सांकेतिक भाषा में क्लोन तैयार किये जाने की ओर इंगित करता है। उपरोक्त कथा रूपान्तर से भी कही गई है, जिसमें क्लोन बनाये जाने को और स्पष्ट रूप से कहा गया है।

**रूपान्तरित कथा**

उपरोक्त कथा में वशिष्ठ के इंद्र का यज्ञ सम्पन्न कराकर वापस निमि के पास आने तक का प्रसंग ठीक उसी प्रकार है। इसके आगे की कथा देखें– गुरु वशिष्ठ जब निमि के पास पहुँचे तो देखा कि यज्ञ सम्पन्न हो चुका है। यज्ञ वेदी से धुआ उठ रहा था। गाजे बाजे बज रहे थे। राजा निमि यज्ञ का प्रसाद लेकर महल के अंदर जा चुके थे। ऐसी स्थिति देखकर बिना किसी से कुछ पूछे उसी यज्ञ मण्डप में खड़े रहकर वशिष्ठ ने निमि को शरीर रहित हो जाने का श्राप दे दिया। ऐसा सुनकर सभी स्तब्ध रह गये। गाजे बाजे बजना बंद हो गये। सेवक दौड़कर महल के अन्दर गये और वशिष्ठ द्वारा दिया गया श्राप बतलाया। राजा ने कहा श्राप तो फलीभूत होगा। मुझे शरीर छोडना होगा। राजा निमि महल से बाहर यज्ञ मण्डप में आये। गुरु वशिष्ठ को प्रणाम किया। वशिष्ठ जी ने आशीर्वाद नहीं दिया। राजा ने कहा मैने इस यज्ञ का प्रधान ऋत्विज आपको ही संकल्पित किया था, किन्तु आपने बिना पूछे बिना वास्तविक जानकारी किये मुझे श्राप दे दिया, क्योंकि आपको घमण्ड हो गया है और आप में लोभ बढ़ गया है। परन्तु आप यह भूल गये कि इस यज्ञ के सम्पन्न होने के बाद मैं भी श्राप देने का अधिकारी हो गया हूँ। मैं आपको आपका श्राप लौटाता हूँ, आप भी शरीर रहित हो जायें।

ऐसा सुनकर वशिष्ठ हतप्रभ रह गये। वह ब्रह्मा जी के औरस पुत्र थे अतः वशिष्ठ जी तुरन्त ब्रह्मा जी के पास गये। ब्रह्मा जी को पूरा वृतान्त सुनाया। ब्रह्मा जी ने कहा कि तुम्हारा श्राप फलीभूत हो गया, निमि ने शरीर छोड़ दिया। अब तुम्हे शरीर छोड़ना है। वशिष्ठ ने कहा यदि शरीर छोडना अपरिहार्य है तो मेरी तीन इच्छायें पूरी कर दीजिये ।

1 – मेरा जन्म किसी स्त्री के गर्भ से न हो।

2 – मुझे देखते ही लोग जान जायें कि मैं वशिष्ठ हूँ। मुझे अपना परिचय न देना पड़े।

3 – जो ज्ञान मुझे इस जन्म में है, वही ज्ञान इसी प्रकार अगले जन्म में भी प्राप्त हो। ब्रह्मा जी ने विचार किया और कहा ठीक है। तत्पश्चात् वशिष्ठ ने शरीर छोड़ दिया।

वह ब्रह्मा जी के औरस पुत्र थे, वशिष्ठ सूर्य वंशियों के गुरू थे। जब सूर्यवंशी राजाओं को यह वृतान्त पता लगा तो वह भी ब्रह्मा जी के पास

गये और उनसे कहा कि हमे अपने गुरू के रूप में वशिष्ठ ही चाहिये। तब ब्रह्मा जी ने कहा आप अमुक वन में जायें, वहाँ झाडियों में एक शिशु मिलेगा, उसका पालन–पोषण करिये, जब वह अठारह वर्ष का होगा, तो वह ही वशिष्ठ होगा।(Example of cloning)

उपरोक्त कथानक में स्पष्टतया क्लोन का संकेत है। क्लोन बनाने की क्रिया वैज्ञानिकों ने कुछ वर्ष पूर्व से ही प्रारम्भ की है जबकि उपरोक्त भागवत पुराण प्राचीन है और उसमें क्लोन भी बनाने की कथा कही गई है। उक्त से सम्बन्धित अन्य कथानक अन्यान ग्रंथों में भी उपलब्ध है। ऐसे कुछ अन्य ऋषि वैज्ञानिकों का उल्लेख करना समीचीन होगा साथ ही विज्ञान सम्मत कुछ अन्य उदाहरण भी प्रस्तुत करना आवश्यक प्रतीत होता है–

सनातन सभ्यता अति प्राचीन हैं, हमारे प्राचीन ग्रन्थों के रचयिताओं ने वेदों में, उपनिषदों तथा अन्य ग्रन्थों जैसे स्मृतियों और पुराणो में किसी न किसी रूप में वैज्ञानिक, गणितीय, खगोलीय अन्वेषणों का वर्णन किया है। कुछ पाश्चात्य वैज्ञानिकों तथा अन्वेषकों ने अपनी पुस्तको में ऐसे ही आविष्कारों का उल्लेख किया और आज वह उन्ही अन्वेषणों के लिये विख्यात हैं, जो बहुत पहले से ही भारतीय ऋषि तथा विद्वान कर चुके थे, किन्तु पाश्चात्य वैज्ञानिक, अंग्रेजों के वैश्विक शासन के चलते प्रसिद्ध हो गये ।

आगे के विवरण में भारतीय ऋषियों तथा विद्वान वैज्ञानिकों के नाम, उनके कार्यकाल, उनके द्वारा किये गये आविष्कार तथा उन्हीं पूर्व में किये गये आविष्कारों की प्रतिकृति करके प्रसिद्धि पा गये पाश्चात्य वैज्ञानिक की भी चर्चा करेंगे। अवलोकन करें –

**महर्षि विश्वामित्र**

त्रेता तथा द्वापर युगों में सम्मानित महर्षि विश्वामित्र एक महान वैज्ञानिक भी थे। उन्होंने खगोल, रसायन, भौतिकी तथा अनेक उन्नत शत्रास्त्रों आदि से सम्बन्धित आविष्कार किये। सर्वाधिक चर्चा में उनके द्वारा अंतरिक्ष में भेजे गये त्रिशंकु की है। आज भी अंतरिक्ष यान में शंकु के आकार के तीन राकेट लगाये जाते हैं। इससे स्पष्ट हे कि ऋषि विश्वामित्र को भौतिकी, रसायन तथा खगोल विज्ञान का विस्तृत ज्ञान था। ऋषि विश्वामित्र को उन्नत शस्त्रास्त्रों का भी ज्ञान था उनके पास उन्नत शस्त्रों का भण्डार था जिसका वर्णन रामायण, रामचरित मानस आदि ग्रंथो में है।

**ऋषि अगस्त्य**

महर्षि अगस्त के द्वारा आविष्कृत किये गये लगभग 18 आविष्कारों

का वर्णन मिलता है। महर्षि अगस्त ने दक्षिण भारत से उत्तर भारत तक आवागमन हेतु विंध्याचल पर्वत से मार्ग बनाया। ऋषि अगस्त्य के विषय मे विख्यात है कि इन्होंने समुद्र के जल को पीकर सोख लिया था । तात्पर्य यह कि समुद्र, नदियों तथा अन्य जल स्रोतों के जल से ग्राम व नगर जल प्लावित हो जाते थे अतः ऋषि अगस्त्य ने अद्भुत जल प्रबन्धन करके जल प्लावन से नगरों व ग्रामों को बचाया सुरक्षित किया। इसी महनीय कार्य के कारण उनके इस कार्य को समुद्र पी लेने की संज्ञा दी गई। ऋषि अगस्त ने विद्युत का आविष्कार 600 ई० पू० ही कर लिया था। विद्युत बैटरी बनाने के कार्य का उल्लेख इन्होंने अपने ग्रन्थ ***'अगस्त्य संहिता'*** में दो श्लोकों में किया है–

संस्थाप्य मृण्मथे पात्रे ताम्र पत्रं सुसंस्कृतम् ।
छादयोच्छिखि ग्रीवेन पार्दभिः काष्ट पंसुभिः ।
दस्तालोष्टो निधात्वयः पारछाच्छादि तत्ततः ।
संयोगाज्जायते तेजो मित्रवरुण संज्ञितम् ।।

**(अगस्त्य संहिता)**

अर्थात् –

एक मिट्टी का पात्र लें, उसमें तम्र पट्टिका (Cooper Sheet) डालें तथा शिखि ग्रीवा (Copper Sulphate) डालें फिर बीच में गीली काष्ट पंसु (Wet saw dust) लगायें, ऊपर पारद (mercury) तथा हस्लोष्ट (Jinc) डालें फिर तारों को मिलायें, इससे मित्र वरूण शक्ति (electricity) का तेज उदित होगा।

अपने कार्यकाल 1745–1800 में अलेकजेंडर वोल्टा ने बैटरी बनाई तथा थामस एडीसन जो कि विद्युत बल्ब के आविष्कारक के रूप में विख्यात हैं ने लिखा है कि 'एक रात मैं संस्कृत का एक श्लोक पढ़ते पढ़ते सो गया। मुझे स्वप्न में उस श्लोक का भावार्थ समझ में आ गया जिससे मुझे मदद मिली।' इस प्रकार एडीसन ने बिजली से जलने वाला बल्ब बनाया।

## ऋषि भरद्वाज

ऋषि भरद्वाज विमान शास्त्र के ज्ञाता थे। उन्होंने अपने ग्रन्थ में यात्री विमान, युद्धक विमान, अंतरिक्ष यान (Space shuttle) का भी उल्लेख किया है तथा विमान को ओझल या अदृश्य करने का भी उल्लेख किया है।

राइट बंधु सन् 1903 में विमान के आविष्कारक के रूप में प्रसिद्धि पा गये। जबकि इन्होंने 17 दिसम्बर 1903 में 1200 फिट की ऊँचाई तक

विमान उडाया । इनसे पहले ही बम्बई में सन् 1895 में शिवकर बापूजी तलपदे ने मानव रहित हवाई जहाज **'मरूत'** बनाकर 1500 फिट ऊँचाई तक उड़ाकर सेफ लैंडिंग भी कराई । इसके रिकार्ड HAL में सुरक्षित हैं। अंग्रेजी शासन काल के प्रभाव से राइट ब्रदर्स प्रसिद्ध हो गये।

**अश्वनी कुमार**

वेदों में प्रमुखता से ऋग्वेद में दो भाई अश्वनी कुमारों का विशेष स्थान है। एक भाई चिकित्सक तथा दूसरा भाई शल्यक थे। बडे भाई का नाम नासत्य तथा छोटे भाई का नाम दस्त्र था। इनका बहुत सम्मान था। ये देव भिषग थे। इनके द्वारा की गई शल्य क्रियाओं में से कुछ का उल्लेख कराना आवश्यक है–

1. राजा 'खेल' की पत्नी का पैर युद्ध में कट गया था । अश्वनी कुमारों ने लोहे की जांघ लगा दी। (Matalic Prosthesis)
2. 'ऋजश्व' ने अपने पुत्र को दण्ड देकर अंधा कर दिया। अश्वनी कुमारो ने उसे नेत्र देकर उनमें प्रकाश भर दिया। (occular corneal transplant surgery)
3. तीन टुकडे हुये 'श्याव ऋषि को जोड़कर जीवित कर दिया। (Highly complicated & skilled neuro museular, vaseular & orthopedic surgery) ऐसे और भी अनेक उदाहरण हैं।
4. ऋग्वेद में सूर्य की प्रार्थना की गई है कि 'हे मित्रों के मित्र तुम उदय होकर आकाश में विचरण करते हुये हमारे ह्रदय रोग तथा पीतवर्ण (Joundice) को समाप्त करो। आज भी Infertile Jaundice के कारण शिशु को सूर्य किरण से ठीक किया जाता है।
5. 'यक्षम' नामक ऋषि ने एक राजा जो मरणासन्न था उसके रोग की चिकित्सा करके उसे स्वस्थ किया। उस रोग का नाम यक्ष्म ऋषि के नाम पर 'यक्ष्मा' पड़ा चूंकि राजा को रोग हुआ था अतः वह राज यक्ष्मा कहा गया।
6. 

वेदों में चिकित्सा, वनस्पति तथा शल्य शालाक्य के अनेक आख्यान हैं।

**ऋषि कणाद** (कार्यकाल ईसा पूर्व छठवी से चौथी शताब्दी)

परमाणु का ज्ञान सर्वप्रथम कणाद ऋषि ने दिया। उन्होंने लिखा कि 'जगत की उत्पत्ति अति सूक्ष्म कण (परमाणु) से हुई है। गति तथा सापेक्षता के सिद्धान्तों के आविष्कारक कणाद ऋषि ही थे। उन्होंने 'वैशेषिक सूत्र' ग्रंथ में सापेक्षता के तीन सिद्धान्त लिखे हैं–

1. वेगः निमित्त विशेषात कर्मणों जायते ।

2. वेगः निमित्तपेक्षात कर्मणो जायते नियद्रिक क्रिया प्रबन्ध हेतु ।
3. वेगः संयोग विशेषा विरोधी

आइजक न्यूटन ने ऋषि कणाद के उपरोक्त तीनों सिद्धान्तो का अंग्रेजी भाषा में अनुवाद करके सापेक्षता सिद्धान्त के आविष्कर्ता के रूप में ख्याति पायी। किन्तु 'मैनचेस्टर यूनिवर्सिटी' के एक शोधकर्ता ने पुष्टि के साथ कहा कि न्यूटन ने भारतीय गुरुकुल के सिद्धान्त की चोरी की है। 'देखे न्यूटन ने उपरोक्त सिद्धान्त जो ऋषि कणाद ने लिखे हैं उनका क्रमशः अनुवाद किया है–

1. The change of motion is due to impossed force.
2. The change of motion is proportional to the motive force impressed and is made in the direction of the right line is which the force is impressed.
3. To every action there is always an equal and opposite reaction.

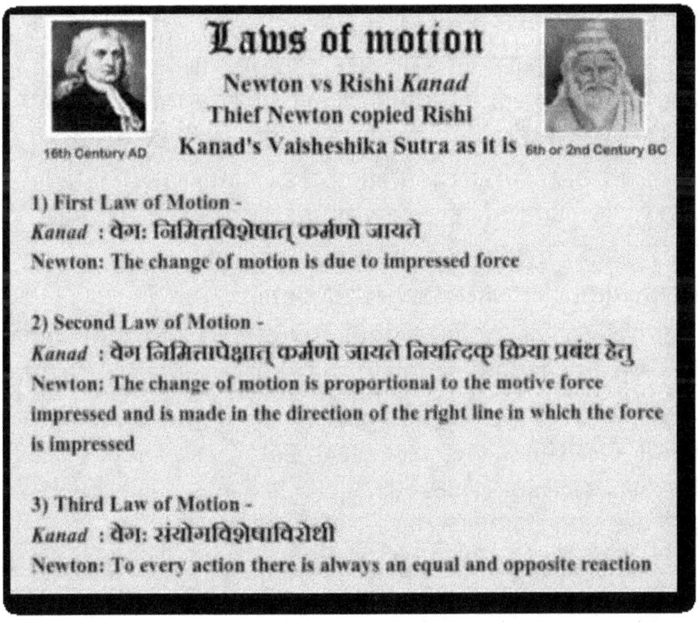


उपरोक्त से स्पष्ट है कि गति व सापेक्षता के सिद्धान्त के जनक ऋषि कणाद थे आइजक न्यूटन नहीं। न्यूटन ने केवल कणाद ऋषि की वरन भास्कराचार्य के सिद्धान्तों की भी नकल की है।

**आर्यभट्ट** (कार्यकाल 476–555 ई0 अर्थात् कापरनिकस से 1000 वर्ष पूर्व)

आर्यभट्ट ने शून्य की खोज की। गणित खगोल का विस्तृत ज्ञान

आर्यभट्ट को था । उन्होंने काल गणना विपल–पल से लेकर ब्रह्मा के दिन–रात, चतुर्युगी की गणना की।

पृथ्वी का आकार, गोलाई की माप, ग्रहों की दूरी आदि का उल्लेख अपने ग्रन्थ 'आर्य भट्टीय तंत्र' में किया है। आर्यभट्ट ने 12 आविष्कार किये जिनका वर्णन उन्होंने अपने ग्रन्थ में किया है।

**कापरनिक्स** (कार्यकाल 1473–1543 ई0)

यह गणितज्ञ तथा खगोल शास्त्री थे। इन्होंने प्राचीन ग्रीक सिद्धान्त कि पृथ्वी ब्रह्माण्ड का केन्द्र है तथा सूर्य सहित सभी ग्रह पृथ्वी के चारों ओर घूमते हैं, का खण्डन किया। निकोलस ने सूर्य को ब्रह्माण्ड का केन्द्र माना ।

आर्यभट्ट ने जो सिद्धान्त प्रतिपादित किये वह अधिकांश पाश्चात्य वैज्ञानिकों ने अपनी भाषा में स्वीकारे हैं। सूक्ष्मतम से महानतम काल गणना आर्यभट्ट से पूर्व किसी पाश्चात्य वैज्ञानिक ने नहीं की है।

**भास्कराचार्य** (कार्यकाल 1114–1179)

गुरुत्वाकर्षण बल की जानकारी सर्वप्रथम भास्कराचार्य ने दी थी। उन्होंने लिखा है 'पृथ्वी अपने आकाश का पदार्थ स्वशक्ति से अपनी ओर खींच लेती है इस कारण से आकाश का पदार्थ पृथ्वी पर गिरता है। '

भास्कराचार्य ने कारण सहित स्पष्ट जानकारी सूर्य ग्रहण तथा चन्द्रग्रहण के विषय में दी। भास्कराचार्य ने 'सिद्धान्त शिरोमणि' 'लघु भास्करीय' तथा 'महाभास्करीय ग्रन्थों की रचना की।

**आइजक न्यूटन** (कार्यकाल 1627–1727 ई0)

इनसे 500 वर्ष पूर्व भास्कराचार्य ने गुरुत्वाकर्षण सिद्धान्त प्रतिपादित किया। जबकि आधुनिक समय में न्यूटन ही गुरुत्वाकर्षण सिद्धान्त के आविष्कारक के रूप में प्रसिद्ध हैं।

**गैलेलियो गैलेली** (कार्यकाल 1564–1647 ई0)

**अरस्तू** (कार्यकाल ई0 पू0 389–322)

**एलबर्ट आइंस्टीन** (कार्यकाल 1879–1955)

उपरोक्त सभी वैज्ञानिकों विद्धानों ने गुरुत्वाकर्षण सिद्धान्त को माना है। खण्डन नहीं किया। उपरोक्त पाश्चात्य विद्वानों के अपने अपने प्रथक आविष्कार भी हैं।

**बौधायन** (कार्यकाल ई0पूर्व 1200 से 800 वर्ष पैथागोरस से 2500 वर्ष पूर्व)

बौधायन शुल्ब शास्त्र (नाप करने के पैमाने Measuring scales), रेखा गणित, ज्यामिति तथा त्रिकोणमिति के ज्ञाता थे। इन्होंने सर्वप्रथम अनेक ज्यामितीय रचनायें थीं। अनेक प्रकार की यज्ञ वेदियां ज्यामितीय आधार

पर निर्मित करने की विधि लिखी।

जिस थ्योरम को पायथागोरस की थ्योरम कहकर पढ़ाया जाता है वह बौधायन ने पायथागोरस से 2500 वर्ष पूर्व ही सिद्ध कर दिया था।

**पतंजलि** (कार्यकाल ई0 पूर्व 194–142)

पतंजलि रसायनशास्त्र, आयुर्वेद तथा योगशास्त्र के ज्ञाता थे। अभ्रक, लौह ताम्र तथा अष्ट धातुओं के योगिकों के आविष्कार पतंजलि ने किये । पतंजलि योग आज उत्तम स्वास्थ्य के लिये विश्व विख्यात है।

**वाराहमिहिर** (कार्यकाल 505–507 ई0)

वाराहमिहिर महाराजा विक्रमादित्य के नौ रत्नों में से एक थे। यह गणित तथा खगोल शास्त्र के महान ज्ञाता थे। इन्होंने आयनांश की खोज की (अब यह अयनांश 50–32 सेकेंड का माना जाता है।) समय की गणना करने के लिये घट यंत्र बनाया। इन्द्रप्रस्थ में लौह स्तम्भ की रचना व स्थापना कराई। यह स्तम्भ खगोल की वेधशाला से सम्बन्धित हैं। इस लौह स्तम्भ में प्रयुक्त लोहा आज भी खुले आसमान व वातावरण में बिना जंग लगे यथावत स्थापित है।

**नागार्जुन** (कार्यकाल ई0 पू0 50–120)

नागार्जुन धातु तथा रसायन शास्त्र के आविष्कारक थे। धातुओं के शोधन की प्रक्रिया का स्पष्ट उल्लेख किया तथा धातु शोधन हेतु यंत्र बनाये। पारद, स्वर्ण, तांबा, यशद आदि धातुओं के शोधन की प्रथक–प्रथक विधि तथा शोधित धातुओं का चिकित्सकीय उपयोग का वर्णन कर रसायन चिकित्सा का आविष्कार किया। इन्होंने 'रसरत्नाकर', 'रसेन्द्र मंगल', 'कक्षपुर तंत्र', 'योगसार रत्नाकर' व 'योगाष्टक आदि ग्रंथो की रचना की।

**आचार्य सुश्रुत** (कार्यकाल 2600 वर्ष पूर्व)

स्वनामधन्य आचार्य सुश्रुत शल्य एवं शालाक्य तंत्र (Surgery and ENT Surgery) के महान आचार्य थे। इनकी ख्याति आस्ट्रेलिया सहित योरोप आदि देशों में शल्य शालाक्य के पिता के रूप में है। इन्होंने जनरल सर्जरी, प्लास्टिक सर्जरी तथा आंख, नाक, गला एवं कान की सर्जरी विधियों का उल्लेख किया। आज भी इन अनेक विधियों को आधुनिक रूप देकर व्यवहरत किया जाता है।

*आचार्य सुश्रुत ने अपने महान ग्रंथ 'सुश्रुत संहिता' में 125 प्रकार के शल्य उपकरणों (Surgical Instruments) तथा 300 प्रकार की शल्य कियाओं (Surgical Procedures) का उल्लेख किया है।*

**महर्षि चरक** (कार्यकाल 300–200 ई0 पू0)

आयुर्वेद चिकित्सा शास्त्र के पितामह महर्षि चरक की महान कृति 'चरक संहिता' आयुर्वेद जगत का सर्वमान्य तथा पथ प्रदर्शक ग्रंथ है। चरक संहिता 'अग्निवेश तंत्र' की प्रति संस्कारित प्रतिकृति संहिता है। महर्षि चरक अपनी इस संहिता को पूर्ण करने से पूर्व ही दिवंगत हो गये। शेष भाग इनके शिष्य 'दृढ़बल' ने इसे पूर्ण किया। महर्षि चरक ने पूर्व से चली आ रही कतिपय मान्यताओं का खण्डन किया तथा कुछ नवीन मानदण्ड स्थापित किये। चरक संहिता के अनेक विश्लेषणात्मक ग्रंथ विद्वानों ने लिखे हैं। चरक संहिता में शरीर शास्त्र, गर्भविज्ञान तथा शिशु पालन, वनस्पति एवं औषधि विज्ञान, रोग निदान व चिकित्सा, पथ्यापथ्य, काल ज्ञान तथा अनेक रोगों जैसे मधुमेह, क्षय रोग, हृदय रोग आदि की चिकित्सा एवं अन्य अनेकानेक रोगों की भी चिकित्सा का वर्णन है। बिना चरक संहिता अध्ययन किये आयुर्वेद चिकित्सक होने की कल्पना नहीं की जा सकती। आज के समय में चरक संहिता की मान्यता आयुर्वेद के आधार ग्रंथ की भांति है।

एक समय था, जब कहा जाता था कि ब्रिटिश राज्य में सूर्य नहीं डूबता है अर्थात वैश्विक भू–भाग पर ब्रिटिश राज्य का अति विस्तार था। इसीलिये पाश्चात्य वैज्ञानिकों की खोज, भले ही हजारों वर्षों पूर्व भारतीय

ऋषि वैज्ञानिकों की मूल रूप से किये गये अन्वेषण की ही प्रतिकृति हो, को प्रचारित प्रसारित होने तथा पाठ्य पुस्तकों में समावेषित करके पढ़ाये जाने का पर्याप्त और अति दीर्घकालिक अवसर मिला। भारत में तीन चार पीढ़ी पूर्व से आद्यतन हम इन तमाम अन्वेषणों को पाश्चात्य विज्ञान वेत्ताओं की देन के रूप में पढ़ाते व पढ़ते चले आ रहे हैं। हम अपने पूर्वज ऋषि वैज्ञानिकों के नाम तक याद नहीं रख पाये उनके महनीय कार्यों की स्मृति तो दूर की बात है।

ब्रिटिश शासन से पूर्व अनेक यवन, तुर्क व मुस्लिम आक्रांताओं ने भारत पर आक्रमण करके यहां के विश्वविद्यालयों के पुस्तकालयों को जलाया तथा गुरुकुलों व स्थापत्य विशेषतः मंदिर, जो संस्कृति के प्रतीक थे उन्हें नष्ट कर दिया। तुर्क बाख्तियार खिल्जी ने नालंदा विश्वविद्यालय जो विश्व का प्राचीनतम विश्वविद्यालय था उसमें आग लगा कर जला दिया। कहा जाता है कि यहां के पुस्तकालय में इतनी पुस्तकें थी कि यह नौ मंजिल का पुस्तकालय तीन माह तक जलता रहा। दुर्लभ हस्तलिखित पुस्तकें नष्ट हो गयी। यह भारतीय साहित्य की अपूर्णनीय क्षति थी ।

इससे भी पूर्व कुछ चीनी यात्री जिन्होंने नालंदा विश्वविद्यालय के विषय में लिखा है, वह भी अपने साथ पाण्डुलिपियां लेकर चले गये। यह पुस्तकें भी अब अप्राप्य हैं।

इस प्रकार हम देखते हैं कि भारत तथा भारतीय साहित्य तथा संस्कृति को एक लम्बे कालखण्ड तक नष्ट किया जाता रहा। हमें हमारी ही उपलब्धियों तथा संस्कृति को विस्मृत करा देने का उपक्रम यदि कुछ शेष था तो वह भारत में लार्डमैकाले की शिक्षा पद्धति ने पूरा कर दिया।

*अब पुनर्जागरण करने का समय आ गया है कि हमें अपने इतिहास, संस्कृति एवं पूर्वजों द्वारा दिये गये ज्ञान को यथार्थ रूप में संजोकर रखना तथा अग्रेतर उसमें वृद्धि करने की आवश्यकता है ताकि आने वाली पीढ़ी को मानसिक सांस्कृतिक दासता से मुक्ति मिल सके।*

# 8. बाँदा गौरव

बाँदा, उत्तर प्रदेश का एक जिला है, पूर्व में चित्रकूट जिला भी बाँदा जिला का ही एक हिस्सा था। यहाँ हम पुराने अविभाजित बाँदा (चित्रकूट सहित) के सन्दर्भ में चर्चा कर रहे हैं। बाँदा जिला का चारों युगों में साहित्यिक योगदान के प्रमाण विद्यमान हैं। आध्यात्मिक, धार्मिक, ऐतिहासिक कृतित्व एवं पुरातन सभ्यता के दिग्दर्शन कराने वाले अप्रतिम साहित्य की बाँदा के ऋषियों व मनीषियों ने रचना की जो आज भी उपलब्ध है तथा अत्यन्त श्रद्धा के साथ वह साहित्य पढ़ा व पूजा जाता है। अवलोकन करें चारों युगों की अप्रतिम एवं स्तुत्य रचनाओं व उनके रचयिताओं का–

**1. वैदिक युग में**

ऋग्वेद की अनेक ऋचायें चतुर्थ मण्डल में महर्षि वामदेव ने रची। महर्षि बामदेव की उपासना स्थली बाँदा नगर में स्थित पहाड़ी पर एक गुफा है, जिसमें उनके उपास्य भगवान शिव का स्थान है, जो बामदेवेश्वर शिवलिंग के रूप में विख्यात है। इस (जिला) स्थान का नाम महर्षि बामदेव के नाम पर ही वामदापुरी और इसका अपभ्रंश बाद में बाँदा हुआ। ऋग्वेद के चतुर्थ मण्डल के रचयिता वामदेव ऋषि थे।

**2. त्रेतायुग में**

महर्षि बाल्मीकि भगवान राम के समकालीन थे।

महर्षि बाल्मीकि का आश्रम लालापुर की पहाडी पर स्थित था, जो स्थान अविभाजित बाँदा जिला का ही क्षेत्र है। भग्नावशेष पहाडी पर अभी भी हैं। महर्षि बाल्मीकि ने 'रामायण' की रचना की। यह ग्रंथ श्री राम के इतिवृत्त की प्रामाणिक रचना मानी जाती हैं क्योंकि महर्षि बाल्मीकि श्री राम के समाकालीन व प्रत्यक्षदर्शी ने लिखी है।

**3. द्वापर युग में**

महर्षि व्यास ने 18 पुराणों की रचना की। भागवत महापुराण तथा महाभारत इनकी भगवान कृष्ण के सम्बन्ध में लिखी गई उत्कृष्ट रचनायें हैं। व्यास जी के जन्म स्थान को लेकर मत भिन्नता है, किन्तु हमारा मत है कि महर्षि व्यास का जन्म केन–यमुना के संगम से ऊपर की ओर यमुना तट पर अदरी ग्राम की मल्लाह कन्या सत्यवती–ऋषि पराशर के संयोग से हुआ था। यह स्थान भी बाँदा जिला की सीमा में है। ग्राम वसुधरी तथा ग्राम अदरी व्यास से सम्बद्ध होने के कारण प्रसिद्ध हैं।

**4. कलियुग में**

राजापुर निवासी गोस्वामी तुलसीदास ने 'रामचरितमानस' की रचना

की। राजापुर भी तत्कालीन बाँदा जिले मे ही था। गोस्वामी तुलसीदास ने अनेक पुस्तकों की रचना की किन्तु 'रामचरितमानस' सरल भाषा में सर्वग्राह्य, जनजन में लोकप्रिय ग्रंथ है, जो देश व विदेश में भी विख्यात है।

बाँदा जनपद के विशेष स्थानों, श्रषि वामदेव नगरी, कालिंजर दुर्ग तथा पावन भूमि चित्रकूट आदि का संक्षिप्त वर्णन करना भी आवश्यक है।

वैदिक काल में महर्षि वामदेव की तपस्थली बाँदा नगर के पर्वत पर एक गुफा में स्थित है। इस गुफा में उनके आराध्य भगवान का शिवलिंग स्थापित है। बाँदा नगर का नाम पूर्व में वामदापुरी था। कालान्तर में अपभ्रंश होकर बाँदा हो गया। महर्षि वामदेव ऋग्वेद के चतुर्थ मंडल के रचयिता थे तथा उन्होंने और भी अनेक ऋचायें लिखी है। बाँदा नगर की पहचान महर्षि वामदेव के कारण है।

चारो युगों में कालांजर दुर्ग जो बाद में कालिंजर नाम से जाना गया का उल्लेख मिलता है। बाँदा नगर से 75 कि0मी0 दक्षिण में उ0प्र0 व म0प्र0 की सीमा पर समुद्र से 1250 फीट की ऊचाई पर तथा आगनी भूमि से 700 फीट की ऊचाई पर लगभग 1350 एकड़ भूमि पर यह अजेय कालिंजर दुर्ग स्थित है। इसमें पूर्व तथा उत्तर दिशा में 6 द्वार है। अनेक भवनों, जलाशयों तथा निरंतर जलापूर्ति करने वाले स्त्रोतों से युक्त यह दुर्ग वास्तुशिल्प तथा तरह–तरह के आभूषणों रो युक्त सुन्दर कलात्मक मूर्तियों के लिए प्रसिद्ध है।

इस दुर्ग का मुख्य आकर्षण अष्टकोणीय यज्ञ मण्डप से युक्त भगवान नीलकंठ का मन्दिर है, जिराके विषय में जनश्रुति है कि समुद्र मंथन के उपरान्त भगवान शिव द्वारा अपने कंठ में विष धारण कर लिया गया था। अतः उपचार के लिए कालिंजर के समीप स्थित श्री वृहस्पति की कार्यशाला में उन्हें लाया गया। उपचार उपरान्त वह स्वस्थ्य हुए। कालिंजर दुर्ग में कालान्तर में इसी घटना की स्मृति में नीलकंठ मन्दिर की स्थापना हुई। कालिंजर दुर्ग में गजान्तक शिव, भगवान विष्णु, भैरव–भैरवी के अतिरिक्त अनेक कालात्मक मूर्तियां दर्शनीय है। यह भी उल्लेख मिलता है कि द्वापर में महाभारत युद्ध के उपरान्त युधिष्ठिर अपने भ्रताओं सहित यहां अपने पूर्वजों के लिए पिण्डदान करने आये थे।

कालिंजर शासक कीर्तिवीर सिंह की पुत्री का जन्म 05 अक्टूबर 1524 दुर्गा अष्टमी को हुआ, इस कारण पुत्री का नाम दुर्गावती रखा गया। दुर्गावती के विषय में अनेक विद्धानों व इतिहासकारों ने विशेष वर्णन किया है। अदम्य साहस, शौर्य, युद्ध कला में प्रवीण तथा कुशल शासक के रूप में दुर्गावती की यशोगाथा का इतिहास में सम्मान पूर्वक विषद उल्लेख किया गया है। रानी दुर्गावती ने मुगलों से अनेक युद्ध

किये, अन्तिम युद्ध में अपने सतीत्व की रक्षा के लिए स्वयं प्राणोंत्सर्ग किया।

कालिंजर दुर्ग के विषय में पुरा पाषाणकाल तथा चारो युगों में उल्लेख है। इस दुर्ग पर गुप्त काल, गुर्जर, प्रतिहार, चंदेल तथा बुन्देल शासकों का शासन रहा। वर्तमान में कालिंजर दुर्ग पुरातत्व विभाग के संरक्षण में है।

'चित्रकूट में रमि रहे, रहिमन अवध नरेश।
जेहि पर विपदा परत है, सो आवत यही देश।।'

पावन तथा मनोवांछित फलदायिनी भूमि, जो श्रीराम उनकी अर्धागिनी सीता तथा भ्राता लक्ष्मण के निवास से पवित्र हुयी, आज भी आपार श्रद्धा का केन्द्र है। श्री राम के यहां पधारने से पूर्व इस वन क्षेत्र में अनेक संतों, साधकों तथा श्रषियों के इतस्ततः आश्रम थे। श्रीराम ने सभी आश्रमों में जाकर उन संतो, साधकों तथा श्रषियों सान्धिय प्राप्त किया। जिस पर्वत पर श्रीराम ने निवास किया, वह कामदगिरि के नाम से प्रसिद्ध है। श्रद्धालुजन इसकी परिक्रमा करके अपने मनोरथ पूर्ति की कामना करते है। **'कामदगिरि भे रामप्रसादा, अवलोकत अपहरत विषादा।'** यहाँ के सर्वधिक चर्चित आश्रमों में महर्षि अत्रि–अनुसूया आश्रम है। श्रषियन नामक स्थान में दस हजार श्रषियों ने तपस्या की थी। निकटवर्ती क्षेत्र (लालापुर) में महर्षि वाल्मीकि आश्रम भी स्थित है।

चित्रकूट के अधिष्ठाता देव मत्तगयंद भगवान के दर्शन भी यहाँ होते है। चित्रकूट न केवल वैष्णव मतावलम्बियों का क्षेत्र है वरन यहाँ भगवान शिव व अनेक देवी मन्दिर भी है। इसे तंत्र क्षेत्र भी कहा गया है।

चित्रकूट के वनक्षेत्र में अनेक पर्वतों की कंदराओं में आदिमानव के बनाये गये चित्र अंकित हैं तथा उनके द्वारा प्रयुक्त पाषाण आयुध भी उपलब्ध है। इन कूटों (पर्वतों) पर आदि मानव द्वारा अंकित किये गये चित्रों के कारण भी इस क्षेत्र को चित्रकूट कहा गया है।

उपरोक्त प्रकार से स्पष्ट है कि वैदिक काल, त्रेता युग, द्वापर युग तथा कलि युग चारों युगो में बाँदा के मनीषी रचनाकारों का सत्साहित्य की रचना करने में अप्रतिम योगदान रहा है। बाँदा की इन विभूतियों, पवित्र स्थानों, स्मारकों तथा ऐतिहासिक तथ्यों के आलोक में बाँदा जनपद पर गौरवान्वित होना स्वाभाविक ही है।

# 9. 'वेद' अति संक्षिप्त सामान्य परिचय

भारतीय संस्कृति के सर्वाधिक प्राचीन, सर्वमान्य, विश्व के प्रथम ग्रंथ वेद हैं। सर्वप्रथम ऋग्वेद की रचना हुई। चारों वेदों की 2800 पाण्डुलिपियां पुणे–महाराष्ट्र में 'भंडारकर ओरिएण्टल रिसर्च इंस्टीट्यूट' में संग्रहीत हैं। वेदों के भाष्य अनेक भारतीय तथा विदेशी विद्वानों में लिखे हैं। प्रमुख भारतीय भाष्यकार–यास्क, सायण, स्वामी दयानन्द सरस्वती व स्वामी अरविन्द हैं। बाल गंगाधर तिलक जी ने ऋग्वेद की रचना का काल 6000 वर्ष पूर्व का माना है। कतिपय विदेशी विद्वान ई०पू० 1500 से 3000 वर्ष मानते हैं। वेदों का परिचय कराने में ऋषि तुल्य विद्वान ही सक्षम हैं। यहां हम अल्प विषयामति से सामान्य परिचय अति संक्षिप्त शब्दों में प्रस्तुत करने का प्रयास कर रहे हैं। त्रुटियों को क्षमा करते हुये अवलोकन करने का कष्ट करें।

वेद चार हैं– ऋग्वेद, यजुर्वेद, सामवेद तथा अथर्ववेद।

वेद विद् शब्द से बना है जिसका अर्थ ज्ञान अथवा जानना है। वेदों को श्रुति भी कहते हैं। श्रुति से तात्पर्य है जो सुना गया।

मंत्र दृष्टा ऋषियों ने प्राकृतिक ध्वनियों को सुना और उन्हें ईश्वर प्रेरित मानकर अपने शिष्यों को उपदेशित किया। फिर यह ज्ञान शिष्य परम्परा से उत्तरोत्तर सुनाया जाता रहा। कालान्तर में इस ज्ञान को ऋग्वेद के रूप में लिपिबद्ध किया गया। तदुपरान्त यजुर्वेद और सामवेद लिखे गये और बाद में अथर्ववेद लिपिबद्ध हुआ। ऐसा विद्वानों का मत है क्योंकि ऋग्वेद के बाद के तीनों वेदों में ऋग्वेद की अनेक ऋचायें और मंत्र सम्मिलित है। वेद अत्यन्त गूढ़ व सांकेतिक भाषा में है। इनके तीनों प्रकार के, आधिदैविक, आध्यात्मिक तथा आधिभौतिक संदर्भों में अर्थ निकलते हैं। मान्यता है कि सभी प्रकार का ज्ञान, विज्ञान वेदों में समाहित हैं। अब हम अति संक्षेप मे चारो वेदों के विषय में विहंगम दृष्टि द्वारा जानने का प्रयास करेंगे। सर्व प्रथम ऋग्वेद–

**ऋग्वेद**

प्रधानता–सृष्टि विद्या, स्थिति, उपवेद–आयुर्वेद (पुरुषार्थ धर्म) मण्डल–10 सूक्त 10580 (अष्टम मण्डल बालखिल्य के 11 सूक्त, जो मध्य के 49 से 59 तक 80 मंत्र अतिरिक्त हैं) पतंजलि के मत से तीन शाखायें हैं–

1. शाकल 107 सूक्त, 2. वाश्कल 56 सूक्त, 3. बालखिल्य 13 सूक्त।

चरण व्यूह ग्रंथ के अनुसार पांच शाखायें है–

1. शाकल, 2, वाष्कल, 3. बालखिल्य, 4. शंखायन तथा 5. माण्डूकायन।

**ऋग्वेद के मंत्रदृष्टा ऋषि**

कुल संख्या लगभग 300 है। प्रथम, नवम, तथा दशम मण्डलों के अनेक दृष्टा ऋषि है जिनमें से कुछ प्रमुख नाम इस प्रकार हैं– मधुछंदा, मेघातिथि, दीर्घतमा, अगस्त्य, गौतम, पराशर, कण्व, अंगिरा, वामदेव, विश्वामित्र, भृगु, ऋतु, विमद, इंद्र, श्रद्ध, वशिष्ट, वृहस्पति आदि।

द्वितीय मण्डल के ग्रत्समद तथा उनके वंशज
तृतीय मण्डल के विश्वामित्र तथा उनके वंशज
चतुर्थ मण्डल के वामदेव तथा उनके वंशज
पंचम मण्डल के अत्रि तथा उनके वंशज
षष्टम मण्डल के भरद्वाज तथा उनके वंशज
सप्तम मण्डल के वशिष्ट तथा उनके वंशज
अष्टम मण्डल के कण्व तथा उनके वंशज

उपरोक्त 'वंशज' शब्द शिष्य परम्परा का भी द्योतक है।

**प्रमुख ब्रह्मवादिनी ऋषियों के नाम –** लोपामुद्रा, घोषा, शची, पौलोमी, कांक्षावृत्ति, वाक, आमृणी, सूर्या, सावित्री, यमी, वैवस्वती, उर्वशी आदि।

देवता– 33 हैं– पृथ्वी–11, अंतरिक्ष–11, द्युलोक–11

नदियां 25 का वर्णन–

सबसे महत्वपूर्ण नदी सिंधु
सबसे पवित्र नदी सरस्वती

गंगा नदी का नाम एक बार तथा यमुना नदी का नाम तीन बार आया है।

**पर्वत**

**हिमालय –** सबसे ऊंची चोटी का नाम–मुञ्जावंत चोटी का 24 बार नाम आया है।

**कृषि –** कृषि का उल्लेख तीन बार है।

**सम्वाद सूक्त**

सात प्रमुख सम्वाद सूक्त है–

1. अगस्त्य–लोपा मुद्रा (मण्डल 1– 179)
2. विश्वामित्र–नदी (मण्डल 3–33)
3. वशिष्ट – सुद (मण्डल 7–83)
4. यम–यमी (मण्डल 10–10)
5. इंद्र – इंद्राणी (मण्डल 10–86)
6. पुरुरवा–उर्वशी (मण्डल 10–95)
7. सरमा–पाणि (मण्डल 10–108)

## प्रमुखता से गाये जाने वाले मंत्र एवं सूक्त

1. गायत्री मंत्र– 3/62/10
2. मृत्युञ्जय मंत्र 7/59/12
3. अक्ष सूक्त 10/34
4. विवाह सूक्त 10/58
5. पुरुष सूक्त 10/90
6. हिरण्यगर्भ सूक्त 10/121
7. नासदीय सूक्त 10/129

. संज्ञान सूक्त 10/19

## यजुर्वेद

प्रधानता–यज्ञ विद्या तथा कर्मकाण्ड, पुरुषार्थ–मोक्ष, 8 श्रौत सूक्त है। ऋग्वेद के 666 मंत्र हैं।

दो शाखायें हैं– शुक्ल यजुर्वेद तथा कृष्ण यजुर्वेद। शुक्ल यजुर्वेद विशुद्ध अमिश्रित मंत्र हैं। यह आदित्य सम्प्रदाय से सम्बन्धित है। उत्तर भारत में प्रचलित है।

**शुक्ल यजुर्वेद–** संहिताओं (पद्य) को ब्राह्मणों (विवेचनात्मक सामग्री) को प्रथक रखता है। जबकि कृष्ण यजुर्वेद संहिता तथा ब्राह्मण का मिश्रण है।

**कृष्ण यजुर्वेद–** इसमें तंत्रियोजक ब्राह्मणों का मिश्रण हैं, यह ब्रह्म सम्प्रदाय से सम्बद्ध हैं। दक्षिण भारत में प्रचलित है।

## पांच शाखायें

1– काठक, 2–कपिष्ठल, 3– मैत्रियाणी, 4. तैत्तरीय (आपस्तम्ब), 5– वाजसनेयी।

यजुर्वेद मे सर्वप्रथम सीसा तथा ऊन से बुने जाने वाले पट (वस्त्र) का वर्णन अध्याय 19 श्लोक 80 में मिलता है।

तसर (एक प्रकार का कपडा जिसे अब टसर कहते हैं) तथा वेम (करघा) शब्द अध्याय 19 श्लोक 82 मे उल्लिखित है।

## सामवेद

गंधर्व विद्या, गायन पुरुषार्थ–काम, उपवेद– गंधर्ववेद कुल मंत्र 1876 है। किन्तु कुछ मंत्रो की पुनरावृत्ति होने के कारण 1549 मंत्र माने जाते हैं। 99 मंत्रों के अतिरिक्त 17 मंत्र यजुर्वेद के तथा अथर्ववेद के हैं, शेष सभी मंत्र ऋग्वेद के हैं। सामवेद के दो भाग हैं– 1. आर्चिक (पूर्वाचिक, उत्तरार्चिक), 2. गान। सामवेद की 13 शाखाओं का उल्लेख है किन्तु तीन ही आचार्यों की शाखायें प्राप्त हैं– 1. कौमूथी, 2. राणायणीय, 3. जैमनीय विद्वानों के मत से साम शब्द के अर्थ–

1. जो विघ्नों का शमन करता है वह साम है।
2. जो मंत्रों द्वारा देवताओं को संतुष्ट करता है वह साम है।
3. सुन्दर, सुखकर वचन साम है।

सामवेद का पुरोहित ''उद्‌गाता'' कहलाता है इसलिये साम के गायन द्वारा देवताओं को प्रसन्न किया जाता है।

यद्यपि सोम का वर्णन प्रत्येक वेद में है, सामवेद मे सद्यः निर्मित सोम का उल्लेख है, जिससे सुस्पष्ट है कि यह सोम आसव नहीं था। ऋग्वेद की अनेक ऋचायें सामवेद में है जिनमें 'श्वेत' हरित तथा पीत सोम का उल्लेख है। सोम पान का वैदिक काल में यज्ञ के समय प्रयोग होता था।

**अथर्ववेद**

स्तुति एवं चिकित्सा विज्ञान पुरुषार्थ–अर्थ उपवेद–आयुर्वेद अथर्व वेद का ज्ञान भगवान से अंगिरा ऋषि को प्राप्त हुआ। ऋषि अंगिरा ने ब्रह्मा को वह ज्ञान दिया। ब्रह्मा ने प्रजापति को तथा प्रजापति ने अश्विनी कुमारों को वह ज्ञान दिया।

अथर्व वेद में चिकित्सा, शल्य शालाक्य, अनेक रोगों तथा अनेक औषधियों का उल्लेख हैं अथर्व वेद में 20 काण्ड तथा 5971 मंत्र हैं।

अथर्व वेद के षष्टम काण्ड के सूक्त (द्वितीय अनुवादक) के श्लोक सं. 1, 2 तथा 3 के अध्ययन से I.V.F. तथा Surrogacy Technique का स्पष्ट उल्लेख मिलता है।

# 10. स्वर्ग : एक अवधारणा अथवा वास्तविकता

भारत के प्राचीन ग्रंथों व साहित्य पर आधारित एक अध्ययन
(कविराज रत्नाकर शास्त्री कृत ''भारत के प्राणचार्य''के एक अंश का साभार उद्धृत सारसंक्षेप तथा किंचित अन्य भी)

एक प्रश्न प्रायः मस्तिष्क में आता है कि कि क्या स्वर्ग कहीं है? यदि है तो कहाँ और कैसा है?

प्रायः हम स्वर्ग की स्थिति को ऊपर आकाश की ओर इंगित करके ही मानते हैं और नरक को पृथ्वी से नीचे की ओर मानते हैं। क्या यह धारणा सही है? आइये इन प्रश्नों का उत्तर अपने प्राचीन ग्रंथों व साहित्य के आलोक में देखने, खोजने का प्रयास करें।

(क) ऋग्वेद (पंचम मण्डल सूक्त 5 सूत्र 2) में लिखा गया–

**''यदन्तरिक्षे यद्विषि यत् पञ्च मनुषां अनुनृकणं तद् धत्तमश्विना''**

अर्थात् हे अश्विन जो धन अंतरिक्ष और स्वर्ग में है तथा जो मनुष्यों की पांच श्रेणियों में है उसे प्राप्त करो।

तात्पर्य यह है कि अंतरिक्ष तथा स्वर्ग का अस्तित्व प्रथक प्रथक था।

(ख) यजुर्वेद (त्रयोदश अध्याय–सूत्र 57)

**''इदमुत्तरात् स्वस्तस्थ स्रोत्र ऽसौवऽ........ग्रह्षि प्रजाभ्यः''**

अर्थात्– उत्तर दिशा में स्थित स्वर्ग लोक से सम्बन्धित स्त्रोत का मनन करते हुये इष्ट का सादन करता हूँ।

तात्पर्य– उत्तर दिशा में स्वर्ग की स्थिति है।

(ग) मनुस्मृति– स्वर्ग की सीमा का उल्लेख–

**''आसमुद्रस्तु वै पूर्वादासमृद्रस्तु पश्चिमम्''**

अर्थात्– पूर्व दिशा में समुद्र से पश्चिम दिशा में समुद्र तक (स्वर्ग है)

तात्पर्य यह स्वर्ग की भौगोलिक सीमा का वर्णन है। पूर्व दिशा में समुद्र (बंगाल की खाडी) से पश्चिम दिशा में समुद्र (ईरान की खाडी)

(घ) कालिदास कृत ''कुमार सम्भव'' में उल्लेख है–

**''अस्तु उत्तर स्थान दिशि देवतात्मा हिमालयो नाम नगाधिराजः''**

अर्थात् उत्तर दिशा में पहाड़ों का राजा हिमालय है जहां देवता निवास करते हैं।

तात्पर्य– हिमालय उत्तर दिशा में है और वहाँ देवता निवास करते हैं।

(ङ) चीनी भाषा में 'हिमालय को थियानशान' कहते हैं। थियान का अर्थ

है स्वर्ग और शान का अर्थ है–भूमि अर्थात हिमालय स्वर्गभूमि है।

स्वर्ग की स्थिति तथा भूगोल के सम्बन्ध में वाल्मीकि रामायण, भृगु के सूत्र (जो 10,000 वर्ष) पूर्व में लिखे गये एवं ईसा से 2000 वर्ष पूर्व मनुस्मृति तथा ईसा से 200 वर्ष बाद कालिदास की रचनाओं आदि इन सभी में जो एक ही जैसा लिखा है, वह असत्य कैसे हो सकता है।

हमारे प्राचीन ग्रंथों तथा सांस्कृतिक परम्परा में देवताओं का निवास स्वर्ग में माना गया है।

- देवताओं के लिये– सुरेन्द्र, देवेन्द्र, हरि, पुरंदर, इन्द्र आदि शब्द प्रयुक्त हुये।
- मनुष्यों (स्वर्ग के इतर निवासियों) के लिये भूपति, भूपाल, नृपति, महीपति, महिपाल आदि शब्द प्रयुक्त हुये।

**नरक–**

नर शब्द में 'क' प्रत्यय लगने से नरक शब्द बना। 'क' प्रत्यय सम्बन्ध वाचक है अतः नरक का अर्थ हुआ नर (मनुष्य) से सम्बन्धित। इस प्रकार स्पष्ट है कि 'स्वर्ग' देवताओं के निवास स्थान को कहा गया और 'नरक' मनुष्यों के निवास (जो हिमालय के दक्षिणी भाग में हिमालय से नीचे, न कि पृथ्वी के ही नीचे, निवासियों के स्थान को कहा गया है।

नार, नरक से एक तात्पर्य यह भी है कि जहां पर जल धारायें नीचे की ओर बहती हों। नरक का एक पर्यायवाची शब्द 'तपन' है जिसका अर्थ है जहां भीषण गरमी हो। नरक का एक पर्यायवाची शब्द 'अवीचि' है अर्थात जहां वीचि (सुख) न हो।

कुछ शब्द भी हैं जो नरक के लिये प्रयुक्त होते हैं जैसे 'रौरव' जहां मांस भक्षी कृव्य (गिद्ध) आदि रहते हैं। 'प्रेत' (प्रइतः) स्वर्ग से निष्कासित किये हुये। 'वैतरणी' जहां पर नाव न हो, जल धार पार करने के लिये। 'पितर' जो नरक छोडकर देवलोक (स्वर्ग) मे रहने चले गये और लौटकर वापस नहीं आये (इसका तात्पर्य मृत्यु से नहीं है)। उस युग में वृद्धावस्था मे सशरीर स्वर्गारोहण की परम्परा थी।

उपरोक्त का संक्षेप में तात्पर्य यह है कि स्वर्ग की भौगोलिक सीमा रेखांकित हुई–पूर्व में बंगाल की खाडी, पश्चिम में ईरान की खाडी जिसका विस्तार उत्तर में हिमालय सुमेरू पर्वत तक और दक्षिण में कुरु पर्वत तक था। भौगोलिक सीमा वाले स्वर्ग की भौतिक उपस्थिति स्वतः सिद्ध होती है।

**स्वर्ग का वर्णन**

**स्वर्ग में पांच प्रदेशों का वर्णन मिलता है–** इन्हें पंचलोक या

पञ्चजन कहते थे। ये पंचलोक निम्नांकित प्रकार से वर्णित हैं–

1. देव लोक, 2. नाग लोक, 3. यक्ष लोक, 4. गंधर्व लोक, 5. किन्नर लोक।

इन पंच लोकों का प्रथक प्रथक वर्णन इनके अधिपति, इनकी भौगोलिक सीमायें तथा इनकी सांस्कृतिक विशेषताओं के साथ निम्नवत है–

**1. देव लोक**

राजधानी– त्रिविष्टप (वर्तमान में इसका अपभ्रंश होकर तिब्बत हो गया) एक और राजधानी थी–अलकापुरी (आज भी अलकापुरी बांक नामक स्थान मौजूद है।)

अधिष्ठाता या गणपति –इन्द्र (पदवी थी)

भौगोलिक सीमा– अलकनंदा से पूर्व की ओर तिब्बत से आगे पूर्वोत्तर भूभाग।

"स्वर्गं त्रिविष्टपं प्राप्य धर्मरतो युधिष्ठिरः"।

यूधिष्ठिर सशरीर स्वर्ग गये थे। तात्पर्य यह कि स्वर्ग जाना मृत्यु सूचक नहीं था वरन स्वर्ग की परिष्कृत सभ्यता के सम्पर्क में आना अत्यन्त सम्मानजनक था। जीवन के अंतिम समय में स्वर्ग में जाकर रहना और वहीं जीवन पूर्ण करने की परम्परा थी। इसे स्वर्गारोहण कहते थे।

ऋग्वेद तथा शतपथ ब्राह्मण ग्रंथ में देवता दो श्रेणियों के कहे है– 1. सोमपा, 2. असोमपा।

सोमपा देवताओं की गणना 33 है–

सुकदेव जी तथा सूत जी ने भी 33 कोटि देवता बतलाये हैं। इन्हें ही 33 कोटि अर्थात श्रेणी के देवता कहते हैं। कोटि का अर्थ यहाँ पर 33 करोड़ नहीं है–

8–बसु, 11–रुद्र, 12–आदित्य, 1–प्रजापति, 1–वषटकार कुल–33। ये सोमपा देवता सोमरस से संतुष्ट होते थे।

असोमपा देवता– इनकी भी गणना 33 है–

11–प्रयाजा, 11–अनुयाजा, 11–उपयाजा कुल–33 असोमपा देवता यज्ञ तथा पशुओं से संतुष्ट होते थे।

नैरुक्त मतानुसार ऋग्वेद 3339/3–9–9

पृथ्वी के देवता – अग्नि

अंतरिक्ष के देवता – इंद्र तथा वायु

आकाश के देवता – सूर्य

द्युह के देवता – विष्णु
ईश्वर निराकार, अजन्मा, ब्रह्म

**भगवान–** अपने युग के सर्वाधिक ऐश्वर्यवान (पंच ऐश्वर्य से तथा अष्ट सिद्धि से युक्त)

**देवता–** दैवत्व के गुणों से युक्त।

| **आठ सिद्धियाँ** | **–** | **पांच ऐश्वर्य** |
|---|---|---|
| 1. विभूति | – | 1. अणिमा |
| 2. वीर्य (प्रभुत्व) | – | 2. गरिमा |
| 3. यश | – | 3. महिमा |
| 4. श्रिक | – | 4. लघिमा |
| 5. संज्ञान | – | 5. प्राप्ति |
| 6. प्राकम्य | | |
| 7. ईशित्व | | |
| 8. वशित्व | | |

वेदों की भाषा में व्याकरण नहीं थी। वेद शब्दों में नहीं अक्षरों में पढ़े जाते हैं। कालान्तर में 'सायण' ने भाषा को संस्कारित किया तब संस्कृत नाम पड़ा। बाद में 'पाणिनि' ने संस्कृत की व्याकरण बनाई।

**देवता किसे कह सकते हैं?**

'पास्क निरुक्त' के अनुसार ''देवो दानवाद वा, दीपनाद वा, दीपनाद वा, द्युस्थानों भवति''

अर्थात्– दान देने से, ज्ञान का प्रकाश देने से, स्वयं प्रकाशवान होने से तथा जिसके प्रकाश से स्थान प्रकाशित हो उसे देवता कहते हैं।

**2. नाग लोक**

राजधानी – कैलाश

अधिष्ठाता– शिव (प्रतीक चिन्ह–नाग)

भौगोलिक सीमा– मानसरोवर से धौलागिरि पर्वत के उत्तर–पश्चिम का क्षेत्र, इस क्षेत्र में स्थित कुछ स्थानों का नाम देव नाग, बैरी नाग, शेष नाग, अनंतनाग आदि। (ये स्थान आज भी इसी नाम से विख्यात हैं।) इसी क्षेत्र में कश्मीर, सिक्यांग, सिंधु कोष (हिन्दु कुश) भी थे। कश्मीर को कश्यप ऋषि ने बसाया था। इनकी पत्नी कद्रु से उत्पन्न वंश को नागवंश कहा गया। कल्हण की 'राज तरंगिणी' में यह वर्णन मिलता है।

वराह पुराण में अष्टनाग कुल का वर्णन मिलता है। अष्टनागों के नाम –

1. अनंत नाग, 2. वासुकी नाग, 3. पद्म नाग, 4. महापद्म नाग, 5. तक्षक

नाग, 6. कुलीक नाग, 7. कर्कोटिक नाग, 8. शंख नाग।

कुछ पुराणों में कंवल नाग, अपराजित नाग नाम भी मिलते हैं। कुल्लू घाटी में आज भी नाग प्रजाति (वंश) के ब्राह्मण रहते हैं। किन्ही कारणों से कालान्तर में सर्पों के नाम भी यही रख दिये गये थे जिससे वास्तविक नाग वंश के विषय में अनेक भ्रम उत्पन्न हो गये।

नाग लोक के अधिष्ठाता शिव के विषय में दो पौराणिक अख्यानों का उल्लेख आवश्यक है–

**क. गंगा अवतरण**

राजा भगीरथ की तीन पीढ़ी द्वारा पहले से यह प्रयास किया जा रहा था कि स्वर्गलोक के जल को (गंगा को) भूलोक में लाकर यहाँ की भूमि को उर्वरक बनाया जाये। किन्तु देवताओं ने कहा कि यह जल प्रवाह अत्यन्त प्रखर होगा जिसके कारण वह भूमि जिसे तुम उर्वरक बनाना चाहते हो वही प्रखर प्रवाह के कारण बह जायेगी। तीन पीढ़ियाँ असफल रहीं। भगीरथ से देवताओं ने कहा यदि तुम शिव को प्रसन्न कर लो और वह अपनी जटाओं में गंगा को धारण कर लें तो प्रवाह कम हो जायेगा। फिर इसे भूलोक में उतारा जा सकता है। भगीरथ सफल हुये और स्वर्ग लोक की जलधारा को शिव की अनुमति से नाग लोक के अनेक पहाड़ों से टकराते हुये घाटियों से होकर उतारा गया। आज भी उत्तराखण्ड की यात्रा में अनेक नाम की गंगा विद्यमान हैं। शिव के द्वारा जटाओं में गंगा को धारण किया जाना एक प्रतीकात्मक व सांकेतिक प्रसंग प्रतीत होता है।

**ख. देव दानव युद्ध**

नाग लोक की सीमा के पास ही सुमेरू पर्वत (थियानशान) था। देवलोक में कहीं भी समुद्री नमक उपलब्ध नहीं था। देवता नमक का महत्व जानते थे। थियानशान पर्वत (सुमेरू पर्वत) के आसपास नमक उपलब्ध था। परिकल्पना आधारित आख्यान है कि देवताओं ने शिव को इस बात पर सहमत कर लिया कि सुमेरू पर्वत के पास दानवों का राज्य है, यदि दानवों को युद्ध में पराजित कर दिया जाये तो नमक जिस क्षेत्र में प्राप्य है वह देवताओं के कब्जे में हो जायेगा। नाग लोक की सीमा का मामला था, अतः देवताओं ने (जो विलासी हो चुके थे) यह प्रस्ताव रखा कि नाग सेना आगे रहकर लड़े और देवता पीछे से सहायता करेंगे। हजारों नाग सैनिकों (हजारफन वाले शेषनाग) ने सुमेरू पर्वत को घेर लिया और पीछे (नाग की पूंछ की ओर) देवता थे। दानव भी बलशाली थे। सुमेरू (मथानी) हजारों नाग सेना (हजार फन वाला शेष नाग–डोरी) समुद्र के किनारे सुमेरू के चारों ओर युद्ध हुआ किन्तु न तो नाग और

देवता जीत सके और न दैत्य ही जीत सके और उस समय की चौदह वस्तुओं (रत्न) का बटवारा करना पड़ा। सम्भवतः इसी ग्लानि में शिव ने विषपान कर लिया। तत्काल उनके उपचार द्वारा विष मुक्त करने की आवश्यकता थी। युद्धक्षेत्र दानवों का था उनके गुरु शुक्राचार्य संजीवनी विद्या जानते थे, किन्तु उनसे उपचार कराना ठीक नहीं था। देवता अपने गुरु बृहस्पति (जो संजीवनी विद्या के ज्ञाता थे), जिनकी योगशाला व प्रयोगशाला बाँदा जिला में स्थित कालिंजर के पास (पूर्व में इस स्थान का नाम 'कालंजर' था अर्थात् काल को जलाने वाला) वृहस्पति कुण्ड नामक स्थान पर थी। उनके पास शिव को लाकर उपचार कराया गया शिव का कंठ नीला पड़ गया था। इसके कारण शिव जी के नाम से कालिंजर किले में नीलकंठ शिव मन्दिर का कालांतर मे निर्माण हुआ। देव दानव युद्ध के उपरान्त भी देवताओं को नमक वाला क्षेत्र न मिल सका। आज भी इसी करण से अपने देवताओं की स्मृति में उनकी उपासना में जब हम वृत रखते है, तो हम समुद्री नमक नहीं खाते हैं। देवता खनिज नमक (Rock Salt) खाते थे, अतः उपवास में खनिज नमक खाया जाता है।

एक बात स्पष्ट करना आवश्यक है कि उपरोक्त पौराणिक आख्यानों में कहीं भी इस प्रकार से नमक का प्रसंग नहीं है, यह एक परिकल्पना मात्र है, जो इस प्रसंग से मेल खाती है। स्मरणीय है कि खनिज नमक (Rock Salt) जो कि Potassium Salt है, वह देवताओं को उपलब्ध था। किन्तु समुद्री नमक जिसमें Sodium होता है। वह उपलब्ध नहीं था। इसलिए देवताओं के लिए रखे गये व्रत में समुद्री नमक के स्थान पर खनिज नमक खाया जाता है।

**3. यक्ष लोक**

राजधानी – अलकनंदा

अधिष्ठाता – कुबेर

भौगोलिक स्थिति– अलकनंदा, कुमाऊँ, गढ़वाल, हरिद्वार आदि। हरि शब्द स्वर्ग का पर्यायवाची शब्द है। हरिद्वार अर्थात स्वर्ग का द्वार। यूधिष्ठिर यहीं से सशरीर स्वर्ग गये थे। यक्ष ने उनको प्रवेश देने से पूर्व प्रश्न पूछे थे। यूधिष्ठिर के उत्तरों से यक्ष ने यह समझ लिया कि इनकी विचारधारा स्वर्ग के देवताओं की विचारधारा से मेल खाती है। इसलिये प्रवेश की अनुमति दे दी।

महाभारत में वर्णित मणिभद्र नामक यक्ष एक वैज्ञानिक और योद्धा था। स्थूण नामक यक्ष शल्य चिकित्सक था, जिसने शिखण्डी जो कि उभयलिंगी (Hermaphrodite) था, उसे पुरुष बना दिया था। हिमालय के पारगमन से तथा फलों, कृषि एवं फूलों से प्राप्त होने वाली आय के

कारण कुबेर सबसे धनवान होता था। यम कुबेर का भाई था। वह दण्ड शास्त्र का ज्ञाता था। अन्तिम निर्णय यम का होता था। स्वर्ग में मृत्यु दण्ड का विधान नहीं था। स्वर्ग से निष्काशन सबसे बड़ा दण्ड था। स्वर्ग से निष्कासित किया जाना अत्यधिक अपमानजनक माना जाता था। स्वर्ग की परिष्कृत सभ्यता में रहने योग्य न माना जाना अपमानजनक तो था ही, साथ ही यह भी तय किया जाता रहा है (ऐसा प्रतीत होता है) कि निष्कासित व्यक्ति को कहाँ छोड़ा जाना है – कटीली झाड़ियों वाले वन में, हिंसक जानवरों अथवा विषैले जन्तुओं के क्षेत्र में, कच्चा मांस खाने वाले पिशाचों अथवा भुना मांस खाने वाले राक्षसों के मध्य छोडा जाना है। यदि उसका जीवन काल शेष होगा तो बच जायेगा अन्यथा समाप्त हो जायेगा। प्रायः नरक में यातनाओं के चित्रों मे ऐसा ही दर्शाया गया देखा जाता है।

**4. किन्नर लोक**

राजधानी – लाहुल (वर्तमान कुल्लू)

गणनायक–कुबेर ही थे। इनके प्रतिनिधि फौलूतचित्र वर्मा थे।

लाहुल को कालांतर में 'लाहौल' कहा जाने लगा।

भौगोलिक स्थिति– यक्ष लोक से पश्चिमोत्तर भाग से सिंधु प्रदेश तक–कुल्लू, मनाली, कांगडा, जम्मू आदि।

इस प्रदेश को किन्ही किन्हीं ग्रंथों में 'किम्पुरुषखण्ड' भी कहा गया है।

किन्नर लोक में शालि धान, फल और फूल प्रचुर मात्रा में पैदा होते थे। किन्नर लोग सामवेद के ज्ञाता थे। संगीत तथा लोक संगीत में निपुण थे। किन्नर योद्धा भी थे। शक देश (ताशकंद) की ओर से होने वाले शकों और दानवों के आक्रगणों का वीरता से सामना करते थे। एक कहावत इसका प्रमाण है– 'लाहौल बिला कूवत'

अर्थात् बिना कूबत के लाहौल को नहीं जीता जा सकता। किन्नरियां गान विद्या में प्रवीण होती थीं। ये हास–परिहास और मधुरवाणी व गायन के लिये विख्यात थीं। व्यास, रावी और चिनाव नदियाँ इस क्षेत्र में बहती थी।

**5. गंधर्व लोक**

राजधानी – पुष्कलावती

गणनायक–चित्रसेन

भौगोलिक स्थिति– यह गांधार प्रदेश था इसमें कंधार, कोंकननद, दारू, त्रिगत, कम्बोज, बाल्हीक, दरद, पुरुषपुर (पेशावर) आदि स्थान आते थे।

गंधर्वों ने 'सामवेद' की रचना की थी। गंधर्व संगीत, ललितकलाओं, मूर्ति कला, व्याकरण एवं आध्यात्म के ज्ञाता थे। गंधर्वों ने ही सप्त स्वरों षडज, ऋषभ, गंधार, मध्यम, पंचम, धैवत तथा निषद का अविष्कार किया।

इन्हीं स्वरों के अनुसार उन्होंने श्रुतियों तथा अनुश्रुतियों की रचना की।

गंधर्वों ने वाद्ययंत्रों की भी रचना की। कुछ उदाहरण–

| रचनाकार | वाद्ययंत्र |
|---|---|
| तुम्बरू | कलावती वीणा (तम्बूरा, तुम्बरू) |
| नारद | महती वीणा |
| सरस्वती | कच्छपी वीणा |
| हाहा–हूहू | मृदंग |
| विश्ववसु | वृहती वीणा तथा और भी अन्य |

संगीत के दस थाटों का भी आविष्कार गंधर्व लोक में हुआ। यहाँ की महिलायें नृत्यकला में अत्यन्त प्रवीण थीं। कुछ विख्यात नृत्यांगनाओं के नाम–घृताची, मेनका, रम्भा, स्वयंप्रभा, उर्वशी, गोपाली, चित्रसेना आदि। गंधर्वों में स्वतंत्रता पूर्वक किसी भी पुरुष का किसी भी स्त्री से विवाह कर लेने की प्रथा थी। इस विवाह प्रथा का नाम 'गंधर्व विवाह' प्रचलित हुआ।

इस प्रकार उपरोक्त स्वर्ग के पांच लोकों के अध्ययन से हमें ज्ञात होता है कि हिमालय पर एक अत्यन्त परिष्कृत सभ्यता का विकास हुआ था, जो कि सनातन ज्ञान का श्रोत थी। स्वर्ग की सभ्यता में विज्ञान, भौतिकी, खगोल, वास्तु, चिकित्सा, विमान, स्वर एवं ध्वनि विज्ञान, मनोविज्ञान, शिल्पकला, दर्शनशास्त्र, अध्यात्म, संगीत, ललित कलाओं आदि का आविष्कार एवं विकास हुआ। अनेक शस्त्रास्त्त भी निर्मित हुये। आध्यात्मिक उन्नति के लिये अनेक यज्ञ विधान प्रचलित हुये। इसी स्वर्ग भूमि पर वेद भी लिखे गये।

आवश्यकता है पुरातन मूल ग्रंथों के अन्वेषणात्मक अध्ययन एवं शोध करने की। स्वर्ग की सभ्यता हमारे लिये गर्व का विषय है।

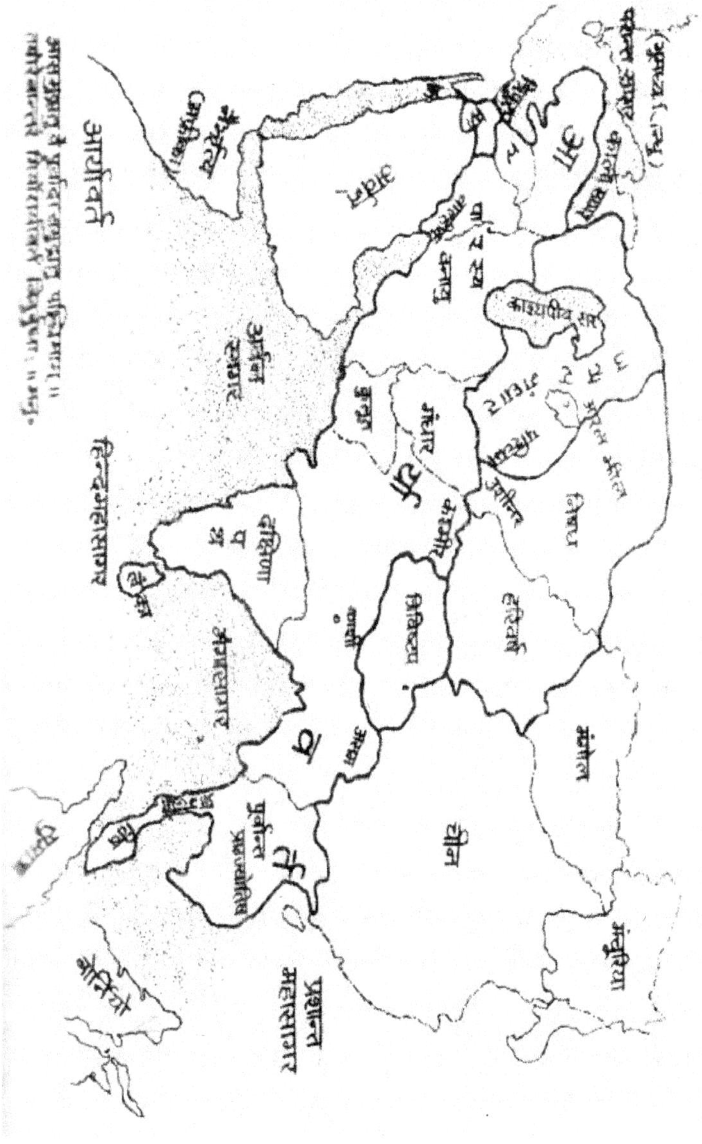
आर्यावर्त
हिन्दमहासागर
चीन
मंचूरिया
प्रशान्त महासागर

# 11. आर्यों का मूल निवास

आर्यों के मूल निवास के विषय में विद्वानों में मतभेद है। एक मत यह है कि आर्य यूरेशिया से भारत आये और यहीं बस गये। दूसरा मत यह है कि आर्य भारत के मूल निवासी हैं और यहाँ से यूरेशिया की ओर गये। यह बहुत समय से विवाद का विषय बना हुआ है। अन्य स्थान से आर्य भारत आये तथा यहाँ के मूल निवासियों पर आक्रमण करके उन्हें समाप्त कर दिया और यहीं रहकर आर्य सभ्यता का विकास किया इसे 'इनवेजन थ्योरी' कहा गया है। दूसरी थ्योरी 'इंडिजिनस थ्योरी' है जिसके पक्षधर कहते हैं कि आर्य भारत के ही मूल निवासी हैं जो अपने व्यापारिक उद्देश्य व अपनी संस्कृति के प्रसार के उद्देश्य से मध्य एशिया व योरोप की ओर गये। इन दोनों थ्योरी के मानने वालों के अपने–अपने तर्क हैं।

**इनवेज़न थ्योरी**

इस विचारधारा को मानने वालों के तर्क हैं कि (1) आर्य यूरेशिया से भारत आये। (2) आर्यों ने आक्रमण करके सिंधु घाटी की सभ्यता को नष्ट किया। (3) ई0पू0 1500 में यहां वैदिक संस्कृति का प्रारम्भ किया। (4) वेद, संस्कृत भाषा तथा हिन्दू संस्कृति का मूल स्थान भारत नहीं है क्योंकि संस्कृत भाषा के शब्द लैटिन, स्पैनिश तथा अंग्रेजी के शब्दों से मिलते जुलते हैं। यह भाषायें यूरेशिया की है। (5) सिन्धु घाटी की सभ्यता में प्राप्त लिपि आज तक पढ़ी नहीं जा सकी है। यदि यह भाषा संस्कृत से मेल खाती होती तो पढी जा सकती थी। अतः यह आर्यों की भाषा नहीं थी यह भारत के मूल निवासियों की भाषा थी। आदि–आदि अनेक तर्क हैं।

**इंडिजिनस थ्योरी**

आर्यों को भारत का मूल निवासी मानने वाले विद्वानों का कहना है कि (1) आर्य भारत के मूल निवासी हैं। यह अपने व्यापारिक अथवा अपनी संस्कृति के प्रसार हेतु यूरेशिया की ओर गये। (2) यदि यह मान भी लिया जाये कि आर्यों ने आकर सिन्धु घाटी सभ्यता को आक्रमण करके 1500 ई०पू० नष्ट किया तो उन्हें खुदाई से मिले प्रमाणों से ज्ञात ही हो गया है कि सिन्धु घाटी सभ्यता ई०पू० 1700 में समाप्त हो चुकी थी फिर ई० पू० 1500 में आर्यों द्वारा इस सभ्यता को समाप्त किया जाना असत्य तथा मनगढन्त है। (3) आर्य सभ्यता 7000 वर्ष पूर्व या अधिक से भारत में स्थापित हैं (4) संस्कृत भाषा तथा इससे पूर्व प्राप्त प्राकृत भाषा का विकास भारत में हुआ क्योंकि सभी पुराने ग्रन्थ संस्कृत में हैं। जब यहां से आर्य यूरेशिया की ओर गये तो कुछ छुटपुट शब्द अन्य भाषाओं के

सम्मिलित हो गये। (5) सन 1757 में अंग्रेजों का शासन भारत में स्थापित हो चुका था। भारत के निवासी आर्यों तथा द्रविडों के मध्य वैमनस्य पैदा कर अपनी 'फूट डालो और राज्य करो' की नीति लागू करके अंग्रेजों ने यहां शासन किया। अंग्रेजों ने आर्यों से कहा कि हमारी तरह तुम भी भारत के बाहर से आये हो और तुम हमारे अपने हो तथा द्रविडों से कहा कि तुम तो यहां के मूल निवासी हो आर्य यहां के मूल निवासी नहीं हैं। अंग्रेजों ने इतिहास को अपने तरीके से (जैसा उन्हें हितकर लगता था) गढ़कर हम भारतीयों के दिमाग में भर दिया जो वास्तविकता से सर्वथा भिन्न था। प्रसिद्ध अंग्रेज इतिहासकार तथा लेखक मैक्समूलर ने यह कार्य बड़ी चतुराई व कुशलता से किया।

उपरोक्त दोनों विचारधाराओं–इनवेजन थ्योरी तथा इंडीजिनस थ्योरी के पक्ष में अपने–अपने तर्क हैं। निराकरण हेतु चार प्रकार की कसौटी पर देखना होगा।

1. पुरातात्विक आधार पर।
2. भाषा के आधार पर।
3. पुरातत्व अभिलेखों व संस्कृति के आधार पर।
4. जेनेटिक थ्योरी के आधार पर।

## पुरातात्विक आधार

**1.** सिन्धु घाटी सभ्यता के अवशेष हरप्पा, मोहनजोदडो नगरों के उत्खनन से प्राप्त हुये। कालान्तर में उत्तर प्रदेश के बागपत जिले के सिनैली ग्राम में उत्खनन द्वारा भी तत्कालीन सभ्यता के अवशेष मिले। इनके अध्ययन से ज्ञात हुआ कि सामूहिक रूप से एक ही स्थान पर अनेक या अधिक संख्या में शव नहीं मिले। जिससे आर्यों द्वारा आक्रमण तथा युद्ध के उपरान्त नष्ट हुई सभ्यता का तर्क समाप्त हो जाता है।

**2.** सनौली में शवों पर कफन मिले हैं जो आर्य सभ्यता से मेल खाते हैं।

**3.** वैदिक सभ्यता में तीलीदार (Spokes) पहियों वाले रथों तथा घोडों द्वारा रथों का खींचा जाना, ऋग्वेद में ऐसे प्रमाण हैं और ऐसे प्रमाण ग्राम सिनौली में उत्खनन से प्राप्त हुये हैं।

**4.** हरप्पा व मोहनजोदडो की खुदाई में एक स्त्री की मूर्ति मिली है जो हाथों में बहुत सी चूडियाँ पहने है। आज भी राजस्थान में अधिक संख्या में चूडियाँ पहनने की प्रथा महिलाओं में है।

**5.** यह सभ्यता कांस्य युग की है। ऐसे ही नगर भारत के अन्यान्य क्षेत्रों में उत्खनन द्वारा प्राप्त हुये हैं– कालीबंगा, लोथल, धोलावीरा, राखीगढ़ी आदि प्रमुख हैं। इन सभी में समानतायें हैं। मिरडाणा सिन्धु घाटी सभ्यता का सबसे प्राचीन नगर माना गया है। सिन्धु नदी के

तट पर विकसित सिन्धु घाटी सभ्यता के 1400 केन्द्र खोजे जा चुके हैं। जिनमें से वर्तमान में 925 केन्द्र भारत में है।

**6.** मोहनजोदडो में एक पट्टिका (मोहर) पर 3 सिर वाले देवता का चित्र है जिसके पास हाथी, गैंडा, चीता, भैंसा आदि बने हैं। क्या यह पशुपतिनाथ नहीं कहे जा सकते? उक्त सभ्यता में कूबड वाला सांड बहुत पूजनीय था, इससे ज्ञात होता है कि किसी न किसी रूप में शिव के उपासक थे। सिन्धु घाटी सभ्यता मातृ प्रधान थी। वैदिक सभ्यता में भी माता का पूजनीय स्थान है।

**7.** सिन्धु घाटी में जो भाषा मिली है वह पढ़ी तो नहीं जा सकी किन्तु विद्वानों का मत है कि लिपि दाहिनी ओर से बांयी ओर चित्रात्मक है। अब कुछ अंश तक पढ़ी जा सकी है और शीघ्र ही पूरी पढ़ी जाने की सम्भावना है।

श्री सुभाष काक ने गहन अध्ययन उपरान्त *"Ancient India's Northern Lands"* शीर्षक लेख में भारतीय योद्धाओं और राजाओं के विजय अभियान तथा शासित राज्यों का वैदिक एवं पौराणि उद्धरणों के साथ हिमालय के उत्तरी क्षेत्र में जाने, विजय करने व राज्य विस्तार करने का वर्णन किया हैं इस लेख में भाषा तथा शब्दों का भी आधार लिया गया है। इस लेख में श्री सुभाष काक ने ऋग्वेद, महाभारत, भागवत पुराण, एतरेय ब्राह्मण, शतपथ ब्राह्मण, ब्रह्मानन्द पुराण, मत्स्य पुराण, विष्णु पुराण आदि से सन्दर्भ ग्रहण किये हैं। कुछ अवलोकनीय प्रमुख बिन्दु निम्नांकित हैं–

1. संस्कृत के ग्रंथो में प्राचीन भारत में हिमालय के उत्तरी क्षेत्र को 'उत्तर कुरु' तथा पश्चिमी क्षेत्र को उत्तर मद्र' कहा गया है। ऋग्वेद (10–3–4) में 'कुरु श्रवण त्रासदस्य' का उल्लेख है। एतरेय ब्राह्मण तथा महाभारत में 'कुरु' का वर्णन है। कालान्तर मे पूरे उत्तरी तथा पश्चिमी क्षेत्र को 'शक द्वीप' कहा गया।
2. पुराणों में चार क्षेत्रों के नाम मिलते हैं– जम्बूदीप, केतुमाल, भद्रास्व तथा उत्तर कुरू। इन क्षेत्रों के वर्णन के अनुसार केतुमाल आधुनिक समय में OXUS Region तथा भद्रास्व JAXARTES Region सिद्ध होते हैं।
3. अर्जुन सैन्य अभियान में श्वेत पर्वत पार करके हैमवत से होता हुआ हाटकों के राज्य में मानसरोवर झील पहुँचा जहां गंधर्व रहते थे। वहां से आगे अर्जुन ने हरिवर्ष में प्रवेश किया जिसके बाद उत्तर कुरु स्थापित था। बाद में इसे उत्तर मद्र कहा गया। अर्जुन ने अपने इस सैन्य अभियान में जिन–जिन से युद्ध किया और परास्त किया वे दानव, दैत्य, निवात कवच, पौलोम, कासकेय जातियां थीं जो सभी

आर्येतर जातियों के नाम हैं। यह पूरा आख्यान महाभारत के निवातकवचयुद्ध पर्व के अध्याय 165 से 174 में उपलब्ध है।

4. कुछ विद्वानों का मत है कि कुछ इन क्षेत्रों से भी आगे गये–पर्शिया, सोगदिया, अनातोलिया तथा इससे भी आगे। कुरुओं की एक शाखा का नाम प्रतिपेय था। प्रतिपेय का पुत्र वाहलीक था। इसीलिये ये वाहलीक कहे गये। इनका सम्बन्ध बैक्ट्रिया से था ऐसा कुछ विद्वानों का मत है।
5. ऐतरेय ब्राह्मण (8–14) मे वर्णन मिलता है कि उत्तर कुरु में राजा का राज्याभिषेक वैदिक रीति से होता था। ऐतरेय ब्राह्मण के (8–23) अनुसार वशिष्ट ने सत्याहत्य का राज्याभिषेक, जन्मतापि अत्यरति ऐंद्राभिषेक की रीति से किया, जो विश्वविजय के लिये निकल पडा।
6. आवेस्ता, पहलवीं, गंधारी, सोगदी तथा शक भाषाओं के अनेकानेक शब्दों से ज्ञात होता है कि शक द्वीपों का सम्बन्ध भारत से था तथा उन पर भारत का प्रभाव था।
7. ऋग्वेद के अनुसार दशराजन युद्ध के उपरान्त पुरुओं ने पश्चिम की ओर राज्य विस्तार किया। इसी प्रकार से राज्य विस्तार का वर्णन वायु पुराण (99/11–12) ब्रह्मानंद पुराण (3–74–11–62) मे उल्लिखित है।
8. श्रीकान्त तालगेरि ने ऋग्वेद से कई प्रमाण एकत्र करके भारत के पश्चिम की ओर विस्तार का समर्थन किया है। श्री तालगेरि के अनुसार अनु ईरानी तथा 'द्रह्यु' ग्रीक व योरोपियंस के पूर्वज हैं।

उपरोक्त अध्ययन विस्तार से है किन्तु यहां पर कुछ ही बिन्दु उद्धृत किये गये हैं। जिसके अनुसार भारतीयों ने पश्चिम तथा उत्तर में भी विस्तार किया, जहां पर आर्येत्तर जातियां निवास करती थीं। तात्पर्य यह कि भारतीय (आर्य) भारत से पश्चिम की ओर व उत्तर की ओर गये न कि उन प्रदेशों से आकर भारत में बरा गये।

एक प्रश्न स्वाभाविक रूप से उठता है कि वैदिक काल से ही आर्यों में शवों का अंतिम संस्कार दाह क्रिया द्वारा किया जाना प्रचलित था। फिर उत्खनन में इतस्ततः कब्रें क्यों मिली।

इसके दो कारण हो सकते हैं। 1. आपद धर्म, 2. पाखण्ड। आपद धर्म–अर्थात विपत्ति के समय किया गया कार्य किसी युद्ध या महामारी अथवा प्राकृतिक आपदा से बहुत से लोगों की मृत्यु होने पर सामूहिक अंतिम संस्कार करना। एक ही स्थान पर अनेक शव नहीं मिले। कुछ ही शव यहां वहां मिले। अर्थात आपात स्थिति नहीं थी और वह विशिष्ट व्यक्ति, योद्धा या राजा की कब्र थी जिसमें तलवार, आभूषण तथा वर्तन आदि मिले हैं। पाखण्ड–अर्थात वेद विरुद्ध आचरण (पाखण्ड का जो रूढ़ अर्थ प्रचलित हैं यहां उस अर्थ में नहीं कहा जा सकता है) कुछ विशिष्ट

व्यक्ति जैसे राजा, राज परिवार या सेनानायक आदि को विशेष स्थान देने हेतु जलाने के बजाय दफनाकर कब्र या स्मारक की भांति चबूतरा आदि बना देते थे।

अतः यह कहना कि आक्रमण और युद्ध से सिन्धु घाटी सभ्यता नष्ट हुई है यह सिद्ध नहीं होता, वरन किन्ही कारणों से यथा विपरीत प्राकृतिक परिस्थिति अथवा व्यवसाय के अन्य क्षेत्रों को उपयुक्त मानकर कुछ लोग अन्यत्र गये होंगे ऐसा प्रतीत होता है।

अतः सिन्धु घाटी सभ्यता 2600 से 1900 ईसा वर्ष मानना कदाचित उचित ही है। यह सभ्यता और अधिक प्राचीन है।

**अभिलेख तथा भाषा का आधार**

विद्वानों का मानना है कि ऋग्वेद की दो प्रकार की हस्तलेख की प्रतियां हैं। पुरातन हस्तलेख की प्रति 2500 ई0पू0 से भी अधिक समय की है तथा इसके बाद की हस्तलेख प्रति 2500 ई०पू० की है। दोनों लिपियां संस्कृत में हैं किन्तु प्राचीन लिपि प्रारम्भिक संस्कृत तथा बाद में लिखी गई हस्तलिपि की भाषा परिष्कृत संस्कृत भाषा में है। ऋग्वेद सहित सभी वेदों में गंगा नदी की अपेक्षा सरस्वती नदी का उल्लेख अधिक तथा सम्माननीय रूप में है। सरस्वती नदी सबसे पवित्र नदी थी। सरस्वती वैदिक काल की प्रमुख नदी थी। सरस्वती नदी 1900 ई०पू० सूख चुकी थी। अतः वेदों में प्राप्त सरस्वती नदी के उल्लेख से स्पष्ट होता है कि वैदिक सभ्यता 1900 ई०पू० से बहुत–बहुत पहले थी। इसका समय 4000 से 6000 वर्ष पूर्व की मान्यता अथवा इससे भी और पुरातन होने की मान्यता सही प्रतीत होती है। 1500 ई०पू० आर्य भारत आये यह तर्क भ्रामक तथा सत्यता से परे है।

वेदों के अतिरिक्त अन्य अभिलेखों की चर्चा करने से पूर्व यह उल्लेख करना आवश्यक है कि विश्व के प्राचीनतम विश्व विद्यालय भारत में ही थे। तक्षशिला (अब पाकिस्तान में है।), नालन्दा (बिहार में), विक्रमशिला (बिहार), वल्लभी (गुजरात) तथा शारदा पीठ (जम्मू काश्मीर) आदि भारत के प्राचीन विश्वविद्यालय थे। किन्तु मुस्लिम तथा अन्य आक्रांताओं ने इन विश्व विद्यालयों तथा इनके पुस्तकालयों को नष्ट कर दिया। बख्तियार खिलजी ने नालन्दा विश्वविद्यालय के पुस्तकालय में आग लगवाकर जला दिया। कहा जाता है कि पुस्तकालय तीन माह तक जलता रहा। लाखों बहुमूल्य साहित्य तथा दुर्लभ पुस्तकें जलकर नष्ट हो गई। अपूर्णनीय क्षति हुई। फिर भी यत्रतत्र से उपलब्ध हस्तलेखों से ज्ञात होता है कि ज्ञान का कोई विषय या क्षेत्र ऐसा शेष नहीं था जिसमें पूर्वज भारतीय पारंगत न रहे हों। कुछ पुस्तकें विदेशी यात्री अपने साथ लेकर चले गये। बिटिशर्स

ने लिखा है कि भारतीयों का कोई लिखित इतिहास ही नहीं है। यह कहकर जो भी यहां का उपलब्ध इतिहास था, उसे झुठलाते हुये जो ब्रिटिशर्स को हितकर था तथा यहां की संस्कृति को भुलाने वाला था, ऐसा मनगढन्त इतिहास लिखकर हमें दासता को सदैव स्वीकारते रहने लायक बनाने का प्रयास किया।

ऐसा सम्भव है क्या, कि जहां इतने बडे सबसे प्राचीन विश्वविद्यालय हों, हर विषय के विद्वान हों वहां का कोई लिखित इतिहास ही न हो। उसे नष्ट किया गया तथा अपने लिये हितकर तथा उद्देश्य की पूर्ति करने वाला इतिहास अंग्रेजों ने लिखा। बिडम्बना है कि आज भी हम उन्हीं अंग्रेजों के लिखे इतिहास को सत्य मानकर पढ़ते हैं।

## जेनेटिक आधार

वैश्विक स्तर पर वैज्ञानिकों में मान्यता है कि होमोसीपियंस' (आधुनिक मानव के आदिम पूर्वज) अफ्रीका में सर्वप्रथम विकसित हुये। होमोसीपियंस के सबसे पुराने सबूत अफ्रीका के उस क्षेत्र में मिले हैं जहां वर्तमान में आदिसअबाबा नगर व राज्य बसा हुआ है। मान्यता यह भी है कि होमोसिपियंस अफ्रीका से चलकर विश्व में सब जगह फैल गये। इन्हीं से धीरे–धीरे सभ्यता का विकास हुआ। होमोसिपियंस के अन्य स्थानों पर जाने व फैलने के विषय में कहा जाता है कि ई०पू० 10000 में ईरान की ओर, सिन्धु घाटी की ओर तथा काकस पहाडों (अब उस क्षेत्र को स्टेपीज कहा जाता है) की ओर फैल गये। भारत (सिंधु घाटी में) 7000 ई०पू० आये।

एक जेनेटिक कोड जिसे हेप्लोग्रुप कहा जाता है उसके आधार पर भारत के उत्तर तथा दक्षिण के निवासियों तथा योरोप के निवासियों पर अध्ययन किये गये। हैप्लोग्रुप A से Z तक है।

अति संक्षेप में A1A, H, J2 तथा L1 की चर्चा करेंगे।

जेनेटिक कोड 'A1A' उत्तर भारत तथा योरोप वासियों में मिलता है।

सम्भवतः इसी कारण से उत्तर भारत में आर्यन्स का योरोप से आना मानते हैं।

जेनेटिक कोड J2 यह कोड 1600 वर्ष पूर्व से भारत में ही पैदा हुआ, इससे ज्ञात होता है आर्य भारत से यूरेशिया की ओर गये।

जेनेटिक कोड 'H' भारत में उत्तर तथा दक्षिण की 40 प्रतिशत आबादी में समान रूप से पाया जाता है। अर्थात आर्य व द्रविड दोनो में एक समान जेनेटिक कोड है।

जेनेटिक कोड 'L1' यह कोड भी उत्तर भारतवासियों तथा दक्षिण भारत वासियों में समान रूप से पाया जाता है। अतः आर्य और द्रविड अलग–अलग प्रजाति नहीं है।

इस प्रकार J2, H तथा L1 कोड्स को भारत में पाये जाने से ज्ञात होता है कि आर्य योरोप से भारत नहीं आये वरन भारत से यूरेशिया की ओर गये।

जेनेटिक कोड से सम्बन्धित यदि कोई त्रुटि हो तो संशोधन अपेक्षित है।

**उपरोक्त सम्पूर्ण विवरण से हमारी मान्यता है कि आर्य भारत के मूल निवासी हैं, की पुष्ट होती है।** यह एक संकलित लेख है, जिस पर आपके विचार तथा संशोधन आमंत्रित हैं। वर्तमान समय में भी इस विषय पर शोध कार्य किये जा रहे हैं, ताकि सुपुष्ट निष्कर्ष प्राप्त हो सके, साथ ही किसी अन्तिम निष्कर्ष पर पहुँचा जा सके। ज्ञातव्य है कि सिंधु घाटी सभ्यता में प्राप्त लेख व लिपि जो नहीं पढ़ी व समझी जा सकी थी, उसे आंशिक रूप से पढ़ा जाने लगा है तथा निकट भविष्य में सम्भवतः उसको विधिवत पढ़ा जा सकेगा। तत्पश्चात चौंकाने वाले रहस्य उद्घाटित हो सकेंगे।

# 12. मांगलिक चिन्ह स्वास्तिक

हम अपनी आस्था एवं मान्यता का सम्बल लेकर सदैव सुखी और मंगलमय जीवन की कामना करते हैं। सनातन संस्कृति में 'ॐ' तथा स्वास्तिक मांगलिक चिन्ह माने गये हैं। 'स्वास्तिक' चिन्ह या शब्द स्वयं में अपने भाव को प्रदर्शित करता है। शब्द रचना के अनुसार देखें तो सु–अस्ति–क प्रत्यय में 'सु' को शुभता हेतु प्रयुक्त किया गया है, 'अस्ति' का अर्थ है विद्यमान होने का भाव तथा 'क' प्रत्यय कर्ता के लिये प्रयुक्त है। इस प्रकार 'शुभम क्षेमं कायति इति स्वास्तिकः' अर्थात स्वास्तिक कुशलता व कल्याण कारक है।

स्वास्तिक चिन्ह को श्री विष्णु, सृष्टि चक्र, ब्रह्माण्ड का प्रतीक माना गया हैं कुछ विद्वान इसे श्री गणेश का प्रतीक व अधिष्ठान मानते हैं। उनका मानना है कि स्वास्तिक चिन्ह के बायें भाग में बीज मंत्र होता है इसलिये यह गणेश जी का स्थान है। श्री गणेश मंगलमूर्ति है।

प्रत्येक मांगलिक कार्य तथा वैदिक पूजन व अनुष्ठान में सर्वप्रथम स्वस्तिवाचन किया जाता है–

स्वस्तिनः इन्द्रो वृद्धश्रवाः स्वस्तिनः पूषाः विश्व वेदाः।
स्वस्तिनस्तक्षार्यो अरिष्टनेमिः स्वस्तिनो बृहस्पतिर्दधातु ।।

**–ऋग्वेद**

## स्वास्तिक की प्राचीन मान्यता एवं वैश्विक स्वीकार्यता

स्वास्तिक का प्रयोग, ऋग्वेद, वाल्मीकि रामायण, भागवत पुराण, हरिवंश पुराण आदि अनेक प्राचीन ग्रंथों में, स्थान स्थान पर किया गया है। भारत में मंदिरों तथा आवास द्वारों पर स्वास्तिक चिन्ह अंकित किये जाने का प्रचलन था और है। वास्तु के जानकारों का मानना है कि द्वार पर इस चिन्ह को अंकित करने से सकारात्मक ऊर्जा का प्रवेश तथा नकारात्मक ऊर्जा का निष्क्रमण होता है। स्वास्तिक की प्राचीन काल से मान्यता तथा स्वीकार्यता के कुछ उदाहरण निम्नांकित है–

1. सिंधु घाटी सभ्यता के उत्खनन में प्राप्त सिक्कों में स्वास्तिक चिन्ह अंकित पाया गया है। एक हाथी को स्वास्तिक चिन्ह के समक्ष झुका हुआ दर्शाया गया है।
2. सम्राट अशोक के शिलालेखों में स्वास्तिक चिन्ह अंकित मिला है। बौद्धधर्म में इसे अच्छे भाग्य का प्रतीक माना गया है।
3. नेपाल में स्वास्तिक को 'हेरम्ब' नाम से पूजा जाता है।
4. तजाकिस्तान में एक कब्रगाह में कब्र के स्थान पर स्वास्तिक चिन्ह अंकित किया गया है।

5. रोम की सुरंग में स्वास्तिक चिन्ह अंकित मिला है।
6. इथियोपिया के एक रहस्यमय चर्च में स्वास्तिक चिन्ह अंकित मिला है।
7. पारसी धर्म में स्वास्तिक को घूमते हुये सूर्य, अनंतता तथा सृजन का प्रतीक मानते हैं।
8. 'ऋग्वेद' में स्वास्तिक को चारों दिशाओं सहित सूर्य का प्रतीक माना गया है।
9. 'सिद्धान्तसार' ग्रंथ में इसे ब्रह्माण्ड का प्रतीक माना गया है।
10. वास्तुशास्त्र में स्वास्तिक को बहुत महत्व दिया गया है।
11. 'पायथागोरस' ग्रीक गणितज्ञ ने अलग–अलग अनेक स्थानों पर स्वास्तिक चिन्ह का प्रयोग किया है।
12. मानव विज्ञानी मेकेंजी ने स्वास्तिक चिन्ह को प्रजनन, उर्वरता, व्यापारिक समृद्धि तथा अलंकरण का चिन्ह माना है।
13. एजटेक तथा गायन सभ्यता में यह चिन्ह बहुत अधिक संख्या में मिलता है। इन सभ्यताओं में प्रचुरता से स्वास्तिक चिन्ह का प्रयोग हुआ है।

शोधकर्ताओं का मत है कि स्वास्तिक चिन्ह भारत से बाहर, कमचाटक प्रायदीप के माध्यम से टैटार मंगोल मार्ग से होकर, ले जाया गया और फिर अमरीका तक पहुंच गया। पश्चिमी भूभाग फिन्लैण्ड, स्कैडनेबिया, ब्रिटिश आईलैण्डस, आदि में यह हिन्दू क्रास के अलग अलग रूपों में (कूसीफार्म) पाया जाता है।

इस प्रकार से स्वास्तिक की प्राचीनता (लगभग 11000 वर्ष पूर्व) तथा वैश्विक स्वीकार्यता का अवलोकन किया गया।

स्वास्तिक चिन्ह दो प्रकार से बनाये जाते हैं (1) दक्षिणवर्ती तथा (2) वामवर्ती। दक्षिणवर्ती चिन्ह शुभ तथा वामवर्ती चिन्ह अशुभ माना जाता है। जनश्रुति है कि जर्मन तानाशाह हिटलर ने स्वास्तिक चिन्ह को आर्यवर्चस्व के रूप में अपनाया था किन्तु उसने स्वयं अपनी तथा सैनिकों की पोशाक में वामवर्ती स्वास्तिक अंकित कराया जिसके अशुभ फलस्वरूप हिटलर की पराजय हुई।

**स्वास्तिक की उत्पत्ति अंतरिक्ष से–** भारत में षडऋतुओं की मान्यता है–

अंतरिक्ष में ध्रुव तारा तथा सप्तऋषिमण्डल हम सबने देखा है, किन्तु यदि अलग अलग ऋतुओं में सप्तऋषि मण्डल को ध्रुव तारा के परिभ्रमण को देखें तो बसन्त ऋतु में ध्रुव तारा से उत्तर दिशा में, शिशिर ऋतु में पूर्व दिशा में, शरद ऋतु में दक्षिण दिशा में तथा ग्रीष्म ऋतु में पश्चिम दिशा में, सप्तऋषि मण्डल दिखाई देता है। यदि हम चारों ओर के सप्तऋषि मण्डल को रेखांकित करें तथा मध्य में ध्रुव तारा अंकित करें तो सुस्पष्ट स्वास्तिक का आकार (चित्र) बनता है।

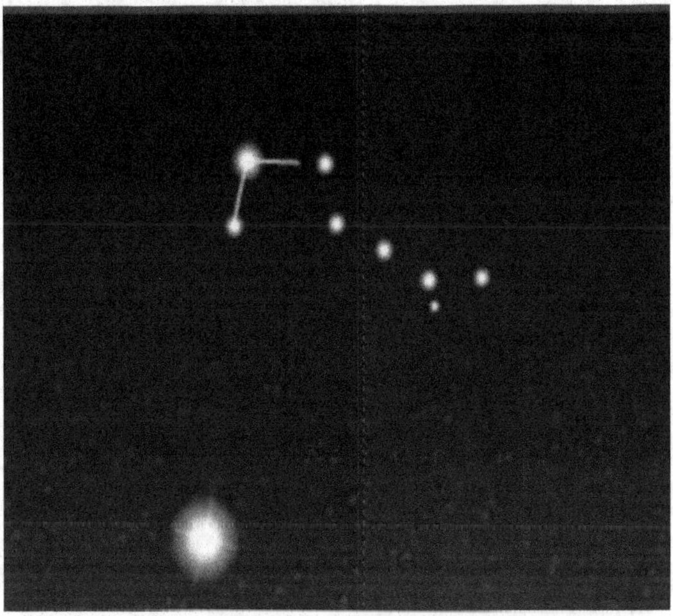

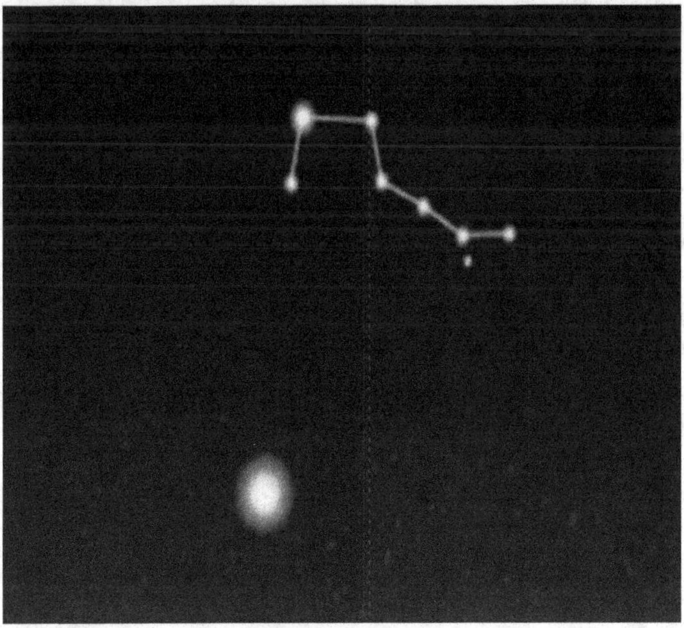

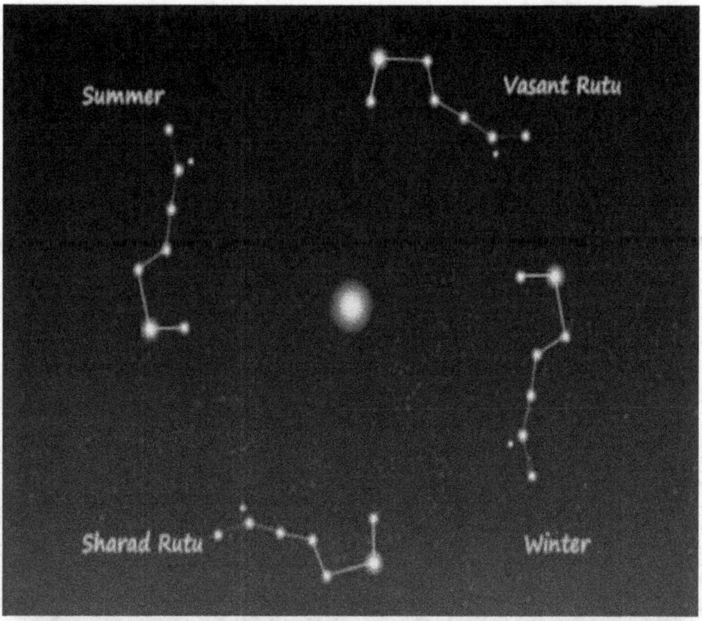
Summer
Vasant Rutu
Sharad Rutu
Winter

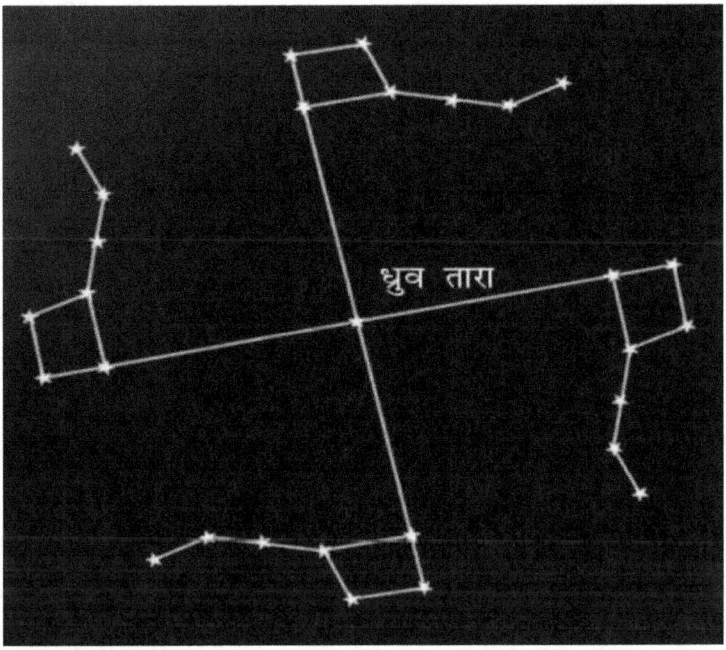


**स्वास्तिक चिन्ह में अनेक भावों की कल्पना**

सम्पूर्ण ब्रह्माण्ड 360° में 27 नक्षत्रों में पुष्य, चित्रा, श्रवण तथा रेवती 90–90° के चार समानान्तर भागों में विभक्त किया गया है। प्रार्थना की गई है कि चारों दिशाओं के देवता हमारा कल्याण करें। चार बिन्दु चारों दिशाओं के प्रतीक हैं। स्वास्तिक चिन्ह समग्र खगोल का प्रतीक है।

स्वास्तिक को कुछ विद्वान विष्णु भगवान के सुदर्शन चक्र का प्रतीक मानते हैं कुछ विद्वान स्वास्तिक की चार भुजायें विष्णु भगवान की चार भुजायें मानते हैं। कुछ इसे शक्ति, प्रेरणा, प्रगति तथा शोभा का प्रतीक मानते हैं। कुछ विद्वान स्वास्तिक के अंदर की चार बिंदियों को गौरी, पृथ्वी, कूर्म तथा अनन्त देवता का स्थान मानते हैं।

**स्वास्तिक बनाने के नियम तथा सावधानियाँ**

स्वास्तिक चिन्ह जहां एक ओर भारतीय संस्कृति का अंग है, वहीं यह वास्तुशास्त्र से भी सम्बद्ध है। अतः दोनों प्रकार से इसे ठीक प्रकार से बनाना ही उचित है, अन्यथा नकारात्मक परिणाम होने की सम्भावना हो सकती है। इसलिये निम्नांकित नियमों पर ध्यान देना व पालन करना उचित है।

1. स्वास्तिक चिन्ह दक्षिणवर्ती बनाना चाहिये। वामवर्ती स्वास्तिक बनाना अशुभ माना गया है।
2. स्वास्तिक बनाने पर कोई रेखा कटना नहीं चाहिये विशेषकर जिसे हम धनात्मक रूप में देखते हैं उसे काटकर धन का चिन्ह नहीं बनाना है। सही विधि निम्नांकित है– स्वास्तिक चिन्ह में 9 बिन्दु दर्शाये गये हैं, पहले बिन्दु संख्या 1,2,3,4 और 5 को जोड़कर रेखायें बनायें इसके कोण समकोण (90) बनाना चाहिये। फिर बिन्दु 6, 7 को जोडें तत्पश्चात से 3 को छूती हुई रेखा बनायें फिर बिन्दु 8 और 9 को जोड़ती हुई रेखायें। इसके कोण भी $90^0$ पर होना चाहिये। सभी रेखायें समान लम्बाई की होना चाहिये।

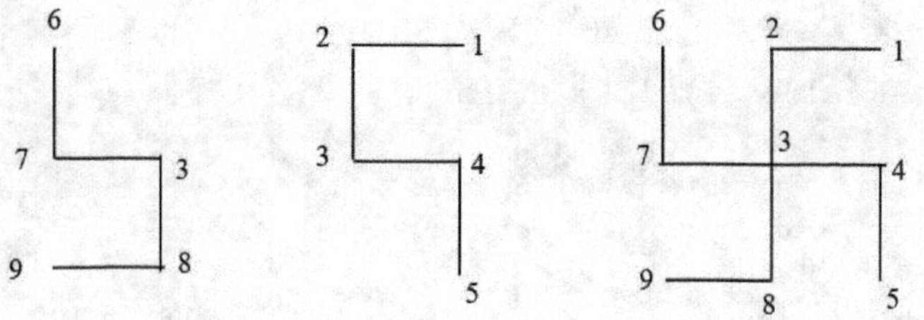


चार पुरुषार्थ– धर्म, अर्थ, काम, मोक्ष
चार मुक्ति – शालोक्य, सामीप्य, सामुज्य, सारूप्य
चार अंतःकरण– मन, बुद्धि, अहंकार, चित्त।
चार भक्ति– श्रद्धा, विश्वास, प्रेम, समर्पण।

3. स्वास्तिक चिन्ह को घर के उत्तर दिशा तथा पूर्व दिशा में बनाना शुभ होता है।
4. निवास भवन के दरवाजे के दोनों ओर स्वास्तिक चिन्ह बनाना शुभ माना गया है। वास्तुशास्त्र के अनुसार इससे सकारात्मक ऊर्जा का घर में प्रवेश होता है नकारातमक ऊर्जा का निष्काशन होता है।
5. स्वास्तिक चिन्ह सिन्दूर, हल्दी या कुमकुम से बनाना चाहिये।
6. स्वास्तिक बनाकर उस पर अपने आराध्य को विराजमान कराकर पूजा करने से भगवान शीघ्र प्रसन्न होते हैं।
7. पूजा की थाली में स्वास्तिक बनाकर उस पर दीपक रखकर आरती करना शुभ होता है। आशा है कि स्वास्तिक के विषय में उपरोक्त विवरण रुचिकर लगा होगा।

**शुभम् भूयात्**

# 13. सद्ग्रन्थों का प्रारम्भ प्रायः 'व' अक्षर से करने की परम्परा

हम पाते हैं कि अनेक भारतीय सांस्कृतिक सद्ग्रन्थों की विषय वस्तु के कथन का प्रारम्भ प्रायः 'व' अक्षर से किया गया है। भारतीय संस्कृतिक परम्परानुसार प्रत्येक शुभ कार्य का प्रारम्भ मंगलमूर्ति श्री गणेश के स्मरण से किया जाता है तथा लेखन व शिक्षा सम्बन्धी कार्य का प्रारम्भ देवी सरस्वती की वंदना से किया जाता है। विचारणीय है कि सद्ग्रन्थ रचनाकारों के द्वारा अपने ग्रंथ की विषय वस्तु के कथन को 'व' अक्षर से प्रारम्भ किये जाने का कारण क्या है। कुछ उदाहरण देखें–

**1. श्रीमद्भागवत पुराण**

प्रथम स्कंद महात्म्य का है। द्वितीय स्कंद में राजा परीक्षित द्वारा पूछे गये प्रश्नों के उत्तर देते हुये शुकदेव जी ने अपने कथन का प्रारम्भ 'व' अक्षर रो किया तथा भागवत कथा का प्रारम्भ भी यहीं से हुआ है–

"वरीयानेश ते प्रश्नः कृतो लोक हितं नृपः।
आत्म वित्सम्मतः, पुंसां श्रोतव्यादिशु वः पर।।"

**2. श्री वाल्मीकि रामायण**

श्री नारद जी के प्रश्न जो छः श्लोकों में हैं के उत्तर देते हुये सातवें श्लोक से कथा का प्रारम्भ 'व' अक्षर से किया गया है–

"वहवो दुल्भर्भाश्चैव ये त्वया कीर्तितागुणाः मुने,
वक्ष्याम्यहं बुद्धवा तैर्युक्तः श्रूयतां नरः।।"

**3. श्री कालिदास कृत 'रघुवंश'**

'रघुवंश' काव्य के प्रथग श्लोक का प्रारम्भ भी 'त' अक्षर से हुआ है–

"वागर्थाविब संप्रक्तौ वागर्थ प्रतिपत्तये जगतः पितरौ वंदे पार्वती परमेश्वरौ।।"

**4. श्री वैकटाध्वरि रचित अनुलोम विलोम काव्य "राघवयादवीयं'–**

इस अद्भुत अनुलोम विलोम काव्य का प्रारम्भ भी 'व' अक्षर से हुआ है–

"वंदेऽहं देवं तं श्रीतं रंतारं कालं भासा यः
रामोरामाधीराप्यागो लीलामारापोध्ये वासे।।"

**5. श्री केशव दास की कृति 'राम चंद्रिका'**

इस रचना का प्रारम्भ सरस्वती वंदना से व अक्षर द्वारा हुआ है– (बुंदेली भाषा तथा बोली में 'व' के स्थान पर 'ब' का प्रयोग मिलता है।

''बानी जगरानी की उदारता बखानी जाय ऐसी मति उदित उदार कौन की भई।
देवता प्रसिद्ध सिद्ध रिषिराज तपनंद कहि कहि हारे सब कहि न काहू जई।।''

**6. श्री गोस्वामी तुलसीदास जी रचित 'रामचरित मानस'**

इस ग्रंथ का प्रारम्भ भी 'व' अक्षर से हुआ है। प्रथम श्लोक देखें–

''वर्णानाम अर्थ संद्यानाम रसानाम छंदसामपि,
मंगलानाम च कर्तारौ वंदे वाणी विनायकौ।।''

श्री गोस्वामी जी ने देवी सरस्वती तथा श्री गणेश जी की वंदना 'व' अक्षर से तो की है, साथ ही चार बार 'व' अक्षर का अद्‌भुत प्रकार से प्रयोग किया है।

भारतीय सांस्कृतिक परम्परा के अनुसार प्रत्येक शुभ कार्य का प्रारम्भ मंगल मूर्ति श्री गणेश तथा पाठन, पाठन व लेखन कार्य का प्रारम्भ देवी सरस्वती जी के स्मरण से किया जाता है। उपरोक्त कतिपय उदाहरणों से श्री गणेश तथा देवी सरस्वती की वंदना का बीज मंत्र 'व' अक्षर होने की अवधारणा की पुष्टि होती है।

**अपि च**

अभी उपरोक्त प्रकार से कतिपय प्रमुख ग्रंथों के कथानकों के प्रारम्भ को 'व' अक्षर से पाया है। अब हम कुडंलिनी का सम्बन्ध भी 'व' अक्षर तथा 'व' के स्वर से है, इसका उदाहरण प्रस्तुत कर रहे हैं–

श्री निर्मला देवी (श्री माता जी) ने कुण्डलिनी जागरण हेतु सहज योग का प्रवर्तन किया। उनके उपदेशों का प्रकाशन 'निर्मल सुरभि' तृतीय संस्करण सन् 2007 मुझे प्राचार्य डा0 आर०बी०एस० तोमर जी से पठन हेतु उपलब्ध हुआ। इस पुस्तक मे 7 चक्रों, अथर्वशीर्ष, प्रसारित स्वरों तथा बीज मंत्रों को दो सारणियों में क्रमशः पृष्ठ 82 तथा 85 में दर्शाया गया है–

**पृष्ठ 82**

स्वाधिष्ठान चक्र (महाधमनी), पिंगलानाडी, प्रसारित स्वर 'ब' तथा बीज मंत्र 'वं' है। मूलाधार चक्र (श्रोणीय चक्र), इडा नाडी, प्रसारित स्वर 'व' तथा बीज मंत्र 'लं' है। कुण्डलिनी जब ऊपर उठती है (ऊर्ध्वगामी होती है) तो स्वर उत्पन्न करती है। चक्रों पर जो स्वर ध्वनित होते हैं उनका उच्चारण निम्नवत वर्णित किया गया है। यहां पर हम अपनी विषय वस्तु अनुरूप केवल एक चक्र का ही उल्लेख कर रहे हैं–

**पृष्ठ 85**

मूलाधार चक्र में चार पंखुडियां हैं– 'व', 'श', 'ष' तथा 'स' श्री गणेश अथर्वशीर्ष उद्घत करने का तात्पर्य है कि 'व' अक्षर तथा 'व' का स्वर कुण्डलिनी के मूलाधार चक्र तथा स्वाधिष्ठान चक्र से गहन सम्बन्ध है 'व' कुण्डलिनी के ऊर्ध्वगामी संचरण का संकेतक स्वर है। इस प्रकार 'व' अक्षर तथा 'व' स्वर श्री गणेश, कुण्डलिनी, ध्यान तथा योग से महत्वपूर्ण रूप से भी सम्बद्ध है।

# 14. श्रीमद्भागवत् महापुराण के प्रथम श्लोक की सरल शाब्दिक व्याख्या

महर्षि व्यास जी सगुण उपासक थे, इसीलिये भागवत के प्रथम श्लोक में ही उन्होंने अपनी आस्था अनुरूप निर्गुण ब्रम्ह के स्वरूप का वर्णन करते हुये सगुण रूप श्रीकृष्ण के गायन का संकल्प स्पष्ट किया है। निम्नांकित श्लोक में व्यास जी ने बताया है कि ईश्वर का स्वरूप क्या है, वह विश्व के लिये क्या करते हैं, हमारे लिये क्या करते हैं और हमें क्या करना श्रेयस्कर है। महर्षि व्यास ने इस एक ही श्लोक में ब्रह्म के स्वरूप–लक्षण तथा तटस्थ–लक्षण दोनों के द्वारा उसके स्वरूप का वर्णन किया है–

**श्लोक–**

सच्चिदानन्द रूपाय विश्वोत्पत्यादि हेतवे।
तापत्रय विनाशाय श्री कृष्णाय वयं नुमः।।

अर्थात् – सत, चित, आनंद जिनका स्वरूप है, जो विश्व की उत्पत्ति आदि का कारण हैं, जो तीनों तापों को विनष्ट करते हैं ऐसे श्रीकृष्ण का हम गायन अभिनन्दन करते हैं।

**शाब्दिक व्याख्या**

'सत' का अर्थ है सत्य, नित्य, अपरिवर्तनीय तथा श्रुति के अनुसार सार्वभौम भी सत का अर्थ है। ब्रह्म–सत्य, नित्य, सतत, अपरिवर्तनीय तथा सार्वभौम है।

चित – चैतन्य। वेदान्त के अनुसार सविषयक आत्मा का नाम चित है। मनुष्य या अन्य प्राणियों में आत्मा ही चैतन्यता का कारण है। आत्मा, परम चैतन्य का अंश है।

आनन्द– उपनिषद के अनुसार यह सम्पूर्ण स्रष्टि 'आनंद' से उत्पन्न हुई है। आनन्द में ही स्थित है तथा परम आनन्द में ही लीन हो जायेगी।

तैतरीय उपनिषद (3/6) के अनुसार आनन्द ही व्रह्म है। प्रश्न उठता है कि यह किस आनन्द की बात कही गई है।

**यहां तीन शब्दों पर विचार करें**

**सुख–** क्या जिसे हम सुख समझते हैं वहीं आनन्द है? नहीं। सुख शरीर का विषय है। शारीरिक सुख आनन्द नहीं है।

**प्रसन्नता–** क्या प्रसन्नता की संज्ञा जिस स्थिति को दी जाती है, वह आनन्द है। यह भी आनन्द नहीं है। प्रसन्नता तो मन का विषय है। हम

किसी वस्तु, दृश्य या विषय से मन में प्रसन्नता का अनुभव करते हैं।

**आनंद** – आनन्द विशुद्ध रूप से आत्मा का विषय है। जब हृदय से परमात्मा से सानिध्य प्राप्त करते या करने का प्रयास करते हैं तो आनन्द की अनुभूति होती है। आत्मा परम आत्मा का अंश है अतः अंश जब अपने पूर्ण से तादात्म्य स्थापित करने की स्थिति में होता है तो वह वास्तविक आनन्द की अवस्था होती है।

अतः श्लोक का प्रथम शब्द 'सच्चिदानन्द' परम सत्य, परम चैतन्य तथा परम आनन्द, रूपाय शब्द से ऐसे निराकार ब्रह्म के स्वरूप का व्यास जी ने निरुपण किया है।

**विश्वोत्पत्यादि हेतवे**

विश्व की उत्पत्ति आदि अर्थात ब्रह्म, विश्व की उत्पत्ति, पालन तथा लय के कारण हैं वही विश्व की उत्पत्ति करते हैं, वहीं पालन करते हैं, और वही विश्व का लय (संहार) करते हैं।

**तापत्रय विनाशाय**

तीन प्रकार के ताप व्यास जी ने कहे हैं–

1. अधिदैविक, आधिभौतिक तथा अध्यात्मिक। गोस्वामी तुलसीदास जी ने इन्हीं तीन तापों को दैहिक, दैविक तथा भौतिक ताप नाम से कहा है। परमात्मा ही इन तीनों तापों का निवारण करने में सक्षम है। अन्य कोई नहीं।

इन तीनों तापों के विनाश के लिये व्यास जी ने कहा है–

**श्री कृष्णाय वयं नुमः।**

श्रीकृष्ण– 'कृ' शब्द सम्पूर्णासत्ता वाचक है। 'ष्ण' शब्द आनन्द वाचक है।

''कृष्ण'' शब्द का एक अर्थ यह भी है – कर्षयति इति कृष्णः' अर्थात् जो अपनी ओर आकृष्ट करे वह कृष्ण है।

जहां भी श्रीकृष्ण के आख्यान है श्री कृष्ण ही सभी स्थानों पर आकर्षण का केन्द्र रहे। चाहे बाल्य अवस्था की ललित लीलायें हो या ग्वालबाल के साथ क्रीडा अथवा गोपिकाओं के साथ रास लीला तथा दुष्टों का संहार अथवा महाभारत के अनेकानेक प्रसंगों में श्रीकृष्ण आकर्षण का केन्द्र रहे, सभी में श्रीकृष्ण ही आकर्षित करते रहे।

त्रेता युग में भगवान राम यद्यपि शरणागतवत्सल थे, फिर भी उन्होंने मर्यादा पुरुषोत्तम के रूप में अवतार लिया था इसलिये कहा–

*'निर्मल मन जन सो मोहि पावा। मोहि कपट छल छिद्र न भावा।।*

(रामचरित मानस)

किन्तु श्रीकृष्ण जानते थे कि त्रेता युग की नैतिकता द्वापर युग तक पर्याप्त क्षीण हो चुकी है अतः उन्होंने अत्यधिक उदारतापूर्वक उद्धार का मार्ग श्रीमद्भगवत गीता में उपदेशित किया–

**'सर्वधर्मान परित्यज्य मामेकं शरणम वृज'**

यहां भी गौर करें कि श्रीकृष्ण ने अपने नाम के अनुरूप (कर्षयति इति कृष्णः) हर किसी को संदेश देकर उन्होंने अपनी ओर आकृष्ट किया है कि सभी व्यवहारिक व अवांछित क्रियाकलापों को छोड़कर मेरी शरण में आ जाओ, मैं तुम्हारा उद्धार कर दूँगा।

**'अनन्याश्चिन्तयन्तो मां ये जनाः पर्युपासते।**
**तेषां नित्यामियुक्तानां योगक्षेमं वहाम्यहम।।**

(गीता 9–22)

**वयं नुमः**

श्री व्यास जी, ऐसे निर्गुण व्रह्म के सगुण अवतार श्रीकृष्ण का अकेले नहीं अपितु उस समय अनेक ऋषि, जिज्ञासु तथा श्रोताओं के साथ (वयं शब्द का प्रयोग किया है) अभिनन्दन गायन करते हैं।

श्लोक में 'नमः' शब्द का प्रयोग नहीं किया गया है, 'नुमः' शब्द का प्रयोग किया गया है। नमः का अर्थ है– नमस्कार, नमन करना जबकि 'नुमः' शब्द नु धातु जो स्तुति के अर्थ में प्रयुक्त होती है (नु– स्तुत्यै) का प्रयोग किया है जिससे तात्पर्य है, श्री व्यास जी श्रीकृष्ण की लीलाओं का अपने समक्ष उपस्थित सभी के साथ गायन व स्तुति करते हैं। ऐसा हम श्रीमद्भागवत महापुराण में देखते भी हैं कि सम्पूर्ण भागवत में श्रीकृष्ण जी की स्तुति तथा लीलाओं का गायन श्री व्यास जी ने किया है।

महर्षि व्यास जी ने भागवत के प्रथम श्लोक में अद्भुत प्रकार से ईश्वर के स्वरूप का वर्णन करते हुये तीन बातें कहीं– सच्चिदानंद रूपाय (सत, चित, आनंद)।

ईश्वर विश्व (स्रष्टि) के लिये क्या करते हैं, इस विषय पर भी तीन बातें कहीं–विश्योत्पत्यदि हेतवे (स्रष्टि की उत्पत्ति, पालन तथा लय)।

ईश्वर अपने भक्तों के लिये क्या करते हैं इस विषय पर भी तीन बातें कही है– तापत्रय विनाशाय (अधिदैविक, अधिभौतिक तथा आध्यात्मिक तापों का नाश करते हैं) श्लोक के अंत में व्यास जी ने संकेत किया है कि हमें ईश्वर के प्रति क्या करना चाहिये– श्री कृष्णाय वयं नुमः (हमें ईश्वर की स्तुति गायन करना चाहिये।

यथाल्प विषयामति श्लोक की शाब्दिक व्याख्या सम्पन्न हुई।

**नमो भगवते वासुदेवाय ।**

# 15. श्रीमद्भागवत् पुराण में कलियुग के भविष्य की दस बातें

''हमारे ऋषि त्रिकाल दृष्टा (Time Traveler) थे। व्यास जी ने हजारों वर्ष पूर्व ये भविष्यवाणी की थी''।

1. ततश्चनुदिनं धर्मः सत्यं शौचं क्षमा दया।
कालेन बलिना राजन् नस्यत्यायुर्बलं स्मृतिः ।।

कलयुग में धर्म, स्वच्छता, सत्यवादिता, स्मृति, शारीरिक शक्ति, दया भाव और जीवन की अवधि दिन प्रतिदिन दिन घटती जाएगी।

2. वित्तमेव कलौ नृणां जन्माचारगुणोदयः ।
धर्मन्याय व्यवस्थायां कारणं बलमेव हि।।

कलयुग में वही व्यक्ति गुणी माना जायेगा जिसके पास अधिक धन है, न्याय और व्यवस्था केवल शक्ति के ही आधार पर होगा।

3. दाम्पत्येऽभिरुचि हैतुः मायैव व्यावहारिकें।
स्त्रीत्वे पुंस्त्वे च हि रतिः विप्रत्वे सूत्रमेव हि ।।

कलयुग में स्त्री–पुरुष बिना विवाह के केवल रुचि के अनुसार ही रहेंगे, व्यापार की सफलता के लिए मनुष्य छल करेगा और ब्राह्मण केवल नाम के होंगे।

4. लिङ्गं एवाश्रमख्यातौ अन्योन्यापत्ति कारणम् ।
अवृत्त्या न्यायदौर्बल्यं पाण्डित्ये चापलं वचः ।।

घूस देने वाले व्यक्ति ही न्याय पा सकेंगे और जो धन नहीं खर्च कर पायेगा उसे न्याय के लिए दर–दर की ठोकरे खानी होंगी, स्वार्थी और चालाक लोगों को कलयुग में विद्वान माना जायेगा।

5. क्षुत्तृड्भ्यां व्याधिभिश्चौव संतप्स्यन्ते च चिन्तया ।
त्रिंशद्विंशति वर्षाणि परमायुः कलौ नृणाम ।।

कलयुग में लोग कई तरह की व्याधियों में घिरे रहेंगे, लोगों को कई तरह की चिंताए सताएंगी और बाद में मनुष्य की आयु घटकर सिर्फ 20–30 साल की रह जाएगी।

6. दूरे वार्ययनं तीर्थं लावण्यं केशधारणम् ।
उदरंभरता स्वार्थः सत्यत्वे धार्ष्ण्यमेव हि ।।

लोग दूर के नदी–तालाबों और पहाड़ों में तीर्थ स्थान की तरफ जायेंगे लेकिन अपनी ही माता पिता का अनादर करेंगे, सर पर बड़े बाल रखना खूबसूरती मानी जाएगी और लोग पेट भरने के लिए हर तरह के

बुरे काम करेंगे।

7. अनावृष्ट्या विनश्यंति दुर्भिक्षकरपीडिताः ।
शीतवातातपप्रावृड् हिमैरन्योन्यतः प्रजाः ।।

कलयुग में वर्षा नहीं होगी और हर जगह सूखा होगा, मौसम बहुत विचित्र प्रकार के परिवर्तन ले लेगा, कभी तो भीषण सर्दी होगी तो कभी असहनीय गर्मी, कभी आंधी तो कभी बाढ़ आएगी और इन्हीं परिस्थितिथियों से लोग व्यथित रहेंगे।

8. अनाढ्यतैव असाधुत्वे साधुत्वे दंभ एव तु।
स्वीकार एव चौद्वाहे स्नानमेव प्रसाधनम् ।।

कलयुग में जिस व्यक्ति के पास धन नहीं होगा उसे लोग अपवित्र, बेकार और अधर्मी मानेंगे, विवाह के नाम पर केवल समझौता होगा और लोग स्नान को ही शुद्धिकरण समझेंगे।

9. दाक्ष्यं कुटुंबभरणं यशोऽर्थे धर्मसेवनम ।
एवं प्रजाभिर्दुष्टाभिः आकीर्णे क्षितिमण्डले ।।

लोग केवल दूसरों के सामने अच्छा दिखने के लिए धर्म–कर्म के कार्य करेंगे, कलयुग में दिखावा बहुत होगा और पृथ्वी पर भृष्ट लोग भारी मात्रा में होंगे, लोग सत्ता या शक्ति प्राप्त करने के लिए किसी को मारने से भी पीछे नहीं हटेंगे।

10. आच्छिन्नदारद्रविणा यास्यन्ति गिरिकाननम् ।
शाकमूलामिषक्षौद्र फलपुष्पाष्टिभोजनाः ।।

पृथ्वी के लोग अत्यधिक कर और सूखे के कारण घर छोडकर पहाड़ों पर रहने के लिए विवश हो जायेंगे, कलयुग में ऐसा समय आएगा जब लोग पत्ते, मांस, फूल और जंगली शहद जैसी चीजें खाने को मजबूर होंगे।

श्रीमद्भागवत में लिखी ये बातें इस कलयुग में सच होती दिखाई दे रही हैं।

# 16. पाण्डवों का अज्ञातवास और जनपद–बाँदा

(जनश्रुति आधारित परिकल्पना)

महाभारत काल की एक घटना को जनपद बाँदा की भौगोलिक स्थिति से संयोजित करते हुये काल्पनिक धरातल पर शब्दिक चित्रण प्रस्तुत है। आपके विचार आमंत्रित है–

महाभारत काल में बाँदा के भौगोलिक क्षेत्र पर भी राजा विराट का शासन था। यह मत्स्यदेश भी कहा गया है उस समय बाँदा विराटपुरी के नाम से जानी जाती थी। ऐसी जनश्रुति है। इसकी पुष्टि बाँदा के इतिहास लेखक स्व. गोवर्धनदास त्रिपाठी ने अपनी तीन पुस्तकों क्रमशः बाँदा दर्शन पृष्ठ सं. 53 सन 1967, चित्रकूट दर्शन पृष्ठ सं0 25 सन् 1968 तथा गोस्वामी तुलसीदास और राजापुर पृष्ठ सं. 120 सन् 1974 में की है।

महाभारत की बहुश्रुत कथा का स्मरण कराना है कि पाण्डवों ने अपने वनवास के अन्त में एक वर्ष का अज्ञातवास राजा विराट के आधीन छद्‌मवेश में सेवक बनकर व्यतीत किया था। उसी समय की एक घटना का उल्लेख करना प्रसंगवश आवश्यक है। युधिष्ठिर 'कंक' के नाम से राजा विराट के सेवक, भीम पाकशाला में रसोइया के रूप में, अर्जुन वृहन्नला के रूप में विराट की पुत्री उत्तरा के नृत्य शिक्षक के रूप में, नकुल अश्वशाला में परिचारक तथा सहदेव गौशाला परिचारक के रूप में कार्यरत रहे। द्रोपदी, रानी सुदेक्षणा की सौन्दर्य परिचारिका का कार्य 'सैरिन्ध्री' नाम से करती थी। रानी सुदेक्षणा का भाई 'कीचक' प्रधान सेनापति व अतिबलशाली था। कीचक की कुदृष्टि सैरिन्ध्री (द्रोपदी) पर पडी। कीचक ने अभद्रता का प्रयास किया। द्रोपदी ने भीम से यह बात बतलाई जिसके कारण क्रुद्ध होकर भीम ने कीचक का वध कर दिया। जनश्रुति के अनुसार जिस स्थान पर कीचक वध हुआ वह स्थान बाँदा नगर के दक्षिण केन नदी के पास 'करिया नाला' नाम से जाना जाता है।

कीचक वध का समाचार जब कौरवों को मिला तब दुर्योधन को यह समझते देर न लगी कि इतने बलशाली का वध अर्जुन व भीम के अतिरिक्त कोई नहीं कर सकता। तात्पर्य यह कि पाण्डव राजा विराट के पास ही हैं। अतः पाण्डवों के अज्ञातवास को भंग करने के उद्देश्य से दुर्योधन ने अपने महारथियों को साथ लेकर बाँदा नगर के दक्षिण बह रही केन नदी (शुक्तिमती) के तटवर्ती क्षेत्र पर अपने शिविर स्थापित किये। आज भी यह महारथियों के शिविर स्थान पर बसे ग्राम उन महारथियों के नाम से विख्यात हैं। संलग्न मानचित्र (तहसील बाँदा से प्राप्त) का

अवलोकन करें। नदी तट पर क्रमशः यह ग्राम वर्तमान में है–

ग्राम दुरेडी में द्रोणाचार्य का शिविर

ग्राम भुरैंडी में भूरश्रवा का शिविर

ग्राम भूरागढ़ में भीष्म का शिविर

ग्राम अछरौड़ में अश्वथामा का शिविर

ग्राम कनवारा में कर्ण व कृपाचार्य का शिविर

ग्राग त्रिवेणी गें तीनों (कौरव, पाण्डव प्रतिनिधि अर्जुन तथा राजा विराट पुत्र उत्तर कुमार) युद्धरत हुये।

ग्राम मोहनपुरवा में अर्जुन ने मोहनवाण चलाकर मूर्छित किया।

उपरोक्त के आलोक में स्पष्टतः जनश्रुति की पुष्टि होती है कि बाँदा में राजा विराट का शासन था। पाण्डव यहाँ अज्ञातवास में रहे तथा कौरव उनके अज्ञातवास को भंग करने यहाँ आये।

एक प्रसंग का उल्लेख करना समीचीन होगा कि महाभारत युद्ध के पश्चात राजा युधिष्ठिर कालिंजर व चित्रकूट अपने पूर्वजों के लिए पिण्डदान करने आये थे। इस प्रकार भी बाँदा से पाण्डवों का सम्बन्ध रहा है। दतिया नगर जो झांसी के पास मध्य प्रदेश की सीमा पर है वहां स्थित शिव मंदिर में पुरातत्व विभाग का एक प्रस्तर लेख लगा है जिसके अनुसार यह मंदिर महाभारत काल मे निर्मित हुआ था। ऐसे ही प्रमाण झांसी में भी होने का दावा किया जाता है। एक जनश्रुति के अनुसार मऊरानीपुर (बुन्देलखण्ड) के पास एक पहाडी पर एक गढ़ी (छोटे आकार का किलानुमा महल) थी, जो अब नष्ट हो चुकी है, उसे हिडिम्बा का किला कहा जाता है। मध्य प्रदेश के जिला छतरपुर में भीमकुण्ड तथा जिला पन्ना में पाण्डव प्रपात है। यह दोनों बांदा जिला के सीमावर्ती क्षेत्र हैं। तात्पर्य यह कि पाण्डवों का सम्बन्ध इस क्षेत्र से अवश्य रहा है।

उपरोक्त जनश्रुति आधारित परिकल्पना, बाँदा स्थित स्थानों व ग्रामों के नाम आदि से वास्तविकता के निकट प्रतीत होती है।

(संलग्न–मानचित्र वर्णित ग्रामों की स्थिति दर्शाते हुये।)

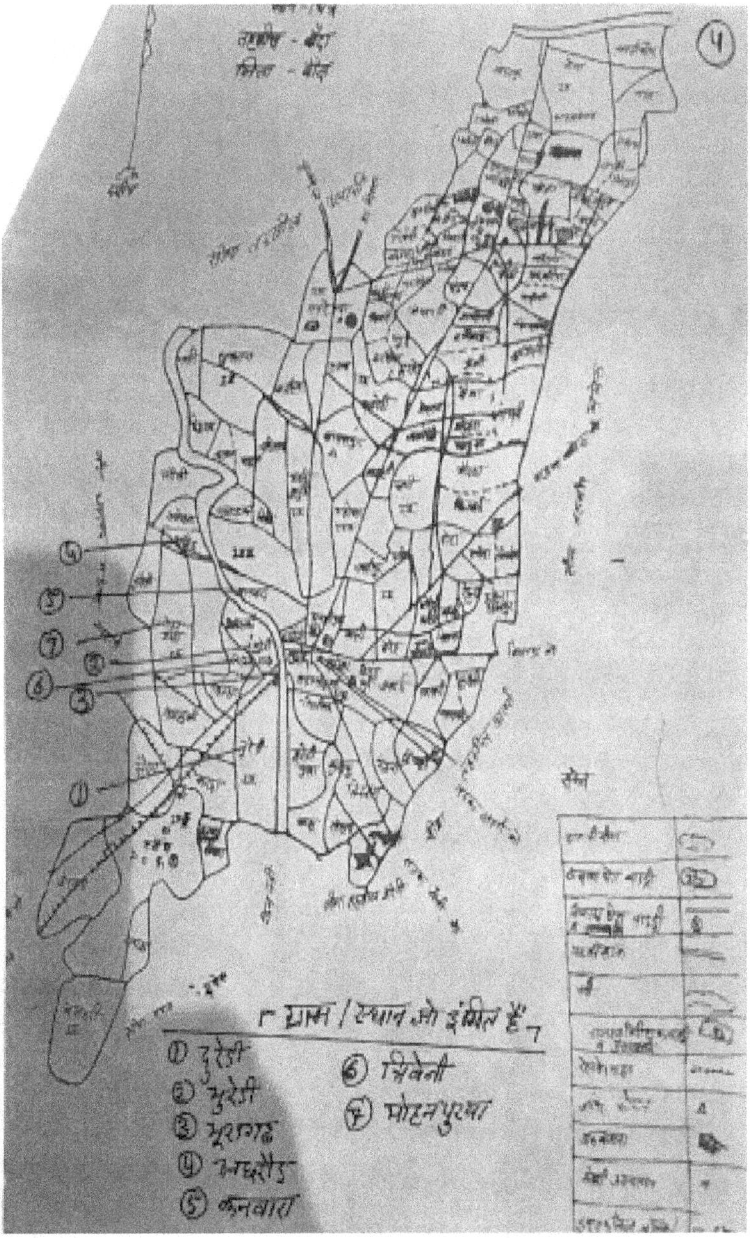
ग्राम / स्थान जो इंगित हैं
① दुरेडी
② मुरेडी
③ मूरगढ़
④ अघरौड
⑤ कनवारा
⑥ त्रिवेनी
⑦ मोहनपुरवा

# 17. महादेव शिव

भारतीय संस्कृति में त्रिदेव ब्रह्मा, विष्णु और महेष सृष्टि के उत्पत्ति कर्ता, पालन कर्ता तथा संहार कर्ता के देवता माने गये हैं। सृष्टि के आदि काल से ही शिव की उपासना का क्रम अद्यतन चला आ रहा है। मान्यतायें है कि ब्रह्माण्ड की उत्पत्ति शब्द (ध्वनि) से हुई है। सनातन मान्यता हे कि ब्रह्माण्ड का पहला शब्द ऊँ है। इसीलिये ऊँ को प्रणव कहा गया है। शैवमत के अनुसार ऊँ की उत्पत्ति शिव जी की डमरू से हुई है। ऊँ से ही ब्रह्माण्ड की उत्पत्ति हुई हैं। शिव अनेक रूप रूपाय शिव, महादेव, रुद्र, अघोर, दिगम्बर, महाराज आदि अनेक नाम से पूजित हैं। इनका प्रतीकात्मक रूप शिवलिंग है, यह पशुपतिनाथ भी कहे जाते हैं अर्थात संसार के सभी जीवधारियों के अधिपति शिव हैं और इनका आभूषण सर्प है।

शिवलिंग के विषय में वैज्ञानिक सोच भी महत्वपूर्ण प्रतीत होती है यथा–

भाभा एटामिक रिएक्टर की बनावट शिवलिंग के आकार की है। एटामिक रिएक्टर को ठंडा रखने के लिये निरंतर जल का छिडकाव जारी रखा जाता है। रिएक्टर पर से बहे हुये जल में रेडिएशन का प्रभाव होता है। अतः इसे सुरक्षित रूप से बहाकर नदी के प्रवाहित जल में डाला जाता है। जल प्रवाह में मिलकर रेडिएशन का प्रभाव कम होता जाता है। आगे चलकर नदी में अत्यल्प रेडिएशन रह जाता है और वह नदी जल कुछ रोगों के उपचार में भी काम आता है।

अब हम देंखे कि शिवलिंग का रूप एक एटामिक रिएक्टर की तरह का है। शिवलिंग के ऊपर एक जलपूरित कलश टांगा जाता है जिससे निरंतर जल की बूंदे शिवलिंग पर गिरकर उसे शीतल रखती हैं। सर्प की आकृति शिवलिंग को घेरे रहती हैं जो यह दर्शाती हैं कि शिवलिंग ऊष्मित नहीं है क्योंकि सर्प किसी शीतल स्थान पर रहना ही पसन्द करते हैं। शिवलिंग पर से प्रवाहित जल को लांघने का नियम नही है और इसीलिये शिवलिंग की आधी परिक्रमा ही करने का नियम है। ताकि उस प्रवाहित जल के सम्पर्क में न आयें।

इस प्रकार हमने देखा की एटामिक रिएक्टर तथा शिवलिंग की बनावट, उसे शीतल रखने का उपक्रम तथा प्रवाहित जल के सम्पर्क में आने से बचने के उपाय आदि में पर्याप्त समानता है।

इसके अतिरिक्त शिवलिंग पर बेल पत्र, धतूरा, भांग, मदार पुष्प आदि अर्पित करने का नियम है। यह वनस्पतियाँ वातावरण में उपस्थित

रेडिएशन की शोषक हैं, अतः वातावरण रेडिएशन से मुक्त होता रहता है। शिवलिंग पर अर्पित भोग को प्रसाद रूप में ग्रहण करने का निषेध है। यह भी रेडिएशन से बचने के लिये बनाया गया नियम है ऐसा प्रतीत होता है।

सनातन धर्म में उज्जैन नगरी को पृथ्वी का केन्द्र माना गया है। उज्जैन में 2025 वर्ष पूर्व खगोलीय अध्ययन के लिये वेधशालाओं का निर्माण किया गया था जो आज भी उसी रूप में विद्यमान हैं। उज्जैन नगरी कर्क रेखा पर बसी है। उज्जैन में महाकाल मन्दिर अवस्थित है। कर्क रेखा पर बने होने के कारण यह पर्याप्त धनात्मक ऊर्जा से सम्पन्न स्थान है। महाकाल मंदिर में स्थित शिवलिंग की संज्ञा 'ज्योर्तिलिंग' की हैं। एक आचर्य्यजनक तथ्य प्रकाशित हुआ है कि महाकाल की नगरी उज्जैन से अन्य दस ज्योर्तिलिंगों की दूरी में एक अद्भुत गणित है अवलोकन करें–

| | |
|---|---|
| 1 उज्जैन से ऊँकारेश्वर की दूरी | 111 किलोमीटर |
| 2 उज्जैन से त्रयंबकेश्वर की दूरी | 555 किलोमीटर |
| 3. उज्जैन से घृणेश्वर की दूरी | 555 किलोमीटर |
| 4. उज्जैन से भीमाशंकर की दूरी | 666 किलोमीटर |
| 5. उज्जैन से सोमनाथ की दूरी | 777 किलोमीटर |
| 6. उज्जैन से केदारनाथ की दूरी | 888 किलोमीटर |
| 7. उज्जैन से बैजनाथ की दूरी | 999 किलोमीटर |
| 8. उज्जैन से काशीविश्वनाथ की दूरी | 999 किलोमीटर |
| 9. उज्जैन से मल्लिकार्जुन की दूरी | 999 किलोमीटर |
| 10. उज्जैन से रामेश्वरम की दूरी | 1999 किलोमीटर |

शिवपुराण, लिंग पुराण, स्कंदपुराण तथा सनातन धर्म के अन्य मूलग्रन्थों के अनुसार कतिपय मान्यतायें अवलोकनीय हैं–

- सृष्टि के उत्पन्न होने के काल में हुये महाविस्फोट से अनन्त ऊर्जा हुई जिससे अतिविशाल शिवलिंग का निर्माण हुआ जिसका आदि और अंत देवता भी न जान सके। (सम्भवतः ब्रह्माण्ड के आकार का संकेत है)
- ब्रह्माण्ड अनन्त है उसका अक्ष (धुरी) शिवलिंग है।
- आकाश स्वयं लिंग है, पृथ्वी आधार है, ब्रह्माण्ड अनन्त है।
- आकाश, ब्रह्माण्ड तथा परमपुरुष का प्रतीकात्मक रूप शिवलिंग है।
- पदार्थ तथा ऊर्जा ब्रह्माण्ड में व्याप्त है। पदार्थ जीवन है तथा जीवन की ऊर्जा आत्मा है जो परम आत्मा का अंश है।
- प्रकृति तथा पुरुष जीवन के आधार हैं तथा एक दूसरे के पूरक हैं। इसीलिए अर्धनारीश्वर रूप की कल्पना की गयी है।

- शिव में पदार्थ और शक्ति में ऊर्जा है। शिव और शक्ति से ब्रह्म और माया है, जिसका समग्र प्रतीक शिवलिंग है।
- आदि और अनादि, प्रकृति तथा पुरुष, ब्रह्म और माया का सामासिक रूप शिव है तथा उसका प्रतीकात्मक रूप शिवलिंग है।
- जो कुछ भी शाश्वत, अनादि और अनन्त है वह शिव है।
- शिव को महायोगी तथा तंत्र का अधिष्ठाता भी कहा गया है इसीलिये शिव को ध्यान मुद्रा में चित्रित किया जाता है।

शिव के यथार्थ को ऋषि, योगी तथा ज्ञानी ही जान पाते हैं। सामान्यजन की समझ व क्षमता से परे है। यह यत्र तत्र से संकलित करके प्रस्तुत करने का प्रयास है।

मान्यता है कि महादेव शिव का वास कैलाश पर्वत पर है। आइये शिव के निवास स्थान कैलाश पर्वत के विषय में कतिपय अद्‌भुत व रोचक बातें जानने का प्रयास करें–

कैलाश पर्वत वर्तमान में हिमालय के तिब्बतीय क्षेत्र में स्थित है। पूर्वकाल में यह क्षेत्र भारत में था। कैलाश पर्वत समुद्र तल से 6638 मीटर की ऊँचाई पर है। पर्वत की ऊँचाई 1319 मीटर है। यह क्रम से एलीवेशन तथा प्रोमिनेंस की माप है।

**शिव आवास (कैलाश पर्वत)–**

**अमरीका की वैज्ञानिक संस्था 'नासा' तथा रूस के वैज्ञानिकों ने कैलाश पर्वत को अतिरहस्यमय स्थान माना है। इसे अनेक अलौकिक शक्तियों का केन्द्र माना है।**

रूरा के वैज्ञानिक मानते हैं कि यह एक ऐसा स्थान है, जहां चारो दिशायें मिलती हैं। कैलाश पर्वत उनकी धुरी, शीर्ष या केन्द्र है। यह स्थान इतना ऊर्जा सम्पन्न है कि यहां पर व्यक्ति अलौकिक शक्तियों को प्राप्त कर सकता है।

**'नासा' ने यह भी माना है कि कैलाश पर्वत पर अद्‌भुत चुम्बकीय बल है जो आकाश से मिलकर अद्‌भुत प्रकार की चीजें उत्पन्न करता है।**

कैलाश पर्वत पर अनेक बार सात रंगो का प्रकाश देखा गया है। जब इस पर्वत से बर्फ पिघलती है, तो उस समय डमरू की तरह की ध्वनि होती है, जबकि अन्य पर्वतों से बर्फ पिघलने पर ऐसी ध्वनि नहीं होती है।

इस पर्वत के पास दो झीलें हैं। एक स्वच्छ जल की जिसे सूर्य झील कहते हैं दूसरी झील गंदे पानी की है जिसे चंद्र झील कहते हैं।

कैलाश पर्वत पर चढ़ना दुस्तर है अभी तक कुछ ही लोग कदाचित

पर्वत के शिखर तक पहुँच सके हैं। किन्तु किसी ने भी वहां की स्थिति के बारे में कुछ भी नहीं बतलाया है। ग्यारहवीं शताब्दी में तिब्बत का एक योगी 'मिलारेपी' कैलाश पर्वत के शिखर तक पहुँचा था किन्तु उसने भी वहां के विषय में कुछ नहीं बतलाया है। इसलिये कैलाश पर्वत के रहस्य आज भी अनसुलझे ही हैं।

हमने इस प्रकार जाना कि शिव का निवास स्थान अत्यधिक ऊर्जावान तथा अतिरहस्यमय है। स्वाभाविक है जहां महादेव रहेंगे वह क्षेत्र ऊर्जावान व रहस्यमय तो होगा ही।

अब महादेव के नटराज रूप के विषय में कुछ अद्‌भुत बातें तथा विश्व के शीर्ष आधुनिक वैज्ञानिकों के मत से नटराज रूप का परिचय प्राप्त करें।

**नटराज शिव**

शिव के अनेक रूप हैं। इनमें से एक रूप नटराज का है। 'नट' शब्द कला का द्योतक है। नटराज का अर्थ हुआ कलाओं के राजा। नटराज रूप में शिव नृत्य मुद्रा में दर्शाये गये हैं। शिव के तीन रूपों का ध्यान करें– आनन्दमय ध्यान मुद्रा में, नर्तन करते नटराज तथा त्रिशूलधारी तांडव करते हुये। इन तीनों रूपों को क्रमशः उद्‌भव, स्थित एवं संहार की स्थिति के रूप में पाते हैं।

नटराज की प्रतिमा में शिव चतुर्भुज रूप में हैं। उनके चारों ओर एक वृत्त है, जिसके चहुओर अग्नि की ज्वालायें हैं। ऊपर के दाहिने हाथ में डमरू है, बांये ऊपर के हाथ में खप्पर में अग्नि है। दाहिना नीचे का हांथ अभय मुद्रा में है तथा बांये हाथ से नीचे अपने बांये पैर की ओर इंगित करते हुये दर्शाये गये हैं। नटराज के दाहिने पैर के नीचे एक बौना मनुष्य दबा हुआ पड़ा है।

शिव के इस स्वरूप का विश्लेषण विद्वानो ने इस प्रकार लिखा है– नटराज के चारों ओर वृत्त ब्रह्माण्ड का द्योतक है, अग्नि की ज्वालायें अनन्त ऊर्जा को दर्शाती हैं, दाहिने हाथ में डमरू शब्दनाद से ब्रह्माण्ड की उत्पत्ति बतलाता है, बांये हाथ में अग्नि संहार का प्रतीक, अभयमुद्रा सृष्टि पालन तथा मृत्यु के भय से मुक्ति का प्रतीक है। अपने बांये पैर की ओर इंगित करने से तात्पर्य शरणागत होने का निर्देश है तथा दाहिने पैर के नीचे दवा हुआ बौना अज्ञानता को दबाकर नष्ट करने का संकेत है। नृत्य मुद्रा ब्रह्माण्ड में सतत परिवर्तन होते रहने का प्रतीक है। शिव का नर्तन ताण्डव कहलाता है। यह दो प्रकार का है आनन्द ताण्डव तथा रौद्र ताण्डव । आनन्द तांडव ब्रह्माण्ड की उत्पत्ति तथा रौद्र ताण्डव–ब्रह्माण्ड के लय का नृत्य है।

सनातन संस्कृति ने ब्रह्माण्ड में सतत परिवर्तन को दृढ़ता से माना है। अन्य अनेक धर्म सतत परिवर्तन के सिद्धान्त को नहीं मानते, किन्तु अनेक आधुनिक मूर्धन्य भौतिक वैज्ञानिक ब्रह्माण्ड में हो रहे सतत परिवर्तन के सिद्धान्त को पुष्ट करते हैं।

ब्रह्माण्ड में हो रहे निरन्तर परिवर्तन तथा इसकी उत्पत्ति किस कण से हुई है यह जानने के लिये भौतिक विज्ञान के, अनेक देशों के, वैज्ञानिकों ने मिलकर एक वृहत योजना बनाकर एक प्रयोग करने का उपक्रम किया। एक प्रयोगशाला का निर्माण फ्रांस, स्विटजरलैण्ड की सीमा में भूमि से 100 मीटर नीचे तथा 27 किलोमीटर लम्बी गोलाकार प्रयोगशाला लार्ज हिक्स कोलाइडर (LHC) में यह जानने के लिये प्रयोग किया गया कि ब्रह्माण्ड का निर्माण किस मूलभूत कण से हुआ। यह मुख्य प्रयोग सन् 2011 से 2013 में किया गया।

इस प्रयोग में हाइड्रोजन के प्रोटोंस को प्रकाश की गति से प्रक्षेपित करके उन्हें टकराया (कोलाइड कराया) गया। आंशका थी कि यदि प्रयोग में अत्यधिक ऊर्जा उत्पन्न हुई और यह ऊर्जा नियंत्रित न की जा सकी तो पृथ्वी का विनाश हो सकता है। इस प्रयोग में 27 देशों के भौतिकी के प्रसिद्ध वैज्ञानिकों ने भाग लिया। इसमें भारत के वैज्ञानिकों का भी योगदान रहा। प्रयोग से अतिशय ऊर्जा उत्पन्न हुई और एक कण की जानकारी प्राप्त हुई जिसे 'गाड पार्टिकल' (हिन्दी में कहे तो ब्रह्म कण) नाम दिया गया। किन्तु यह कण, ब्रह्माण्ड की उत्पत्ति का मूल कण नहीं सिद्ध हो सका।

हमारे लिये गर्व की बात है कि हमारी सनातन संस्कृति में वर्णित नटराज की एक विशाल मूर्ति LHC Lab. के कार्यालय के प्रांगण में स्थापित की गई थी। जिसका आशय था कि नटराज की मूर्ति में ब्रह्माण्ड सृजन, पालन तथा संहार तीनों रूप एक साथ हैं तथा अनन्त ऊजा के साथ शिव, साथ ही ब्रह्माण्ड में अनन्त ऊर्जा को दर्शाये हुये नृत्य मुद्रा द्वारा ब्रह्माण्ड में हो रहे सतत परिवर्तन को भी एक साथ दर्शाया गया है। इन्हीं कारणों से फ्रांस–स्विटजरलैण्ड की सीमा पर LHC लैब के कार्यालय के प्रांगण में नटराज की विशाल प्रतिमा लगाई गई। विश्व के मूर्धन्य भौतिक विज्ञानियों के वक्तव्यों का अवलोकन करें।

**कार्ल सेगन**

हिन्दू धर्म विश्व के उन महान धर्मों में से एक है जिनकी मान्यता के अनुसार इस ब्रह्माण्ड की उत्पत्ति एवं विनाश की प्रक्रिया निरन्तर जारी है।

**फ्रिट्जोसेफ कैपरा**

स्वयं हम वैज्ञानिकों के लिये शिव का ताण्डव उपपरमाणुविक कणों

का ऊर्जा नृत्य ही है जो सभी प्रकार के अस्तित्व एवं सभी प्राकृतिक घटनाओं का आधार है।

**एडन रैडल कोंड**

दिन के प्रकाश में जब CERN हलचलों से भरा होता है, शिव तब भी नृत्य मुद्रा मे होते हैं जो हमें याद दिलाते है कि ब्रह्माण्ड सतत गतिमान है, स्वयं को परिवर्तित कर रहा है और स्थिर तो कभी रहा ही नहीं।

इस प्रकार हम देखते हैं कि CERN की प्रयोगशाला की LHC में प्रयोग उपरान्त पाया गया कण जिसे GOD PARTICLE नाम दिया गया यथार्थ में ब्रह्माण्ड की उत्पत्ति का आधारभूत मूलकण के स्थान को पाने में सफल नहीं रहा। अभी वर्तमान तक तो ब्रह्माण्ड का मूल जो भी तत्व है वैज्ञानिकों की भौतिक समझ से परे है। वैज्ञानिक भी शिव की शक्ति को स्वीकारने लगे हैं। यह हमारी सनातन संस्कृति की स्वीकार्यता को दर्शाता है।

इस प्रकार हमने महादेव शिव उनके धाम कैलाश पर्वत तथा नटराज स्वरूप के विषय में जाना। हमारे मंत्र दृष्टा ऋषियों ने अपनी अतीन्द्रिय दृष्टि एवं ज्ञान से ब्रह्माण्ड के जो रहस्य उद्घटित किये हैं वह अभी भी पूर्णतया तथा वास्तविक रूप में समझे नहीं जा सके हैं।

बहुसंख्यक वैज्ञानिक ईश्वर के अस्तित्व को हठधर्गिता के कारण नकारते हैं। हमारे सनातन साहित्य को स्वस्थ्य मस्तिक से विज्ञान सम्मत अध्ययन व विश्लेषण किये जाने की आवश्यकता है। मिथक मानकार नकारना उचित नहीं है। सनातन संस्कृति के ग्रन्थों में गूढ़ व सांकेतिक भाषा का प्रचुरता से प्रयोग किया गया है। बहुत सम्भव है कि उपरोक्त प्रकार के अध्ययन से अनेक अनसुलझे प्रश्नों के उत्तर मिल सकेंगे।

सत्यम् शिवम् सुन्दरम्।

# 18. सृष्टि की उत्पत्ति एवं लय

प्रत्येक विचारशील व्यक्ति के मन–मस्तिष्क में कभी न कभी यह प्रश्न अवश्य उठा होगा कि इस दृष्य व अदृष्य जगत, जिसे हम सृष्टि कहते हैं की उत्पत्ति कैसे हुई। हम प्रतिदिन उद्भिज, अण्डज, स्वेदज, जरायुज आदि को नष्ट होते देखते हैं और यही नहीं वैज्ञानिक आधार पर यह भी जानकारी होती है कि नक्षत्रों, ग्रहों, तारों तथा आकाश गंगाओं में क्षरण होता हैं, उल्कापिण्ड बनते हैं और नष्ट भी होते हैं। अंतरिक्ष में नये नये तारों का निर्माण भी होता है। यह निर्माण व नष्ट होने की क्रिया सदैव होती रहती है जिसे हम सतत परिवर्तन की क्रिया कहते है। इसलिये एक यह भी प्रश्न उठना स्वाभाविक है कि समग्र सृष्टि का विनाश भी कभी न कभी हो सकता है।

यहां हम जन्पदोध्वंस की बात नहीं कर रहे हैं। यद्यपि यह मानवीय कदाचरण के परिणाम स्वरूप भी होता है किन्तु जनपदोध्वंस तो एक सीमित अथवा विस्तृति क्षेत्र में होता है। हम यहां सृष्टि की उत्पत्ति के साथ समग्र सृष्टि के प्रलय पर भी चर्चा करेंगे कि प्रलय कब होगी, कैसे होगी, क्या होगा। इन बिन्दुओं पर विभिन्न मतों पर विचार करते हुये इन प्रश्नों का उत्तर खोजने का प्रयास करेंगे।

उपरोक्त प्रेच्छाओं के समाधान हेतु विभिन्न धर्मों की मान्यताओं के साथ साथ एस्ट्रोफिजिकल वैज्ञानिकों के निष्कर्षों का भी अध्ययन करना होगा। प्रत्येक धर्म में अपने अनुयायियों को सृष्टि की उत्पत्ति तथा विनाश के विषय पर अवगत कराया गया है। यद्यपि मतभिन्नता है किन्तु निष्कर्ष तक पहुंचने के लिये सभी प्रमुख धर्मों की मान्यताओं का अध्ययन आवश्यक है।

**सृष्टि की उत्पत्ति विषयक सनातन धर्म की मान्यता**

**ऋग्वेद**

यह विश्व प्रसिद्ध प्राचीनतम ग्रंथ है। अतः आलोच्य विषय पर सर्वप्रथम हम ऋग्वेद का परिशीलन करेंगे। ऋग्वेद के दशम मण्डल के सूक्त 129 जिसे 'नासदीय सूक्त' कहा गया है, के रचयिता प्रजापति परमेष्ठी तथा देवता भाववृत्त है। इसमें सात श्लोक हैं। इन श्लोकों में सृष्टि की उत्पत्ति का वर्णन है। प्रथम श्लोक से यह भी आभासित है कि सृष्टि की उत्पत्ति एवं लय का क्रम, क्रमशः चलता रहता है। नासदीय सूक्त के इन सात श्लोकों का भावार्थ निम्नांकित है–

श्लोक संख्या 1. सृष्टि की उत्पत्ति से पहले प्रलय की दशा में असत नहीं था और सत भी नहीं था अर्थात अभावात्मक तथा भावात्मक

दोनों तत्व नहीं थे। स्वर्गलोक, मृत्युलोक, पाताललोक नहीं थे और इससे परे भी कुछ नहीं था। वह आवरण करने वाला तत्व कहां था और किसके संरक्षण में था, उस समय गहन क्या था अर्थात वे सब नहीं थे।

श्लोक संख्या 2. उस समय प्रलय काल में मृत्यु नहीं थी, अमृत भी नहीं था, रात्रि और दिन नहीं थे। उस समय केवल वृह्म तत्व ही प्राणयुक्त, क्रिया शून्य और माया युक्त एक रूप में विद्यमान थ। उस माया युक्त ब्रह्म के परे कुछ भी नहीं था।

श्लोक संख्या 3. सृष्टि उत्पन्न होने से पहले प्रलयकाल में यह जगत अंधकार से आच्छादित था। यह जगत तमस रूप मूल कारण में विद्यमान था। सम्पूर्ण अज्ञात जगत जल रूप में था अर्थात् उस समय कार्य और कारण दोनों संयुक्त थे। यह जगत है वह व्यापक है, निम्नस्तरीय अभाव रूप अज्ञान से आच्छादित था। अतः कार्य कारण के साथ एक रूप होकर ईश्वर के संकल्प से उत्पन्न हुआ।

श्लोक संख्या 4. सृष्टि की उत्पत्ति के समय सर्वप्रथम 'काम' अर्थात सृष्टि की उत्पत्ति की (रचना की) इच्छा उत्पन्न हुई। जो ब्रह्म के मन में पहला बीज रूप कारण हुआ। फिर भौतिक रूप से विद्यमान जगत के बंधन रूपी काम रूप कारण के अपनी क्रांतदर्शी ऋषियों ने ज्ञान द्वारा भाव से, विलक्षण अभाव में उसे खोज लिया।

श्लोक संख्या 5. अविद्या, काम संकल्प और सृष्टि बीज कारण में सूर्य की किरणों के समान बहुत व्यापकता उसमें विद्यमान थी। यह सबसे पहले न तिर्यक था न ऊपर नीचे, वह सर्वत्र समान भाव से उत्पन्न था। इस प्रकार उत्पन्न जगत में कुछ पदार्थ बीज रूप थे और कुछ आकाश आदि महान प्रकृति के रूप में थे।

श्लोक संख्या 6. कौन इस बात को यथार्थ रूप में जानता है और कौन इस सृष्टि की उत्पत्ति होने का विवरण इस लोक में बता सकता है कि विभिन्न प्रकार की सृष्टि किस उपादान कारण से और किस निमित्त कारण से सब ओर प्रकट हुई है। देवता भी इस विविध प्रकार की सृष्टि उत्पन्न होने के बाद के हैं, अतः देवता भी अपने से पहले के विषय में नहीं बता सकते। इसलिये कौन मनुष्य जानता है कि सृष्टि किस कारण से उत्पन्न हुई।

श्लोक संख्या 7. यह विविधि प्रकार की सृष्टि जिस उपादान व निमित्त कारण से उत्पन्न हुई इसका मुख्य कारण है ईश्वर के द्वारा इसे धारण करना। **सृष्टि का स्वामी प्रकाश व आनन्द रूप में प्रतिष्ठित है। यह आनन्द स्वरूप परमात्मा ही इस विषय को जानता है। अन्य कोई नहीं जानता है।**

इस प्रकार 'नासदीय सूक्त' के द्वारा हमें ज्ञात हुआ है कि सृष्टि की उत्पत्ति से पूर्व प्रलय काल की स्थिति क्या थी। प्रकाश एवं आनन्द स्वरूप परमात्मा ईश्वर ने अपने संकल्प (इच्छा) से सृष्टि की उत्पत्ति की। सृष्टि की उत्पत्ति क्यों की, यह बात ईश्वर के अतिरिक्त कोई नहीं जानता है।

**भागवत महापुराण**

भागवत पुराण का उक्त विषयक वर्णन वेदान्त के वर्णन से समानता रखता है। स्कंद 12 अध्याय 5 में क्रमशः 09 प्रकार की सृष्टि कही गई है तथा प्राकृत–वैकृत भेद से दसवीं प्रकार की सृष्टि का उल्लेख है–

**'यथादीनां तथाग्रे च पश्चादप्ये तदीदृशम।**
**सर्गो नव विधस्तस्य प्राकृतो वैकृतस्तु यः।।**

अर्थात्– यह जगत 'सर्ग' जैसा अब है वैसा ही पहले भी था। भविष्य में भी वैसा ही रहेगा। इसकी सृष्टि नौ प्रकार की है तथा प्राकृत–वैकृत भेद से दसवीं सृष्टि भी है।

**सृष्टि क्रम के अनुसार दस प्रकार की सृष्टि**

1. सात्विक गुण में विक्षोभ हुआ। (विषमता हुई)
2. अहंकार – पृथ्वी, पंचमहाभूत (पृथ्वी, जल, तेज, वायु और आकाश) पांच ज्ञानेन्द्रियां और पांच कर्मेन्द्रियां।
3. भूत सर्ग– पंच महाभूतों को उत्पन्न करने वाला तन्मात्रा वर्ग रहता हैं।
4. इंद्रिय ज्ञान, कर्म (क्रिया शक्ति) से सम्पन्न ।
5. सात्विक अहंकार से उत्पन्न हुये इंद्रियों के अधिष्ठाता देवता तथा मन।
6. अविद्या– इसमें तामिस्र, अंधमिस्र, तम, मोह तथा महामोह ये पांच गांठें।
7. प्रधान वैकृत सृष्टि– स्थावर, वनस्पति वृक्ष, औषधि, लता स्थावर, वीरूध, द्रुम ये छै प्रकार के वृक्ष उत्पन्न होते हैं। ये अंदर ही अंदर गंध का अनुभव करते हैं। इनमें ज्ञान शक्ति प्रगट नहीं होती है। आहार प्रवाह नीचे से ऊपर की ओर होता है।
8. आठवीं तिर्यग योनियों की है। 28 प्रकार के पशु–पक्षी उत्पन्न होते हैं। इन्हें काल का ज्ञान नहीं होता है। यह खाना, पीना, निद्रा तथा मैथुन करना जानते हैं। इनमें विचारशक्ति तथा दूरदर्शिता नहीं होती है। इनमें दो खुर वाले, एक खुर वाले पशु तथा पंख वाले पंक्षी आते हैं। नख वाले पशु भी आते हैं।
9. नवमी सृष्टि मनुष्यों की है इनमें आहार–प्रवाह गले से नीचे की ओर होता हैं रजोगुण प्रधान, कर्मप्रधान, दुख स्वरूप विषयों में रुचि होती है तथा उन्हीं में सुख मानते हैं।

10. देव शक्ति–देवता, असुर, गंधर्व, अप्सरा, यक्ष, राक्षस, सिद्ध, चारण विद्याधर, भूत, प्रेत, पिशाच, किम्पुरुष, अश्वमुख (उभययोनि हायब्रिड) आदि।

**वेदान्त**

1. तीनों गुणों (सत, रज, तम) द्रव्यों (पांच भौतिक) ज्ञान, क्रिया को आश्रय बनाकर नित्यमुक्त मायातीत, कार्य कारण कृतित्व में बांध लेते हैं। तब इनमें काल के प्रभाव से गुणों में क्षोभ (विषमता) होता है और स्वभाव में रूपान्तर होता है तथा कर्म से महततत्व व्यक्त (उत्पन्न) होता है।
2. सतोगुण–रजोगुण मे विकार उत्पन्न होने से महततत्व की उत्पत्ति हुई, जैसे दूध में विकार उत्पन्न होने से दही की उत्पत्ति होती है।
3. इस विकार के उत्पन्न होने से दृव्य, ज्ञान, क्रिया रूप तमोगुण प्रधान विकार (हुआ जिसे अहंकार कहते हैं।)
4. पुनः यह अहंकार तीन प्रकार का हो गया– तमस विकार, तेजस विकार तथा वैकारिक विकार।

**तमस विकार –** अहंकार प्रधान द्रव्य शक्ति प्रधान होकर पंच महाभूतों का कारण बना तथा काल कर्म स्वभाव के कारण आकाश की उत्पत्ति हुई। आकाश का गुण शब्द है। शब्द द्रष्टा तथा द्रव्य का बोध कराता है।

**आकाश में विकार –** उत्पन्न होने से वायु की उत्पत्ति हुई। वायु का गुण स्पर्श तथा शब्द है। वायु में विकार होने से तेज की उत्पत्ति हुई। तेज का गुण रूप, शब्द और स्पर्श है।

**तेज में विकार –** होने से जल की उत्पत्ति हुई। जल के गुण रस, रूप स्पर्श और शब्द हैं। जल तत्व में विकार होने पृथ्वी तत्व की उत्पत्ति हुई पृथ्वी का गुण गंध, स्पर्श, रूप, रस तथा शब्द है।

**पृथ्वी तत्व में विकार –** उत्पन्न होने से चैतन्य जगत की उत्पत्ति हुई। इस प्रकार वनस्पति, जन्तु, पक्षी, मानव आदि की उत्पत्ति हुई।

**तेजस विकार –** अहंकार के क्षेत्र से ज्ञानेन्द्रियां, कर्मेंद्रियां, बुद्धि (ज्ञान शक्ति) तथा प्राण (क्रिया शक्ति) की उत्पत्ति हुई।

**वैकारिक विचार –** ज्ञान शक्ति के क्षोभ से मन, दस इंद्रियों के अधिष्ठाता देवताओं की उत्पत्ति हुई।

उपरोक्त प्रकार से वैदिक, पौराणिक एवं वेदान्त के संदर्भों के माध्यम से सनातन धार्मिक मान्यताओं का अवलोकन किया। अब अन्य धर्मों में सृष्टि उत्पत्ति विषयक मान्यताओं का भी अध्ययन करेंगे।

विश्व के प्राचीन धर्मों यहूदी, ईसाई, इस्लाम, जैन तथा बौद्ध धर्मों की सृष्टि उत्पत्ति विषयक मान्यताओं का विरण निम्नांकित है–

**यहूदी, ईसाई तथा इस्लाम धर्म–** इनमें सृष्टि उत्पत्ति विषयक मान्यताओं में अनेक समानताओं के साथ–साथ कतिपय मतभिन्नतायें भी हैं। समान मान्यताओं का कारण कदाचित यह है कि तीनों धर्मों के प्रणेता एक ही पूर्वज की सन्तान परम्परा में से थे। संक्षेप में निम्नांकित तथ्य का अवलोकन करें–

'इब्राहिम' और उनकी पत्नी 'सारा' को ईश्वर की कृपा से वृद्धावस्था में दो पुत्र इशहाक औए इश्माइल प्राप्त हुये। यहूदी तथा ईसाई अपने को बडे भाई इशहाक का वंशज मानते हैं तथा मुसलमान अपने को छोटे भाई इश्माइल का वंशज मानते हैं। समान रूप से इब्राहीम के वंशज होने के कारण तीनों धर्मों को सामूहिक रूप से अब्रहमिक धर्म कहा गया है।

इब्राहीम को ईश्वरीय आदेश से अपने सर्वाधिक प्रिय की बलि देने को कहा गया किन्तु अपनी भक्ति और ईश्वर पर दृढ़ विश्वास के कारण अपने प्रिय पुत्र की बलि देने से बच गया और मेमने की बलि हो गई।

इब्राहीम के बड़े पुत्र को भी एक पुत्र प्राप्त हुआ, जिसका नाम 'याकूब' था। याकूब पूरी रात ईश्वर के एक दूत के साथ संघर्ष करता या कुश्ती लड़ता था। इस कारण से उसे इस्राइल कहा गया। याकूब के 12 पुत्र हुये जो इस्राइल के 12 गोत्रों के प्रमुख बने। इन्हें इस्राइली कहा गया। यहूदी धर्म का पितामह इब्राहीम को माना जाता है।

**यहूदी धर्म की मान्यता–**

सृष्टि की उत्पत्ति के सम्बन्ध में यहूदी धर्म की मान्यताओं का वर्णन करने से पहले यह उल्लेख करना आवश्यक है कि यहूदी धर्म विश्व के प्राचीनतम धर्मों में से एक है। यहूदी धर्म एकैश्वरवाद पर विश्वास करता है। ईश्वर को सर्व शक्तिमान तथा सर्वज्ञाता मानते हैं। यहूदियों के भगवान यहोवा (जुहोवा) हैं। यहूदियों का मूल ग्रंथ 'तोरा' (Torah) है। इसे अरबी भाषा में 'तोरेत' कहते हैं। यहूदियों की मान्यता है कि 'तोरा' ईश्वर के वचन हैं जिनके पैगम्बर 'मोसेज' (मूसा) है। मूसा ने 5 पुस्तकें लिखी हैं जिनमें उत्पत्ति, निर्गमन, व्यवस्था, लैव्य व्यवस्था (Lavitics = about Rituals) तथा संख्यायें हैं मूल धार्मिक पुस्तक तोरा में मूसा के वचन के रूप में कुछ अन्य बातें भी सम्मिलित किये जाने के बाद जो ग्रंथ बना उसे 'टालमोड' (Talmud) कहते हैं।

यहूदियों में सृष्टि की उत्पत्ति विषयक मान्यता है कि ईश्वर ने सृष्टि की रचना की है। तोरा के प्रारम्भिक आख्यान के अनुसार ईश्वर ने अंधकार को विभाजित करके उसे प्रकाश में बदल दिया। स्वर्ग मे पानी को विभाजित किया। ईश्वर ने 'आदम' और 'ईव' (हौवा) बनाये। ईश्वर ही पृथ्वी की घटनाओं तथा इतिहास का सूत्रधार हैं। ईश्वर सृष्टि का

रूपान्तर नही है। ईश्वर स्वर्ग, पृथ्वी तथा सभी चीजों का निर्माता है। ईश्वर की सत्ता सृष्टि से अलग है। ईश्वर ने अपनी इच्छाशक्ति से सृष्टि को बनाया है। ईश्वर ने छै दिन में सृष्टि की रचना की और सातवें दिन विश्राम किया।

**ईसाई धर्म की मान्यता**

ईसाई धर्म का मूल ग्रंथ 'बाइविल' हैं इसके 23 पाठान्तर उपलब्ध हैं किन्तु चार पाठान्तर प्रमुख हैं। न्यू टेस्टामेंट के चार पाठान्तर–1. मैथ्यू, 2. मार्क, 3. ल्यूक, 4. जौन ने लिखे हैं। इन चारों की व्याख्यायें लिखी गईं, इस प्रकार 23 पाठान्तर लिखे गये। ओल्ड टेस्टामेंट में तोरा के भी पाठ निहित हैं। न्यू टेस्टामेन्ट में ईसा मसीह (जीजस क्राइस्ट) के वचन हैं।

सृष्टि की उत्पत्ति के विषय में ईसाई धर्म का मत हैं कि बिना कुछ के ईश्वर ने सृष्टि को बनाया है। ईश्वर ने संसार तथा इसमें जो कुछ भी है उस सब की रचना छः दिनों (कालखण्डों) में की हैं इन्हें दिन कहते हैं। ओल्ड टेस्टमेंट के अनुसार ईश्वर ने कुछ नहीं में से सबकुछ (सृष्टि) बनाया।

पहले दिन– प्रकाश बनाया। दूसरे दिन आकाश की रचना की। तीसरे दिन पानी को जमीन से अलग किया और आज्ञा दी कि पृथ्वी घास, फूल, फल, पौधे आदि उत्पन्न करें। चौथे दिन ईश्वर ने सूर्य, चन्द्रमा, तारे बनायें। पांचवे दिन पक्षियों और मछलियों की उत्पत्ति की और छठवें दिन–उसने दूसरे जानवरों को बनाया और अंत में सातवें दिन में मनुष्यों की रचना की।

**इस्लाम धर्म की मान्यता**

इस्लाम धर्म की मूल पुस्तक 'कुरान' है। अल्लाह ने फरिश्ते जिब्राहम के द्वारा पैगम्बर गोहम्मद साहब को 'कुरान' सुनाई थी। पहले यह मौखिक थी। मोहम्मद साहब के विसाल (स्वर्गवास) के बाद सन 633 में इस पवित्र पुस्तक को लिपिबद्ध किया गया। साथ ही मानकी कृत किया गया। सृष्टि की उत्पत्ति पर इस्लाम धर्म की मान्यता है कि अल्लाह शाश्वत, सर्वशक्तिमान और सर्वज्ञाता हैं, वह सब कुछ स्वर्ग तथा पृथ्वी के निर्माता है। ईश्वर ने सात स्वर्ग बनाये हैं। आप ईश्वर की सृष्टि में कुछ भी गलत नहीं देख सकते हैं। सृष्टि के निर्माण के विषय में कहा गया है कि ईश्वर ने आदेश दिया कि ऐसा हो जाये और हो गया– **'कुन फया कुन'** (36/77–82)। अल्लाह वह है जो अदम से (कुछ नहीं से) कुदरत को वजूद में लाने की कूबत रखते हैं। वह चीजों की खुसूसियत को पहले से ही जानते हैं। अल्लाह का नाम लें जिसने यह सब बनाया है। आदमी को खून के कतरे से बनाया है। अल्लाह ने एक लाख चौबीस

हजार नबी हर सरजमी पर कौम में हिदायत देने के लिये भेजे हैं।

मोहम्मद साहब के बाद इस्लाम के अनुयायी दो भागों में बट गये सुन्नी तथा शिया। शिया जमात के लोग 'अली' को मोहम्मद साहब का खलीफा मानते हैं किन्तु सुन्नी जमात के लोग नहीं मानते हैं। किन्तु दोनों फिरकों में 'कुरान' को समान आदर भाव से माना जाता हैं।

**जैन धर्म की मान्यता**

जैन धर्म अनीश्वरवादी है, प्रकृतिवादी है। इनका मानना है कि सृष्टि अनादिकाल से चल रही है, इसे किसी ने नहीं बनाया है। यह नष्ट भी नहीं होती, इसमें केवल परिवर्तन का स्वभाव है। सृष्टि का मूल रूप यथावत इसी प्रकार बना रहता है। पुरानी व्यवस्था समाप्त तथा नई व्यवस्था उत्पन्न होती है। यह उत्पाद तथा व्यय का नियम है। न ईश्वर ने, न ब्रह्मा ने और न किसी अन्य ने इसे बनाया है। स्रष्टि शाश्वत है केवल इसमें परिवर्तन होते रहते हैं।

प्रश्न उठता है कि फिर कैवल्य की बात क्यों कही जाती है?

**बौद्ध धर्म की मान्यता**

गौतम बुद्ध जी ईश्वर को सृष्टि कर्ता नहीं मानते उनकी दृष्टि में संसार अनित्य है। परिवर्तनशील है। इस प्रकार की स्थिति में ऐसी सत्ता जिसे नित्य और अनश्वर कहा जाता है वह इस नश्वर और अनित्य सृष्टि का निर्माता कैसे हो सकता है। अतः यह सृष्टि उत्पत्ति और विनाश के नियम पर आधारित है। सृष्टि, कार्य कारण नियम पर आधारित है। इसी लिये वह ईश्वर की सत्ता को प्रमाणित नहीं करते। यह भी प्रकृतिवादी हैं। पुनः प्रश्न उठता है कि निर्वाण की कल्पना क्यों की गई है।

उपरोक्त प्रकार से हमने अनेक प्रमुख धर्मों में सृष्टि की उत्पत्ति विषयक मान्यताओं का अध्ययन किया। अब वैज्ञानिक पक्ष का भी परिशीलन करेंगे।

**वैज्ञानिक मत**

अनेक वैज्ञानिकों ने सृष्टि की उत्पत्ति व रचना पर अपने अपने सिद्धान्त व्यक्त किये हैं। यहां कुछ प्रमुख सिद्धान्तों का उल्लेख करेंगे। अधिकांशतः वैज्ञानिकों ने 'बिग बैंग' की थ्योरी का समर्थन किया है।

**स्टीफन बिलियम हाकिंस**– बिग बैंग थ्योरी पर स्टीफन हाकिंस ने कहा कि 15 अरब वर्ष पूर्व सृष्टि की उत्पत्ति से पहले सम्पूर्ण भौतिक तत्व एक बिन्दु में सिमटे हुये थे। फिर इस बिन्दु ने फैलना होना शुरू किया। बिग बैंग एक बम जैसा विस्फोट नहीं था वरन इस क्रिया में प्रारम्भिक ब्रह्माण्ड के कण समूचे अंतरिक्ष में फैल गये। ये एक दूसरे से दूर भागने लगे। इस प्रकार ब्रह्माण्ड की रचना व प्रसार प्रारम्भ हुआ।

**फ्रेड हायल ने "बिग बैंग" थ्योरी नाम दिया**

उनका कथन है कि पहले समस्त ब्रह्माण्ड का दृव्यमान एक ही जगह एकत्रित रहा होगा। उस ब्रह्माण्ड का घनत्व असीमित था। सम्पूर्ण ब्रह्माण्ड एक अति सूक्ष्म बिन्दु में समाहित था। किसी अज्ञात कारण से इसी सूक्ष्म बिन्दु में एक तीव्र विस्फोट हुआ तथा समस्त द्रव्य इधर उधर छिटक गया। इस स्थिति में अचानक किसी अज्ञात कारण से ब्रह्माण्ड का विस्तार प्रारम्भ हुआ और दिन–काल की उत्पत्ति हुई। इसी घटना को फ्रेड हायल ने 'बिग बैंग' नाम दिया।

**एडविन हबल**

सन 1929 ई0 में एडविन हबल ने एक तथ्य उद्घाटित किया कि अंतरिक्ष में सभी आकाश गंगायें (गैलेक्सीज) एक दूसरे से सिकुड रही है। दूरस्थ आकाश गंगाओं के मध्य आपसी सम्बन्ध होता है। वे रेडशिफ्ट के माध्यम से एक दूसरे से सम्बन्धित होती हैं। यद्यपि ब्रह्माण्ड के सम्बन्ध में इसकी उत्पत्ति की दो थ्योरी 'बिग बैंग' तथा 'स्टेडी स्टेट' के बाद 'कास्मिक माइक्रोवेव बैकग्राउण्ड रेडिएशन' द्वारा बिग बैग को ही मान्यता मिली है।

**केइटी मार्क** ने अपने एक वक्तव्य में कहा कि बिग बैंग के बाद अंतरिक्ष में प्रसार हुआ फिर डार्क मैटर बना जिससे तारों, ग्रहों, जीवन तथा आकाश गंगाएं एकत्र हुई। वर्तमान में माना गया कि डार्क एनर्जी ने ब्रह्माण्ड दिया तथा किसी कारण से गुरुत्वाकर्षण के विपरीत, विस्तार को अग्रसारित किया।

जैसा कि ऊपर कहा गया है कि अनेक वैज्ञानिकों, भू–खगोलविदों तथा विचारकों ने ब्रह्माण्ड की उत्पत्ति विषयक अपने अपने सिद्धान्त प्रतिपादित किये हैं इनमें से कुछ वैज्ञानिकों के नामों का उल्लेख करना प्रासंगिक है।

एलबर्ट आइंस्टीन (थ्योरी आफ जनरल रिलेटिविटी) अलेक्जेंडर फ्रेडमैन (इक्सपेंशन एण्ड कांट्रैक्ट थ्योरी) जोडी लेयाइट्रा तथा फेडहोसले (स्टेडीस्टेट थ्योरी) राबर्ट विल्सन (कास्मिक माइक्रोवेव बैकग्राउण्ड) आदि।

ऐसा माना जाता है कि अतीत में ब्रह्माण्ड सघन और गर्म था। पूरा ब्रह्माण्ड एक बिन्दु में समाहित था। इस छोटे से बिन्दु से पूरे ब्रह्माण्ड का उद्भव हुआ है, ऐसा माना जाता है।

ब्रह्माण्ड के प्रारम्भिक विस्तार के बाद ब्रह्माण्ड के जमने की प्रक्रिया प्रारम्भ हुई। इस कारण से सबएटामिक (Subatomic) कणों की रचना हुई। यह Subatomic कण इलेक्ट्रान, प्रोटान और न्यूट्रान से मिलकर बने थे। इन कणों की बहुलता से हाइड्रोजन का निर्माण हुआ। बाद में

हीलियम और लीथियम का निर्माण हुआ। कणों के संगठित होने पर तारों और ग्रहों का निर्माण हुआ। इनमें मौजूद भारी पदार्थों का इन तारों या सुपरनोवा के अंदर विश्लेषण हुआ और इसके बनने में भी इन प्रतिक्रियाओं की भारी भूमिका रही।

इसलिये बिग बैंग सिद्धान्त ब्रह्माण्ड की प्रारम्भिक अवस्था या उत्पत्ति की व्याख्या नहीं करता, किन्तु ब्रह्माण्ड के सामान्य क्रमिक विकास को ही दर्शाता है।

'A simple estimation around, have allmatter and space time in the universe collaps into a dimensionless singularity back into how the universe started with the Big Bang, but scales unknown quantum effects need to be considered-

अब कुछ विलक्षण वैज्ञानिक, ब्रह्माण्ड खगोलीय तथा दार्शनिक सिद्धान्तों का भी अवलोकन करें। मुख्य रूप से दस सिद्धान्त प्रचलित हुये हैं– मुख्य दस वैज्ञानिक, खगोलीय एवं दार्शनिक सिद्धान्त–

1. Clashing Brans- could our universe be a membrane floating in to neighbouring universe.
2. Evolving universe - When matter is compressed to the extent of to the extreme densities at the centre of black hole, it minght bounce back and a new baby universe is formed.
3. Superfluid space time - Space time is actually a superfluid substance flowing with zerofriction. Then if the universe is rotating, the space superfluid time would be scatttered with vortices and those vortices might have seeded structures of galaxies.
4. Goldilocks Universe - Why does universe have the properties that permit the emergance of life. Tinker with a few physical constants and would endup with no stars, no matter or a universe that lasts only for the blink of eye. But many the scientists dismiss this idea because it is non-secientific.
5. Gravity reaches out MOND (Modyfied Nutonian Dynamix) Theory - Gravity does not fade away as quickly as current theories predict. This stranger can fill the role of Dark matter, holding togather galaxcies and clusters that could otherwise fly apart.
6. Cosmic Ghost Condensate- Three mystries of modern cosmology are wrapped in one theroy called 'Ghost

condensate'. One- Repulsive gravity to drive cosmic inflation into big bang, Two- Later on it could generate the more sadate acceleration that is ascribed to dark energy, Three- If these slippery substances clump togather, it could form Dark matter.

7. It is small Universe - Universe is funnel shap with a narrow end and one flared end like bell of trumpet. It may stretch out any smaller micro-waves spots from round blobs into a little ellipses. The pattern of spots in cosmic wave back ground has a suspious difficiency and colon, thereby surpriseingly big spots.
8. Fast light - Why do opposit side of universe look the same? It is a puzzel because the extreme of today's visible universe should never have been in touch. Even back at the early moment of the big bang, When these areas were much closer togather, there was enough time for light or any thing else to travel from one to another. There was no time for temperature and density to get evened out and yct thcy arc even. One solution - colon, light used to move much faster. But to make that work could meen a radical overhaul Einstin's theory of relavity.
9. In the Matrix-Perhaps all those cosmological oddies such a darkmatter, dark energy are simply patches, stuck on to cover up early inconsistencies in our simulation. May be our universe is not real.
10. Sterile Neutrions - Dark matter might be made of the most alusive particles ever emagined sterile neutrions. They are hypothetical behavior cousins of ordinary neutrions and would interact with other matter through the force of gravity, making them essentially impossible to detect. But they might have the right properties to be 'warm' dark matter, sterile neutrions could also help stars and blackholes to form in the universe.

उपरोक्त प्रकार से सृष्टि की उत्पत्ति पर अनेक धार्मिक, आध्यात्मिक एवं वैज्ञानिक व कास्मिक थ्योरीज का अध्ययन किया। अब हम उक्त सभी पक्षों से प्राप्त उल्लेखों द्वारा सृष्टि के विनाश, लय अथवा प्रलय के विषय में प्रस्तुत सिद्धान्तों का भी अध्ययन करेंगे–

## सृष्टि का लय

### भारतीय सांस्कृतिक मत

भारतीय संस्कृति में मान्तया है कि आत्मा, अजर और अमर है तथा आत्मा, परमात्मा (ईश्वर) का अंश है। शेष सभी दृश्य व अदृश्य जगत मायामय है जो कि नश्वर है। सृष्टि की उत्पत्ति होती है और विनाश भी होता है। पुनरूत्पत्ति तथा विनाश का क्रम चक्रवत चलता रहता है।

सनातन संस्कृति के प्राचीन ग्रंथों में जिस प्रकार सृष्टि की उत्पत्ति का सविस्तार वर्णन मिलता है उसी प्रकार विस्तार से विनाश क्रम का भी उल्लेख किया गया है।

⇒ प्रलय का तात्पर्य है प्रकृति का अपने मूल कारणभूत प्रकृति में सर्वथालीन हो जाना।

⇒ शब्द अहंकार तत्व में, अहंकार महतत्व में, महततत्व प्रकृति में तथा प्रकृति का ब्रह्म में लीन हो जाना ही प्रलय है।

⇒ प्रलय होने पर सत्व तत्व सत्व में, राजस तत्व राजस में तथा तामस तत्व तामस में सर्वथा विलीन हो जाते हैं।

उपरोक्त सैद्धान्तिक वक्तव्यके क्रम में श्रीमद्भागवत पुराण के स्कंद 12 के अध्याय चार में चार प्रकार के प्रलय, प्रलय काल किस प्रकार आता है तथा प्रलय किस प्रकार घटित होता है, आदि से सम्बन्धित सविस्तार वर्णन किया गया है।

### प्रलय के चार प्रकार

#### 1. नित्य प्रलय

प्रतिदिन मनुष्य, पशु, वनस्पतियां आदि नष्ट होते हैं, इसे नित्य प्रलय कहा गया है।

#### 2. नैमित्तक प्रलय

निरन्तर अनेकों पृथ्वी, ग्रह, नक्षत्र, तारागण व अंतरिक्ष के अनेक अवयव नष्ट होते रहते हैं तथा नित नये ब्रह्माण्ड सृजित होते रहते हैं, किन्तु जब तीनों लोक पूर्ण रूप से लीन हो जाते हैं, उसे नैमित्तिक प्रलय कहा गया है।

#### 3. प्राकृतिक प्रलय

अहंकारतत्व, महततत्व तथा पांच तन्मात्रायें, यह सात तत्व अपने कारण मूलभूत प्रकृति में जब लीन हो जाते हैं उस समय शूक्ष्म तथा स्थूल कुछ भी शेष नहीं रह जाता है उसे प्राकृतिक प्रलय कहा गया हैं

**4. अत्यंतिक प्रलय**

जब जीव, विवेक के खड्ग से मायामय अहंकार का बंधन काटकर अपने एकरस आत्म स्वरूप के साक्षात्कार की स्थिति में हो जाता है उसे अत्यंतिकप्रलय कहा गया हैं

**प्रलय आने के लक्षण**

भागवत पुराण के अनुसार प्रलय आने पर 100 वर्ष तक मेघ पृथ्वी पर वर्षा नहीं करते हैं। अन्न उत्पन्न नहीं होता है। जीवधारी भूख और प्यास से मरने लगते हैं। फिर संवर्तक सूर्य अपनी प्रचंड किरणों से समुद्र व पृथ्वी के प्राणियों के शरीर से जल खींच लेते हैं किन्तु उस जल की वर्षा नहीं करते। उस समय संकर्षण भगवान के मुख से और अधिक प्रबल होकर प्रलय कालीन संवर्तक अग्नि निकलती है जो वायु वेग से और अधिक प्रबल होकर सातों लोक, तल–अतल आदि को भस्म कर देती है। नीचे प्रचंड अग्नि ऊपर प्रचंड गरमी से ब्रह्माण्ड जलने लगता है। ऐसे समय में आकाश धूल और धुआं से भर जाता है फिर अनेकों रंग के बादल आकाश में मडराते हैं और सैकडों वर्ष तक वर्षा होती रहती है। जिससे ब्रह्माण्ड अन्तर्गत सम्पूर्ण संसार जलमग्न हो जाता है। इस प्रकार जल प्रलय होती है।

**प्रलय काल आने की गणना**

पुराणों में प्रलयकाल आने के समय का भी उल्लेख है। भागवत पुराण तथा विकीपीडिया 'युग संधि' का आश्रय लेकर इसका वर्णन निम्नांकित है–

ब्रह्मा के एक दिन और एक रात के पूर्ण होने के पश्चात प्रलय होती है।

**ब्रह्मा के एक दिन और एक रात की गणना निम्नवत है–**

मनुष्य का एक वर्ष – ब्रह्मा का एक दिव्य दिन
30 दिव्य दिन का – एक दिव्य मास
12 दिव्य मास का – एक दिव्य वर्ष
कृत युग में 4000 दिव्य वर्ष
त्रेता युग में 3000 दिव्य वर्ष
द्वापर युग में 200 दिव्य वर्ष
कलियुग में 1000 दिव्य वर्ष

**प्रत्येक युग के प्रारम्भ तथा अंत में एक युग संधि काल होता है।**

उपरोक्त चारों युगों को सामूहिक रूप से चर्तुयुगी कहा गया है। एक चतुर्युगी में 14 मन्वंतर होते हैं। यह एक कल्प कहलाता है। एक कल्प ब्रह्मा का एक दिन माना गया है ब्रह्मा के एक दिन और एक रात के

पश्चात प्रलय होती है।

पुराणों में पांच कल्पों का उल्लेख हैं– 1. हमत कल्प, 2– हिरण्य गभर कल्प, 3–ब्रह्म कल्प, 4– पद्म कल्प, 5–वाराह कल्प।

**दिव्य दिन और दिव्य रात की प्रथक रूप से गणना**

दिव्य दिन और दिव्य रात में 'दिव्य' शब्द का प्रयोग हुआ है। मेघातिथि ने देवताओं का दिन और देवताओं की रात और देवताओं का वर्ष माना है। इस कारण से समय की गणना खरबों वर्ष तक पहुँच गई है।

किन्तु ऋग्वेद, भागवत पुराण, महाभारत, मनुस्मृति, यास्क निरुक्त आदि ग्रंथो में दिव्य शब्द की व्याख्या निम्नवत है–

ऋग्वेद (2/164/46) **'दिव्यों दिविजो मित्र'** निरुक्त देवता काण्ड (7–18) के अनुसार जो दिन में प्रकट हो उसे दिव्य कहते हैं। 'द्यु' शब्द भी दिवस वाचक हैं।

ऋग्वेद (1/163/10) दिव्य दिन अर्थात जो दिन में प्रकट हो 'दिवं भवं दिव्यम्' के अनुसार दिव्य शब्द सूर्य के लिये प्रयुक्त है न कि देवताओं के लिये, सूर्य दिन में ही प्रकट होते हैं।

**उपरोक्त व्याख्या के आधार पर समय गणना बदल जाती है**, जो निम्नवत की जा सकती है–

**पांच कल्प–**

**1. हमत कल्प–** विक्रम सम्वत से 109800 (एक लाख नौ हजार आठ सौ) वर्ष पूर्व से 85800.00 वर्ष पूर्व तक।

**2. हिरण्य गभर कल्प–** विक्रम सम्वत 85800 पूर्व से 61800 वर्ष पूर्व तक।

**3. ब्रह्मकल्प–** विक्रम सम्वत 61800 वर्ष पूर्व से 37800 वर्ष पूर्व तक।

**4. पद्म कल्प–** विक्रम सम्वत 37800 वर्ष पूर्व से 13800 वर्ष पूर्व तक।

**5. वाराह कल्प–** विक्रम सम्वत 13800 वर्ष पूर्व से वर्तमान तक चल रहा है।

वर्तमान में बाराह कल्प चल रहा है। इसलिये पूजा पाठ व अनुष्ठान के समय संकल्प करते समय 'वाराह कल्पे' बोलते हैं।

उपरोक्त गणना के आधार पर एक चतुर्युगी की गणना निम्नवत होती है–

कृतयुग – 4000 वर्ष 400 वर्ष संध्यांश
त्रेतायुग 3000 वर्ष – 300 वर्ष संध्यांश

तथा प्रत्येक युग के आदि तथा अंत में युग संधि का अंश जुडता है।
द्वापरयुग 2000 वर्ष – 200 वर्ष संध्यांश
कलियुग 1000 वर्ष 100 वर्ष संध्यांश

चारों युगों के समय का योग 4000+3000+2000+1000=10000 वर्ष चारों युगों का संध्याश (400+300+200+100) 1000 वर्ष तथा युग के अन्त का संध्याश युग का अंत में 1000 वर्ष = 2000 वर्ष। **इस प्रकार एक चतुर्युगी की गणना कुल 12000 वर्ष की हुई।**

चौदह मन्वंतर एक चतुर्युगी में होते हैं। सावर्ण मनु का प्रादुर्भाव विक्रम सम्वत प्रारम्भ होने के 5730 वर्ष पूर्व हुआ। इंद्र सावर्णि मन्वंतर के बाद कल्कि प्रकट होते हैं। कल्कि के जन्मसे प्रारम्भ होकर चलने वाले सम्वतसर का भी वर्णन मिलता है। इसका समय विक्रम सम्वत 4970 के लगभग है।

इस समय बाराह कल्प पांच कल्पों का अंतिम कल्प चल रहा है। साथ ही ब्रह्मा की रात्रि का तपोमय संधिकाल भी चल रहा है।

इस प्रकार केवल हिन्दू धर्म ग्रंथों में प्रलय की काल गणना का विस्तार से उल्लेख हैं, यद्यपि सभी धर्मों में किसी न किसी रूप में प्रलय या सृष्टि के विनष्ट होने के संदर्भ हैं, किन्तु समय की गणना का उल्लेख नहीं मिलता है।

**यहूदी धर्म की मान्यता**

मेगाग जिसमें इस्राइल और ईश्वर यहोवा, ईसाइयों को छोड़कर अपने सभी शत्रुओं से लडेंगे। तनाख (Tanakh) में End of the Day आता है। प्रकृति को नष्ट करने वाला भयंकर युद्ध। यह उल्का पिण्ड के टकराने से सृष्टि का विनाश होना नहीं मानते हैं। आखिरी दिन एक मसीहा आयेगा जो नये युग की शुरूआत करेगा। जब मसीहा आयेगा तो सभी यहूदियों को जीवित करेगा। जो उसे नहीं मानते उनका विनाश करेगा। न्याय के दिन, ईश्वर उनकी रक्षा करेगा, जो उसको मानते हैं और जो उसको नहीं मानते हैं, उनको यातनायें सहने के लिये छोड देगा।

**ईसाई धर्म की मान्यता**

न्याय का दिन एक उल्कापिण्ड के टकराने के बाद आयेगा (Armageddon) ईश्वर अपने भक्तों (मानने वालों) को सुरक्षित बचा लेगें और न मानने वालों को अनन्त यातनायें सहने के लिये पीछे छोड देंगे।

Dooms Day पर एक मसीहा आयेगा और सभी ईश भक्तों को निर्वाण (salvation) दिला देगा।

**इस्लाम धर्म की मान्यता**

पवित्र कुरान में मोहम्मद साहब के वचन का उल्लेख है कि 'लोग तुमसे पूछेंगे कि कयामत कब आयेगी, तो उनको बतला दो कि अल्लाह के अलावा यह कोई नहीं जानता।' कयामत के दिन सभी अच्छे बुरे कर्मों का हिसाब होता है। अल्लाह ही कयामत लाते हैं

कयामत के दिन सभी मरे हुये अपने शरीर व अंगूठे के निशान सहित जीवित हो जाते हैं। सिजिन और एन्थइन में अच्छाइयाँ और बुराइयां लिखी होती हैं। इनके आधार पर इनाम या सजा दी जाती है।

जो मर गया है वह पुण्य नहीं कमा सकता है। इसलिये उसके नजदीकी लोग उसके लिये 'मुगफरत' की नमाज पढ़कर उसके लिये पुण्य कमा कर उसे पापों से निजात दिलाते हैं।

शिया समुदाय के लोग मानते हैं कि बारहवें इमाम 'मेंहदी' ईसा के साथ अल्लाह के हुक्म से गैवत से उनका जहूर (प्राकट्य) होगा। वह दुनिया को जो अव्यवस्थित है उसे वह व्यवस्थित करेंगे। पापियों का नाश करेंगे। अच्छे लोगों को साथ ले लेंगे।

**वैज्ञानिक पक्ष व कथन**

'The End of Every thing' *नामक पुस्तक के लेखक केटी मैक* (Katie Mack) ने लिखा है – The sun will run out of fuel and enter its med giant phase. It's final burst of glory will expand and engulf the closest planets, Leaving earth a chard, lifeless rock. Our planet has around 5 billion years left. The universe's fate depends on whether that expension continues or reverses.

कुछ और वैज्ञानिक जो expansion and contract theory को मानते हैं उनका कथन हैं– A Simple estimation would have all the matter and space time in the universe collaps into a dimensionless singularity back into Zero, the universe started with the big bang, but these scales unknown, quantum effects need to be considered.

**कुछ खगोल वैज्ञानिकों का मत है**

Astronomers once thought that universe could collapse in a big crunch.

अब कुछ वैज्ञानिकों का मत है– Now mostly agree it (universe) will end with a big Freeze.

**निष्पत्ति**

उपरोक्त अध्ययन में प्रमुख धर्मों में सृष्टि के लय से सम्बन्धित उल्लेखों तथा वैज्ञानिकों व खगोलविदों के मतों से अवगत होने का प्रयास किया गया है। आधुनिक वैज्ञानिक, अन्वेषण व शोध में अनवरत संलग्न है किन्तु तीन प्रमुख कारण सृष्टि के लय के सम्बन्ध में वैज्ञानिकों ने कल्पित किये है यथा–

1. सूर्य के अत्यधिक गर्म हो जाने पर पृथ्वी जीवन रहित होकर एक जली हुई चट्टान की तरह रह जायेगी।
2. एक भयंकर ध्वनि के साथ ब्रह्माण्ड समाप्त हो जायेगा।
3. अत्यधिक शीत के कारण ब्रह्माण्ड जम जायेगा।

धार्मिक मत दो प्रकार की विचारधारा के हैं 1– ईश्वरवादी, 2– प्रकृतिवादी। ईश्वरवादी मानते हैं कि ईश्वर के संकल्प या इच्छा से सृष्टि की उत्पत्ति तथा विनाश होता है।

प्रकृतिवादी मानते हैं कि सृष्टि सदैव से है। प्रकृति में स्वाभाविक रूप से क्षरण तथा नव सृजन की क्रिया चलती रहती है।

धार्मिक मत, सृष्टि के विनाश के विषय में अत्यधिक ताप, तीव्र ध्वनि एवं शीत तथा जल में प्लावित हो जाने को मान्यता प्रदान करता है, जिनकी वैज्ञानिक मतों से साम्यता हैं।

धार्मिक ग्रंथों में सृष्टि की उत्पत्ति एवं विनाश का व विनाश के समय की गणना का सविस्तार वर्णन उपलब्ध है। जबकि अन्य धर्मों में संक्षेप में ही उल्लेख किया गया है। हम 'ग्लोबल वार्मिंग' की चर्चा तथा चेतावनी आये दिन सुनते हैं। भय इस बात का है कि यदि ग्लोबल वार्मिंग इतनी बढ़ गई कि ध्रुव प्रदेश की बर्फ भारी मात्रा में पिघल गई तो दुनिया की सम्पूर्ण आबादी कई मीटर पानी में डूब जायेगी अर्थात अत्यधिक ताप और परिणामतः जल प्रलय का भय व्यक्त किया जाने लगा है।

हम आप कभी नहीं चाहेंगे कि प्रलय जैसा समय कभी भी आवे। शेष ईश्वर व प्रकृति के आधीन है।

**सर्वे भवन्तु सुखिनः, सन्तु सर्वे संतु निरामयाः ।**
**सर्वे भद्राणि पश्यन्तु, मा कश्चित दुखमाप्नुयात।।**

# 19. मर्म विज्ञान

## (भागवत महापुराण की एक कथा से भी सम्बन्ध)

मर्म विज्ञान आयुर्वेद का एक अंग है, आयुर्वेद में मर्म चिकित्सा का एक विशेष स्थान है। शरीर में मर्म ऊर्जा के श्रोत तथा विशेष व महत्वूपर्ण स्थन कहे गये हैं। इन मर्म स्थानों पर आघात लगना जीवन के लिये घातक सिद्ध हो सकता है। मर्म स्थान शरीर पर ऊपर से दिखते नहीं हैं यह स्थान शरीर रचना व क्रिया से सम्बन्धित रचनायें हैं, जिनकी जानकारी मर्म विज्ञान के अध्येताओं को विशेष विषय ज्ञान तथा अभ्यास द्वारा हो पाती है।

महर्षि सुश्रुत ने अपने ग्रन्थ सुश्रुत संहिता के शरीर स्थान के छठवें अध्याय में मर्म स्थानों की यत्नपूर्वक रक्षा करने का निर्देश दिया है। मर्मों की कुल संख्या 107 लिखी है। मर्मों पर आघात लगने की गम्भीरता के आधार पर इन्हें पांच प्रकार से वर्गीकृत किया गया है–

1. सद्यः प्राणहर मर्म
2. कालांतर प्राणहर मर्म
3. विशल्यघ्न मर्म
4. वैकल्यकारक मर्म
5. रूज कारक मर्म।

डॉ0 सुशील कुमार जोशी की मर्म विज्ञान पर पुस्तक के कुछ पृष्ठों की छायाप्रति अवलोकनार्थ संलग्न है। शरीर के विभिन्न अंगो व अवयवों में स्थित मर्मों का प्रथक–प्रथक नामों से उल्लेख किया गया है। यहां हम पैर के तलवे में स्थित दो मर्मों तथा एक विशल्यघ्न मर्म का संदर्भ लेना चाहेंगे।

1. **क्षिप्र मर्म –** यह स्नायु मर्म है–संज्ञाहीनता कारक है– कालांतर में मृत्यु कारक है।

2. **तालह्रद्यमर्म–** यह मांस मर्म है– असहनीय पीडा कारक है–कालांतर में मृत्यु कारक है।

3. **विशल्यघ्न मर्म–** शरीर में लगे हुये शल्य को हटाते ही मृत्यु कारक है।

उपरोक्त प्रकार से मर्मों के विषय में अति संक्षिप्त जानकारी के पश्चात श्रीमद्भागवत पुराण में श्रीकृष्ण के भूलोक से स्वधाम गमन के समय की कथा का अनुशीलन करें– (स्कंद 11 अध्याय 30 श्लोक 32 से 38 व श्लोक 41 से 43 तथा अध्याय 31 श्लोक सं0 5 व 6)

संक्षेप में कथा इस प्रकार है–

जब श्री कृष्ण ने देखा कि उनके बड़े भाई श्री बलराम जी जल समाधि लेकर परमपद में लीन हो गये तब श्री कृष्ण जी एक पीपल के वृक्ष के नीचे भूमि पर बैठ गये। उस समय उन्होंने अपनी दाहिनी जांघ पर बांया पैर रख लिया। जरा नामक बहेलिया जो आखेट हेतु वन में विचरण कर रहा था, ने भगवान के लाल तलवे को हिरन का होंठ जानकर तीर मारकर बींध दिया। जब वह बहेलिया पास में गया, तो उसे ज्ञान हुआ कि उससे भूलवश यह अपराध हो गया हैं, तब वह डर के मारे कांपने लगा तथा चतुर्भुज रूप श्री कृष्ण के चरणों पर सिर रखकर धरती पर गिर पड़ा और कहा मैंने अनजाने में बडा पाप किया है, मुझे क्षमा कर दीजिए, मैं अब जीना नहीं चाहता हूँ। श्री कृष्ण ने कहा तू डर मत, तूने मेरे मन का काम किया है। मेरी आज्ञा से तू स्वर्ग में निवास कर।

तत्पश्चात श्रीकृष्ण का सारथी दारुक उन्हें खोजता हुआ वहां आ गया। दारुक ने उनकी दशा देखी तो उसकी आंखो में अंधेरा छा गया उसे दिशा ज्ञान समाप्त हो गया। श्री कृष्ण ने उससे कहा कि द्वारका जाकर वह यदुवंशियों से कहे कि बलराम जी व श्री कृष्ण स्वधाम चले गये हैं। अब सभी यदुवंशी परिवार सहित अपनी अपनी धन सम्पत्ति लेकर अर्जुन के संरक्षण में चले जायें, क्योंकि मेरे न रहने पर समुद्र उस (द्वारका) नगरी को डुबो देगा। ऐसा कहने के पश्चात श्री कृष्ण ने अपनी आत्मा को स्वरूप में स्थित किया और कमल के समान अपने नेत्र बंद कर लिये और सशरीर अपने धाम चले गये।

अब यहां यह बात तो स्पष्ट है कि बहेलिया द्वारा श्रीकृष्ण के तलवे में मारा गया तीर ही उनके स्वधाम जाने का कारण बना। कुछ लोग शंका करते हैं कि तीर विषयुक्त रहा होगा, किन्तु यह कहना उचित नहीं है, क्योंकि खाद्य तथा अखाद्य दो प्रकार के मांस होते हैं। हिंसक जानवरों का वध विषैले बाण से किया जाता था, क्योंकि उनका मांस अखाद्य होता है, खाया नहीं जाता, किन्तु हिरन का मांस खाद्य मांस है, इसलिये बहेलिया ने विषयुक्त तीर का प्रयोग नही किया होगा, क्योंकि बहेलिया ने श्री कृष्ण के गुलाबी तलबे को हिरण के होंठ समझकर तीर चलाया था।

तलवे में अचानक किसी को भी कांटा या नुकीली धातु की चीज कील आदि चुभ जाती है, कभी–कभी तो पैर के पंजे के आर पार भी हो जाती है, किन्तु यह मृत्यु कारक नहीं होती, फिर श्री कृष्ण के साथ ऐसा क्यों हुआ। भक्तों का कहना है यह ईश्वर की लीला है, किन्तु हम इसका उत्तर भौतिक रूप से आयुर्वेद के अन्तर्गत मर्म विज्ञान में भी पाते हैं।

प्रारम्भ में मर्म विज्ञान की चर्चा में तलवों में पाये जाने वाले मर्मों का उल्लेख कर चुके हैं–

1. **क्षिप्र मर्म**–संज्ञा हीनता कारक है व कालांत्तर में मृत्यु कारक है।
2. **तालहृदय मर्म**– असहनीय पीड़ा कारक है।
3. **विशल्यघ्न मर्म**– शल्य निकालते ही मृत्यु कारक है।

उपरोक्त कथानक में यह तीनों स्थितियां रही होंगी। अतः बहेलिया के तीर ने तलबे में स्थित मर्म स्थानों का भेदन कर दिया होगा, ऐसा सिद्ध होता है। श्री कृष्ण को असह्य पीडा हुई होगी, तभी उनका आंखे बंद करने का उल्लेख है, अपनी आत्मा को स्वरूप में स्थित किया (यह संज्ञाहीनता का संकेत है) तथा एक स्वाभाविक क्रिया है कि जब कोई शल्य शरीर में चुभ जाता है, तो स्वतः अथवा जो व्यक्ति पास में होता है, उस शल्य को निकालता है। उपरोक्त तीनों मर्मों के भेदन का प्रभाव इस प्रसंग में परिलक्षित हैं।

आधुनिक समय में मर्म विज्ञान के निष्णात ज्ञाता अत्यल्प है। अब एक्यूप्रेशर व एक्यूपंचर का प्रचलन है। इन पद्धतियों में शरीर में मैरीडियंस का उल्लेख है। इन मैरीडियंस को दबाने या सुई चुभोकर चिकित्सा की जाती है। प्रतीत होता है कि यह विधियां भी मर्म चिकित्सा की ही अनुकृतियां हैं। हमारी संस्कृति में नासिका व कर्ण छेदन, गोदना गोदने की क्रिया, योगियों के द्वारा शर शैया एक्यूपंचर के ही उदाहरण हैं।

नक्काशीदार खडाऊँ पहनना, कान में यज्ञोपवीत बांधना, पैर के अंगूठे में धागा बांधना आदि एक्यूप्रेशर के उदाहरण हैं।

एक्यूप्रेशर का प्रसंग आ गया है तो यहां यह उल्लेख करना प्रासंगिक होगा कि पुराने समय में लकडी की खडाऊँ में फूल पत्ती की नक्काशी भी की जाती थी। खडाऊँ पर बारीक नक्काशी करने वाले बढ़ई भी एक्यूप्रेशर सिद्धान्तों के जानकार होते थे। ऐसा आभाषित होता है, ऐसा मैं इसलिये कह सकता हूँ कि आज कल बाजार में उपलब्ध रबर की चप्पल, जिससे रबर की कीले जैसी अथवा छोटे–छोटे गुटके जैसे उभार पूरी चप्पल में होते हैं, जो पूरे तलवे पर एक सी चुभन पैदा करती हैं, किन्तु खडाऊँ की नक्काशी इस ज्ञान के साथ की जाती थी कि कहां पर उभार रखना है और कहां पर खाली जगह (गडढा) रखना है, क्योंकि तलवों से शरीर के विभिन्न अंगो से सम्बन्ध होने का ज्ञान पूर्वकाल से ही चला आ रहा है। संलग्न चित्रों में देखें– भगवान के चरण चिन्हों में कुछ आयुधों व मांगलिक चिन्हों को दर्शाया गया है तथा एक्यूप्रेशर की पुस्तक में दिये गये चित्र में शरीर के अंग दर्शाये गये हैं।

**मत्स्य कुलिशांकुशचापः पद्म क्षत्र शिलीमुखं।**
**शंख स्वास्तिक शिखी ध्वज संयुक्त श्रीपति पदतलम्।।**
**अम्बुनिधिजा शेष सेव्यमनादि व्यक्तेकादशं ।**
**गोपञ्चजनित विकार प्रशमित षडैश्वर्य प्रदायकम् ।।**

**– श्री विष्णु पुराण**

विडम्बना है कि न तो आज मर्म विज्ञान का ज्ञान रखने वाले नक्काशीदार खडाऊँ बनाने वाले बढई उपलब्ध है और न इस ज्ञान के आधार पर चप्पल ही बनायी जाती है। एक्यूप्रेशर के सिद्धान्त के अनुसार पूरे तलवे पर चुभन देने वाली चप्पल पहनना सर्वथा अनुपयुक्त है। सिद्धान्ततः केवल उपयुक्त स्थान पर ही दबाव पडना चाहिये।

आशा है इस प्रकार महर्षि सुश्रुत तथा उनसे पूर्व भगवान धन्वंतरि के द्वारा दिये गये मर्म विज्ञान तथा इससे ही उपजी एक्यूपंक्चर व एक्यूप्रेशर की विधियों की संक्षिप्त चर्चा आप को रोचक लगी होगी।

**(डॉ० सुशील कुमार जोशी की मर्म विज्ञान पुस्तक से उदघत पृष्ठ छाया चित्र)**

Marma Science and Principles of Marma Therapy

*amsaphalaka* (2), *amsa* (2) are located. There are a total of fourteen *marmas* present in the back.

In supraclavicular region *dhamani (4) i.e. nila (2), manya (2), matrika (8), krikatika (2), vidhura (2), phana*(2), *apanga(2), avarta (2), utkshepa (2), samkha (2), sthapani (1), simanta (5), sringataka (4)* and *adhipati* (1) are situated. There are a total of 37 *marma* points in the supraclavicular region.

*Talahridaya, indravasti, guda* and *stanarohit marmas* are *mansa marma* (muscular vital point).

*Neela* (2), *manya (2), matrika (8), sringataka (4), apanga (2), sthapani(1), phana(2), stanamula (2), apalapa (2), apastambha (2), hridaya (1), nabhi (1), parsvasandhi (2), vrihati (2), lohitaksha* (4) and *urvi* (4) are *sira marma* (vascular vital point)

*Ani (4), vitapa (2), kakshadhara(2), kurca (4), kurcasira (4), vasti (1), kshipra* (4), *amsa (4), vidhura (2), utkshepa* (2), are *snayu marma* (ligamental vital point)

*Katikataruna (2), nitamba (2), amsaphalaka (2), samkha* (2), are *asthi marma* (bony vital point).

*Janu (2), kurpara (2), simanta (5) adhipati (1), gulpha (2), manibandha (2), kukundara* (2), *avarta* (2) and *krikatika* (2) are *sandhi marma* (articular vital point).

These *marmas* can be categorized in to 5 groups according to the effect of trauma on it.

1. *Sadya pranahara* (fatal) *marma* -19
2. *Kalantara pranahara* (delayed fatal)- *marma*-33
3. *Vishalyaghna* (fatal after removal of foreign body) *marma*- 3
4. *Vaikalyakara* (disabling) *marma*-44
5. *Rujakara* (painful) *marma*- 8

*Shringataka (4), adhipati (1), samkha (2), matrika (8), guda (1), hridaya (1), vasti* (1), *nabhi* (1): these 19 vital points are fatal. Any njury to these points may lead to death.

*Stanamula (2), stanarohita (2), apalapa (2), apastambha (2), simanta (5), talahridaya (4), kshipra (4), indravasti (4), katikataruna (2), parsvasandhi (2), vrihati* (2) and *nitamba* (2) are 33 vital points which are delayed fatal. Any injury to these points may cause fatality, though after delay. This delay may be for a duration of 15 to 30 days. This interregnum can be used for prevention of fatality, but again only through the use of *marma* therapy.

*Utkshepa (2) and sthapani (1) marma* are fatal after removal of foreign body. The foreign body being referred to is the cause of injury, like an arrowhead, a bullet or any other implement.

23

*Lohitaksha (4), Janu (2), urvi (2), kurca (4), vitapa (2), kurpara (2), kukundara* (2), *kakshadhara (2), vidhura (2), krikatika (2), amsa (2), amsaphalaka (2), apanga* (2), *neela (2), manya (2), phana (2), avarta* (2) these 44 vital points are disabling. Any injury to these points may lead to disability.

*Gulpha (2), manibandha (2), kurcasira* (4), these eight points are painful. Any injury to these points may lead to severe pain.

*Marma* is the combination of *mansa, sira, snayu, asthi* and *sandhi.* Naturally these are life spots. According to Vagabhatta those places where any injury may lead to different kinds of pain and tremors are known as *marmas.*

Fatal *marmas* are *agneya* in nature. Injury to these points may lead to sudden decline in vitality and death. Delayed fatal *marmas* are *saumyagneya: there* is sudden decline in *agneya* property but there is insidious decline in *saumya* property; so there is delay in fatality and death takes place after some time. In cases where fatality occurs after removal of the foreign body the *marmas* are *vayavya* in nature. After injury there is cessation of air and removal of foreign body may lead to sudden loss of internal air and death. But if the foreign body is not removed and the wound heals spontaneously and the foreign body falls off by itself then the effect is not fatal.

Disabling *marmas* are *saumya* in nature. *Soma* is stable and cold. It protects life. Any injury to these parts is not fatal but may lead to disability. Painful *marmas* are combination of *agni* and *vayu* properties. Any injury to these points may lead to severe pain.

It has been said that all the five basic body elements are involved in the *marmas.* In the fatal points vein, ligament, muscle, bone and joint,- all are combined. When all these fractions are present in less quantity or one fraction is absent then it is known as delayed fatal *marma.* If two fractions are absent it is known as the *marma* which is fatal after removal of foreign body. If three fractions are absent then these points are known as disabling *marmas.* If only one fraction is available then these points are known as painful *marmas.*

The above discussion shows how important and vital the *marma* points are in the human body.

**Table 1: Description of marma points in the human body**

| Name | No. | Location | Type | Resultant |
|---|---|---|---|---|
| 1. *Kshipra* (First intermeta carpal ligament) | 2 | Upper Extr. | Ligament | Delayed Fatal |
| 2. *Kshipra* (First intermeta-tarsal ligament) | 2 | Lower Extr. | Ligament | Delayed Fatal |

| Name | No. | Location | Type | Resultant |
|---|---|---|---|---|
| 43. *Apanga* (Zygomatico-temporal vessels) | 2 | Head | Blood Vessel | Disabling |
| 44. *Avarta* (Junction of the frontal, molar and sphenoid bone) | 2 | Head | Joint | Disabling |
| 45. *Utksepa* (Temporal muscle and fascia) | 2 | Head | Ligament | Fatal after f.b. |
| 46. *Samkha* (Temples) | 2 | Head | Bone | Fatal |
| 47. *Sthapani* (Nasal arch of the frontal vein) | 1 | Head | Blood Vessel | Fatal after f.b. |
| 48. *Simanta* (Cranial sutures) | 5 | Head | Joint | Delayed Fatal |
| 49. *Sringataka* (Cavernous and inter-cavernous sinuses) | 4 | Head | Blood Vessel | Fatal |
| 50. *Adhipati* (Torcular herophilia) | 1 | Head | Joint | Fatal |

**Table 2: Detail of effect of trauma on vital points (marma)**

| Name | Effect |
|---|---|
| 1. *Kshipra* (First intermeta carpal ligament) | Death due to convulsions |
| 2. *Kshipra* (First intermeta-tarsal ligament) | Death due to convulsions |
| 3. *Talahridaya* (Palmer aponeurosis) | Death due to severe pain |
| 4. *Talahridaya* (Long planter ligament) | Death due to severe pain |
| 5. *Kurca* (Carpo-metacarpal and intercarpal ligament) | Wrist drop and tremors |
| 6. *Kurca* (Tarso-metatarsal and intertarsal Ligament) | Foot drop and tremors |
| 7. *Kurcasira* (Lateral ligaments of the wrist joint) | Pain and Swelling |
| 8. *Kurcasira* (Lateral ligaments of the ankle joint) | Pain and Swelling |
| 9. *Manibandha* (Wrist joint) | Pain, wrist drop and deformity |
| 10. *Gulpha* (Ankle joint) | Pain, restricted ankle movement, deformity |
| 11. *Indravasti* (Origin of Palmaris longus muscle) | Excessive hemorrhage and death |

27

# श्रीराम पदाम्बुज

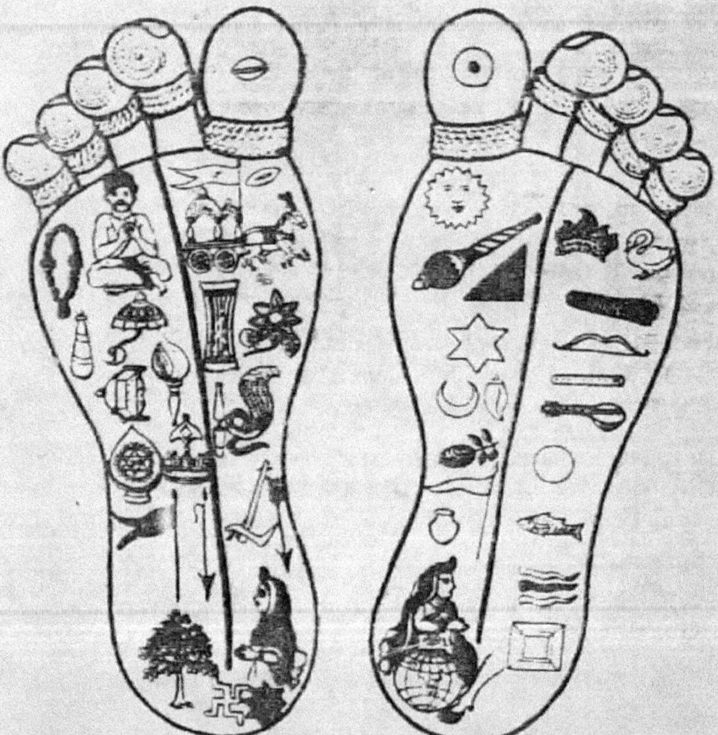

पद पयोज जनित जल जो है। चारू चिन्ह अड़तालिस सो है॥
स्वस्तिक अष्टकोण श्रीकेरा। हल मूसल पन्नग शर हेरा॥
नभ नीरज रथ वज्रअघाता। उर्ध्वरेख सुरतरू सुख दाता॥
अंकुश ध्वज अरू मुकुट छबीला। चक्र सिंहासन दण्ड रबीला॥
चंवर छत्र नर यव माला। दक्षिण पद यह चिन्ह विशाला॥
गोपद पृथ्वी कुम्भ पताका। जम्बूफल अर्धांजक बाँका॥
दर षटकोण त्रिकोण गदारा। जीवबिन्दु सरयू सरी धारा॥
शक्ति सुधाथल त्रिवली मीना। पूर्णविधु वंशी बरबीना॥
धनुष त्रोण चन्द्रिका मराला। उर्ध्व वाम पद चिन्ह विशाला॥

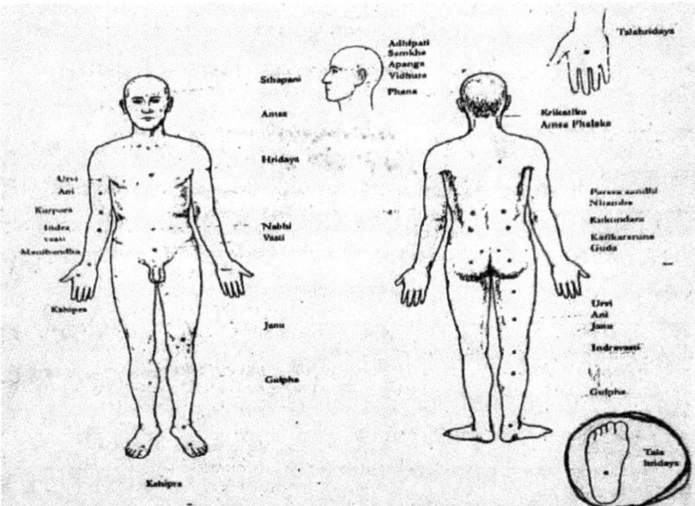


SOME IMPORTANT MARMA POINTS IN HUMAN BODY

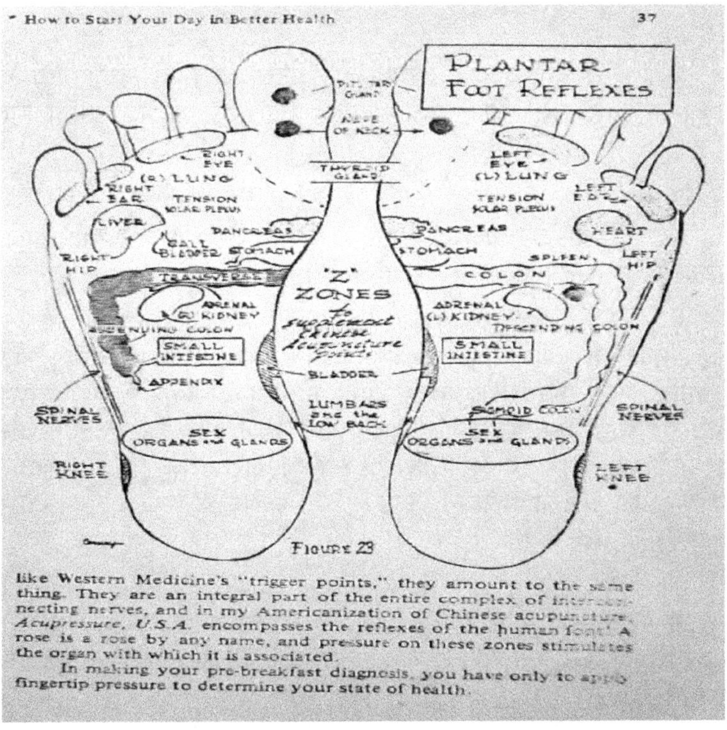
How to Start Your Day in Better Health 37



FIGURE 23

like Western Medicine's "trigger points," they amount to the same thing. They are an integral part of the entire complex of interconnecting nerves, and in my Americanization of Chinese acupuncture, *Acupressure, U.S.A.* encompasses the reflexes of the human foot. A rose is a rose by any name, and pressure on these zones stimulates the organ with which it is associated.

In making your pre-breakfast diagnosis, you have only to apply fingertip pressure to determine your state of health.

# 20. कालगणना
## (विभिन्न कैलेन्डर्स का संक्षिप्त तुलनात्मक अध्ययन)

दैनिक व्यवहार में हम दिनांक, दिवस, तिथि, माह तथा वर्ष का यथा आवश्यक प्रयोग करते हैं। हर दिन हम अपनी दिनचर्या एक नई तारीख /तिथि के साथ प्रारम्भ करते हैं। वर्तमान में वैश्विक स्तर पर जिस कैलेण्डर की स्वीकार्यता है, उसके अनुसार एक वर्ष में 12 महीना प्रत्येक माह में 30 दिन या 31 दिन, सप्ताह में 7 दिन प्रत्येक दिन रात सहित 24 घंटे, एक घंटे में 60 मिनट और एक मिनट में 60 सेकेण्ड की गणना होती है। इस प्रकार की गणनानुसार एक वर्ष में 365.25 दिन होते हैं। एक नियम निर्धारित किया गया कि यदि वर्ष 4 से विभाजित होता है तो उसे 'लीप इयर' कहा जायेगा यदि 4 से विभाजित नहीं होगा तो वह 'लीप इयर' नहीं कहलायेगा और फरवरी माह में 28/29 दिन होंगे।

विश्व में कालगणना दो आधार पर की गई है–सूर्य के आधार पर तथा चन्द्रमा के आधार पर।

**सौर वर्ष**

पृथ्वी सूर्य का चक्कर लगाती है। जिस बिन्दु से पृथ्वी सूर्य का चक्कर लगाकर उसी बिन्दु तक आती है तब एक वर्ष की गणना होती है। पृथ्वी स्वयं भी 23.5°एक्सिस पर घूमती है।

**चंद्र वर्ष**

चंद्रमा पृथ्वी के चक्कर लगाता है जब चन्द्रमा पृथ्वी के 12 चक्कर पूरे कर लेता है तब एक वर्ष पूरा होता है।

सौर वर्ष में 365.25 दिन तथा चंद्र वर्ष में 354.367 दिन होते हैं।

अनेकानेक देशों में उनके अपने अपने कैलेण्डर प्रचलित हैं। विश्व के प्रमुख धर्मावलम्बियों ने अपनी अपनी मान्यता के अनुसार भी कैलेण्डर बनाये हैं। यहां हम सौर गणना, चंद्र गणना तथा सौर वर्ष चंद्र वर्ष दोनों की समन्वित गणना पर आधारित ईसाई, हिजरी तथा हिन्दू (भारतीय) कैलेण्डर्स का संक्षिप्त अध्ययन करेंगे।

**ईसाई कालगणना**

ईसाई कालगणना सौर सिद्धान्त पर आधारित है। एक वर्ष में सवा तीन सौ पैसठ दिन का एक कैलेण्डर वर्ष बनाया गया तथा प्रति चार वर्ष में फरवरी माह में एक पूरा दिन बढ़ाकर प्रत्येक चार वर्ष के 1/4 दिन की पूर्ति की जाती है। जनवरी से दिसम्बर तक 12 माह और सनडे से सेटरडे तक 7 दिन का सप्ताह होता है। यह ग्रेगेरियन कैलेण्डर का

संशोधित रूप है। ईसाई कैलेण्डर निर्माण का संक्षिप्त इतिहास निम्नवत है–

## रोमन कैलेण्डर

रोम में एक कैलेण्डर बनाया गया, जो मार्च माह से प्रारम्भ होता था। इसमें 10 माह होते थे। पोम्पील्स में 10 माह के साथ दो माह जनवरी और फरवरी जोड़कर 12 माह का कैलेण्डर बनाया गया। ईसवी सन 153 में पहली जनवरी से वर्ष का प्रारम्भ माना गया।

## जूलियन कैलेण्डर

तानाशाह जूलियस सीजर का जन्म 12 जुलाई 100 ई०पू० हुआ था। उसने अपने नाम से, एक यूनानी ज्योतिषी की सलाह से, एक कैलेण्डर बनवाया। जूलियस सीजर का जन्म जिस माह में हुआ था उस माह का नाम जुलाई रखा गया और कैलेण्डर का नाम जूलियन कैलेण्डर रखा गया। इसमें उस वर्ष के पूर्व के वर्ष के दिनों को 445 कर दिया गया।

इसके बाद सम्राट आगस्टस के नाम पर जुलाई के बाद वाले माह का नाम अगस्त रख दिया गया।

## ग्रेगेरियन कैलेण्डर

पोप ग्रेगरी ने सन 1582 के बाद पुनः एक नये कैलेण्डर को प्रारम्भ किया। इसमें लीप इयर (वह वर्ष जिसमें फरवरी माह 28 दिन के बजाय 29 दिन का माना जाता है) की शुरुआत की। एक बार पुनः सितम्बर माह को 19 दिन का करके एक नया कैलेण्डर बनाया गया।

इस प्रकार हमने पाया कि सम्राट और पादरी अपने अपने प्रभाव और सोच के अनुसार कैलेण्डर बनवाते रहे, जिनका गणितीय तथा वैज्ञानिक आधार था ही नहीं।

वर्तमान में प्रचलित ईसाई कैलेण्डर ग्रेगेरियन कैलेण्डर का परिमार्जित रूप है। यह ईसा मसीह के जन्म दिन से प्रारमभ किया गया है और उसे पहली जनवरी माना गया। इसे पुर्तगाल, स्पेन, इटली, जर्मनी, इंग्लैण्ड, यू.एस.ए. तथा ब्रिटिश शासित भारत सहित सभी उपनिवेशों में प्रचलित किया गया।

## हिजरी कैलेण्डर

ऐसा प्रतीत व परिलक्षित होता है कि इस्लाम से पहले अरब में सौर कालगणना प्रचलित थी। कारण कि ऋतुओं पर आधारित महीनों के नाम चंद्रगणना पर सम्भव नहीं है। अरब की प्राचीन पद्धति वैदिक पद्धति से प्रभावित थी। उदाहरणार्थ–

तैत्तरीय संहिता (4000 ईसा पूर्व से अधिक) में महीनों के नाम दो दो के जोडे में उद्धृत है (4/4/11 तथा 4/4/14)–

1. बसन्त – मधु–माधव
2. ग्रीष्म – शुक्र–शुचि
3. वर्षा – नभस–नभस्थ
4. शरद – इष–ऊर्ज
5. हेमन्त राहस्त्र–राहस्य
6. शिशिर –तपस–तपस्य

इसी विधा पर अरब में भी दो दो के जोडे से प्रथम और द्वितीय के लिये औव्वल और आखिर शब्दों का प्रयोग किया गया था। कुछ उदाहरण निम्नांकित हैं–

तीसरे और चौथे माह को 1. रवी अल औव्वल

2. रवी अल आखिर

पांचवे और छठवें माह को 1. जुमाद अल औव्वल

2. जुमाद अल आखिर

ह० मोहम्मद सा0 के मक्का से मदीना चले जाने (हिजरत) के 16–17 वर्ष बाद खलीफा उमर ने मुसलिम विद्वानों की बैठक बुलाई जिसमें सर्व सम्मति से निर्णय लिया गया कि मुसलमानों का अपना एक कैलेण्डर होना चाहिये। किन्तु न तो कुरान में इस विषय में निर्देश था और न ह० मोहम्मद सा० ने स्पष्ट रूप से इस विषय में कुछ कहा था इसलिये मुसलिम कैलेण्डर कब से प्रारम्भ किया जाये इस पर विवाद हुआ। तीन प्रमुख प्रस्ताव आये 1. मोहम्मद साहब के जन्म दिन से प्रारम्भ किया जाये, 2–मोहम्मद साहब की मृत्यु की तिथि से प्रारम्भ किया जाये, 3– मोहम्मद साहब का अपने अनुयायियों सहित मक्का से मदीना हिजरत करने के दिन से कैलेण्डर की वर्ष गणना प्रारम्भ की जाये। अली हजरत द्वारा प्रस्तावित तीसरे प्रस्ताव पर सहमति बनी। इस प्रकार हिजरत की तिथि से प्रारम्भ होने वाले कैलेण्डर को हिजरी कैलेण्डर कहा गया।

फिर विचारणीय बिन्दु था कि हिजरी कैलेण्डर का पहला महीना कौन सा रखा जाये। इस पर पांच प्रस्ताव आये 1–रवी अल औव्वल, 2–रजब, 3–धू अल हिज्ज, 4 रमदान, 5–मोहर्रम। यह प्रस्ताव उस्मान ने रखा। मोहम्मद सा० की हिजरत रवी–अल–औव्वल की आठवीं तारीख को हुई थी। फिर भी हिजरी कैलेण्डर के अनुसार साल की शुरुआत उससे दो माह पहले मोहर्रम माह की पहली तारीख से निर्धारित की गई। चूंकि यह कैलेण्डर चंद्र गणना पर आधारित किया गया, इसलिये चंद्रदर्शन के आधार पर वर्ष का प्रारम्भ किया गया।

चंद्रगणना के अनुसार हिजरी कैलेण्डर में 12 महीना होते हैं। एक वर्ष में सौरगणना के 354 दिन के बराबर दिन होते हैं। सौर वर्ष में 11 दिन का अंतर होता है। यहीं कारण है कि इस्लामी त्योहार 11 दिन की गति से पीछे खिसकते रहते हैं और हर तीन वर्ष में एक माह के बराबर दिनों की हानि होती है।

**हिन्दू कैलेण्डर**

भारतीय कालगणना का क्रम वैदिक काल से ही गणितिज्ञों और ज्योतिष शास्त्रज्ञों की कालगणना को, ग्रहों, नक्षत्रों, राशियों के ज्ञान व गति तथा उनके परिभ्रमण मार्ग, साथ ही अक्षांश व देशान्तर के ज्ञान के आधार पर शूक्ष्मतम गणना करके, निर्धारित किया गया है। इस सूक्ष्मतम विषय ज्ञान पर विश्व के वैज्ञानिक व खगोलविद आश्चर्य चकित है कि पुरातन काल में साधनों के अभाव के बावजूद भारतीय विद्वान यह सब कैसे जान पाये और इतने सूक्ष्म ज्ञान का विकास कैसे कर पाये।

भारतीय संस्कृति में सूर्य एवं चंद्र दोनों को महत्व वैदिक काल से ही दिया गया है अतः दोनों पर आधारित विस्तृत एवं समन्वित अध्ययन करके एक त्रुटिहीन कालगणना प्रस्तुत की गई है। यह ज्ञान विश्व को ब्रह्मगुप्त, आर्यभट्ट, भास्कराचार्य, बाराहमिहिर आदि ने दिया।

भारत में भी अलग–अलग समय में कई कालगणना (कैलेण्डर) के उदाहरण है यथा–

**विक्रम सम्वत्**

यह कालगणना उज्जयनी के सम्राट विक्रमादित्य ने (वर्तमान से 2292 वर्ष पूर्व) प्रचलित किया था। यह सूर्य की गति पर आधारित है। इस कालगणना के अनुसार दिन, वार और तिथि सूर्योदय से आरम्भ होते हैं। वर्ष का प्रारम्भ चौत्र मारा की प्रतिपदा से होता है।

**शक सम्वत्**

एक मान्यता के अनुसार कुषाण वंश के कनिष्क प्रथम (78 ई०पू० से 44 ई0) को इस सम्वतसर का प्रवर्तक माना गया है और कुछ विद्धानों का मत है कि सातवाहन वंश के राजा शालिवाहन (60 ई०पू०) ने शक सम्वत को प्रचलित किया। अब इस शक सम्वत की राष्ट्रीय मान्यता है।

**सात दिनों का नामकरण**

अथर्व वेद में सात दिनों का उल्लेख मिलता है–

**'आदित्य सोमो भौमश्च बुध वृहस्पतिः।**
**भार्गव शनैश्चरश्चौव ऐते सप्त दिनाधिपाः।। (अथर्व ज्योतिष–93)**

अंतरिक्ष विज्ञान तथा गणित के स्पष्ट एवं पुष्ट आधार पर सूर्य से

घनिष्ट सम्बन्ध रखने वाले ग्रहों की कक्षाओं के अनुसार सात वार जिन्हें सामूहिक रूप से सप्ताह कहते हैं, का नामकरण किया गया है।

**महीनों का नामकरण**

चंद्रगणना के अनुसार पूर्णिमा को जो नक्षत्र होता है, उसी के नाम पर उस माह का नाम निर्धारित किया गया है। उदाहरण स्वरूप–आश्विनी प्रतिपदा में प्रकट होकर चंद्रमा पूर्णिमा को चित्रा नक्षत्र पर प्रकट होता है, इसीलिए प्रथम माह को चौत्र माह नाम दिया गया। इसी क्रम में अगले माह की पूर्णिमा में चन्द्रमा विशाखा नक्षत्र में प्रकट होता है, अतः दूसरे माह का नाम वैशाख रखा गया।

**12 महीनों के नाम नक्षत्रों के अनुसार निम्नांकित सारणी में देखें–**

1. चित्रा नक्षत्र चौत्र मास
2. विशाखा नक्षत्र वैशाख मास
3. जेष्ठा नक्षत्र जेष्ठ मास
4. पूर्वषाढ़ नक्षत्र आषाढ़ मास
5. श्रवण नक्षत्र श्रावण मास
6. पूर्व भाद्रपद नक्षत्र भाद्रपद मास
7. अश्वनी नक्षत्र आश्विन मास
8. कृतिका नक्षत्र कार्तिक मास
9. मृगशिरा नक्षत्र मार्गशीर्ष मास
10. पुष्य नक्षत्र पौष मास
11. मघा नक्षत्र माघ मास
12. पूर्व फल्गुनी नक्षत्र फाल्गुन मास

**अयन**

दो अयन होते हैं– उत्तरायन और दक्षिणायन। सूर्य 22 जून को कर्क रेखा से गमन करके 21 दिसम्बर को मकर रेखा पर दृष्टिगोचर होता है, इसलिये इसे दक्षिणायन कहते हैं। 22 दिसम्बर से सूर्य उत्तर की ओर गमन करता है और 21 जून को पुनः कर्क रेखा पर दृष्टिगोचर होता है, इसलिये इसे उत्तरायन सूर्य कहते हैं।

विषुवत रेखा से कर्क रेखा तक सूर्य के गमन तथा कर्क रेखा से वापस विषुवत रेखा तक आने को उत्तर गोल एवं विषुवत रेखा से मकर रेखा तक गमन तथा मकर रेखा से सूर्य के वापस विषुवत रेखा तक लौटने को दक्षिण गोल कहते हैं।

**भारतीय कालगणना की सूक्ष्मतम व वृहत्तम इकाई**

प्रायः सभी देशों में सूक्ष्मतम इकाई एक डिग्री मानी जाती हैं और कालगणना की वृहत्तम इकाई एक वर्ष मानते हैं जबकि भारतीय

कालगणना में एक डिगरी के 60 भाग करने पर एक 'कला' तथा एक कला के 60 भाग करने पर एक विकला को सूक्ष्मतम इकाई मानी गई है।

भारतीय कालगणना में एक वर्ष से आगे 12 वर्ष का एक युग वर्ष, 30 वर्ष का एक पितृ वर्ष, 360 वर्ष का एक दिव्य वर्ष, इसके पश्चात ब्रह्मा का एक दिन एक रात, विष्णु का एक दिन आदि अनेकतर अधिकाधिक इकाइयों की वृहत्तम गणना 18 अंकों तक की गई है। उपरोक्तानुसार विश्व के किसी भी कैलेण्डर की कालगणना से यह बहुत–बहुत सूक्ष्म भी और बृहत्तम भी कालगणना है।

## भारतीय कालगणना के विषय पर विदेशी विद्वानों के कथन

### 1. अलबरूनी

ईरानी विद्वान (भारत यात्रा 1017–1020) सीरियाई संस्कृत, यूनानी भाषा के इस विद्वान को भारत के इतिहास का पहला विदेशी जानकार कहा जाता है। अलबरूनी ने 'किताब–उल–हिन्द' नामक पुस्तक लिखी। उसने लिखा है 'ज्योतिष शास्त्र में हिन्दू लोग संसार की सभी जातियों से बढ़कर हैं। मैंने अनेक भाषाओं के अंक सीखे हैं पर किसी भी जाति में हजार से आगे की संख्या का कोई नाम नहीं मिला। हिन्दुओं में अठारह अंको की संख्या के लिये नाम है, जिसमें अंतिम संख्या का नाम 'परार्ध' बतलाया गया है।

### 2. मैकसमूलर

मैक्समूलर का कार्यकाल 1822–1900 था। यह जर्मनी में पैदा हुआ किन्तु अपने अधिकांश जीवनकाल में ब्रिटेन में रहा। प्रो० मैक्समूलर ने लिखा है "भारतवासी आकाश मण्डल और नक्षत्र मण्डल आदि के बारे में अन्य देशों के ऋणी नहीं हैं। इन वस्तुओं के मूल आविष्कर्ता वे ही हैं।"

### 3. फ्राक्वीस वर्नियर

फ्रांसीसी पर्यटक वर्नियर में 1658 में भारत की यात्रा की। उसने सूरत आकर के अनेक स्थानों का भ्रमण किया। उसने *'ट्रेवल्स इन द मुगल एम्पायर'* नाम पुस्तक लिखी। वर्नियर ने लिखा 'भारतीय चन्द्रग्रहण और सूर्यग्रहण की बिल्कुल ठीक भविष्यवाणी करते हैं। इनका ज्योतिष ज्ञान प्राचीन और मौलिक है।

### 4. ट्रेवर्नियर

फ्रांसीसी यात्री ट्रेवर्नियर ने 1638 से 1663 के बीच भारत की यात्रा की। यह हीरों का व्यापारी और जौहरी था। इसने 'टेवल्स इन इंडिया' नामक पुस्तक लिखी। ट्रेवर्नियर में लिखा है 'भारतीय, ज्योतिष ज्ञान में प्राचीन काल से ही अतीव निपुण है।

**5. इन्साइक्लोपीडिया ब्रिटेनिका**

प्रथम रूप में 1768 में प्रकाशित हुई। अब इसके 100 पूर्णकालिक सम्पादक है और 4300 विद्वानों का योगदान हैं। इस पुस्तक में उल्लिखित है– 'इसमें कोई संदेह नहीं है कि हमारे (अंग्रेजों के) वर्तमान अंक क्रम की उत्पत्ति भारत से है। सम्भवतः खगोल सम्बन्धी उन सारणियों के साथ जिनको एक भारतीय राजदूत ईसवी सन 773 में बगदाद लाया, इन अंकों का प्रवेश अरब में हुआ, फिर ईसवी सन की 9वीं शती के प्रारम्भिक काल में उक्त का विवेचन किया गया और उसी समय अरब में उसका प्रचार बढने लगा। योरोप में शून्य सहित सम्पूर्ण अंक क्रम ईसवी सन की 12वीं शती में अरब से लिया गया। इस क्रम से बना हुआ अंकगणित 'अलगोरिट्मस' नाम से प्रसिद्ध हुआ।'

**6. कांट आर्मस्टर्जन**

इन्हों ने लिखा है 'बेली के द्वारा किये गये गणित से प्रतीत होता है कि ईसवी सन से 3000 वर्ष पूर्व ही भारतीयों ने ज्योतिष शास्त्र और भूमितिशास्त्र में अच्छी पारदर्शिता प्राप्त कर ली थी।'

**7. कर्नल टॉड**

ब्रिटिश ईस्ट इंडिया के अधिकारी जो सन 1817–1818 में पोलिटिकल एजेंट के रूप में उदयपुर आये, उन्होंने 'राजस्थान' नामक पुस्तक लिखी। इन्होंने लिखा है– 'हम उन भारतीय ज्योतिषियों को कहां पा सकते हैं जिनका ग्रह मण्डल सम्बन्धी ज्ञान अब भी योरोप में आश्चर्य उत्पन्न कर रहा है।'

**8. मिस्टर मारिया ग्राहम**

इन्होंने लिखा है 'समस्त मानवीय परिष्कृत विज्ञानों का ज्योतिष ज्ञान मनुष्य को ऊँचा उठा देता है। इसके विकास का इतिहास संसार की मानवता के उत्थान का इतिहास है। भारत में इसके विकास के आदिम अस्तित्व के बहुत से प्रमाण मौजूद हैं।'

**9. सी.बी.क्लार्क**

इन्होंने लिखा है– 'अभी बहुत वर्ष पीछे तक हम सुदूर स्थानों के अक्षांश के विषय में ज्ञान नहीं रखते थे। किन्तु प्राचीन भारतीयों ने ग्रहण ज्ञान के समय से ही इन्हें जान लिया था। इनकी यह अक्षांश देशान्तर वाली प्रणाली वैज्ञानिक ही नहीं अचूक हैं।'

**10. प्रो० विल्सन**

प्रो. विल्सन के अनुसार 'भारतीय ज्योतिषियों को प्राचीन खलीफाओं विशेषकर हारून रशीद और अलपायन ने भलीभांति प्रोत्साहित किया। वे

वगदाद आमंत्रित किये गये और वहां उनके ग्रंथों का अनुवाद हुआ।'

**11. डॉ. राबर्टसन**

इनका कथन है 'बारह राशियों का ज्ञान सबसे पहले भारतीयों को हुआ था। भारत ने प्राचीन काल में ज्योतिष विद्या में अच्छी उन्नति की थी।'

**12. प्रो. कोलब्रुक और वेवर**

इनके मत है कि 'भारत को सर्वप्रथम नक्षत्रों का ज्ञान था। चीन और अरब में जयोतिष का विकास भारत से ही हुआ है। उनका कांति मण्डल हिन्दुओं का ही है। निःसन्देह उन्हीं से अरब ने इसे लिया है।'

**13. चीनी विद्वान लियांग चिनाव**

लियांग चिचाव ने लिखा है– 'वर्तमान सभ्य जाति ने जब हाथ पैर हिलाना भी प्रारम्भ नहीं किया था तभी हम दोनों भाईयों (चीन और भारत) ने मानव सम्बन्धी समस्याओं को ज्योतिष जैसे विज्ञान द्वारा सुलझाना प्रारम्भ कर दिया था।'

**14. प्रो. वैलस**

प्रो. वैलस ने मि० प्लेफसर की कुछ पंक्तियां उद्धृत की हैं– 'भारत ने ज्योतिष और गणित के तत्वों का आविष्कार अति प्राचीन काल में कर लिया था।'

**15. डी. मोर्गन**

इन्होंने स्वीकारा है कि 'भारतीयों का गणित और ज्योतिष यूनान के किसी भी गणित या ज्योतिष के सिद्धान्त से महान है। इसके तत्व प्राचीन और मौलिक हैं।'

**16. डॉ० थीबो**

इनका कथन है– 'भारत ही रेखागणित के मूल सिद्धान्तों का आविष्कर्ता है। इसने नक्षत्र–विद्या में भी पुरातन काल में प्रवीणता प्राप्त कर ली थी। यह रेखा गणित के सिद्धान्तों का प्रयोग इस विद्या को जानने के लिये करता था।'

**17. मिस्टर वर्जेस** (कार्यकाल 90–100 या 168–17 ई० में था)

इनका मत है 'भारत 'टॉलेमी' के सिद्धान्तों पर आश्रित नहीं है। अपितु ईसवी सन के बहुत पहले ही भारत ने इस विषय का पर्याप्त ज्ञन प्राप्त कर लिया था।' स्मरणीय है कि वे खगोलविद, भौगोलिक और ज्योतिषी थे।

उपरोक्त विवरण से स्पष्ट है कि गणित तथा ज्योतिष का अन्योनाश्रित सम्बन्ध है और भारतीय कालगणना इन्हीं दोनों विद्याओं पर

आधारित है। भारतीय गणित व ज्योतिष पर उपरलिखित सम्मतियों से स्पष्ट है कि पुरातन काल में इस ज्ञान का आविष्कार भारत में ही हुआ है। भारतीय काल गणना सर्वथा वैज्ञानिक तथा त्रुटिहीन है।

इस अध्ययन की विषयवस्तु 'कल्याण' पत्रिका के विशेषांक ज्योतिषतत्वांक से संकलित की गई है। यदि कहीं पर त्रुटि हुई हो तो क्षमा याचना निवेदित हैं।

# 21. ज्योतिषीय कालपरिमाण

*('कल्याण' के वार्षिक अंक 'ज्योतिष तत्वांक' से साभार)*

(श्री जगदीश प्रसाद जी तिवारी)

काल शब्द दो रूपों में प्रयुक्त होता है– 1. भूतों (जीवों) का प्राणान्त अर्थात् मृत्यु। इसके देवता यमराज हैं। 2. कार्यसम्पादन के लिये समय का निर्धारण, जिसकी गणना किसी इकाई के नाम से की जा सके। यह गणनात्मक काल है। ज्योतिष में गणनात्मक काल का प्रयोजन है।

गणनात्मक काल दो प्रकार का है। 1. स्थूलकाल (मूर्तकाल) तथा 2. सूक्ष्मकाल (अमूर्तकाल)। स्थूलकाल की गणना जगत् व्यवहार में की जाती हैं। सूक्ष्मकाल की गणना व्यवहार में कठिन है। यह काल की सूक्ष्म इकाई हैं। प्राणादि को सूक्ष्मकाल कहा जाता हैं। इसकी सूक्ष्मतम इकाई परमाणु या त्रुटि हैं। स्थूलकाल की महत्तम इकाई कल्प है। यहाँ संक्षेप में काल गणना का मान प्रस्तुत है–

| | |
|---|---|
| 1 परमाणु | = काल की सूक्ष्मतम अवस्था |
| 2 परमाणु | = 1 अणु |
| 3 अणु | = 1 त्रसरेणु |
| 3 त्रसरेणु | = 1 त्रुटि |
| 10 त्रुटि | = 1 प्राण |
| 10 प्राण | = 1 वेध |
| 3 वेध | = 1 लव |
| 3 लव | = 1 निमेष |
| 1 निमेष | = 1 पलक झपकने का समय |
| 2 निगेष | = 1 विपल |
| 3 निमेष | = 1 क्षण |
| 5 निमेष | = 2 1/2 त्रुटि |
| 2 1/2 त्रुटि | = 1 सेकण्ड |
| 20 निमेष | = 10 विपल 4 सेकण्ड |
| 5 क्षण | = 1 काष्ठा |
| 15 काष्ठा | = 1 दण्ड 1 लघु |
| 2 दण्ड | = 1 मुहूर्त |
| 15 लघु | = 1 घटी 1 नाडी |
| 1 घटी | = 24 मिनट |
| 3 मुहूर्त | = 1 प्रहर |
| 2 घटी | = 1 मुहूर्त 48 मिनट |

| | | |
|---|---|---|
| 1 प्रहर | = | 1 याम |
| 60 घटी | = | 1 अहोरात्र (दिन–रात) |
| 8 प्रहर | = | 1 अहोरात्र |
| 15 दिन–रात | = | 1 पक्ष |
| 2 पक्ष | = | 1 मास |
| 2 मास | = | 1 ऋतु |
| 3 ऋतु | = | 6 मास |
| 6 मास | = | 1 अयन |
| 2 अयन | = | 1 वर्ष |
| 6 ऋतु | = | 1 वर्ष |
| 1 वर्ष | = | 1 संवत्सर–1 अब्द |
| 10 अब्द | = | 1 दशाब्द |
| 100 अब्द | = | 1 शताब्द |

घटी, घटिका, घडी, नाड़ी, नाड़िका, दण्ड– ये समानार्थक हैं।

| | | |
|---|---|---|
| 60 तत्प्रति विकला | = | 1 प्रति विकला |
| 60 प्रति विकला | = | 1 विकला |
| 60 विकला | = | 1 कला |
| 60 कला | = | 1 अंश (डिग्री) |
| 30 अंश | = | 1 राशि |
| 12 राशि | = | 1 भचक्र, भगण |

**अन्य कालगणनाक्रम**

| | | |
|---|---|---|
| 1 त्रुटि | = | कमलपत्र को सूई की नोंक से एक बार छेदने का समय |
| 60 त्रुटि | = | 1 रेणु |
| 60 रेणु | = | 1 लव |
| 60 लव | = | 1 लीक्षक (1/15 सेकण्ड) |
| 60 लीक्षक | = | 1 प्राण (4 सेकण्ड) |
| 1 प्राण | = | 10 विपल (4 सेकण्ड) |
| 60 विपल | = | 1 पल |
| 60 पल | = | 1 घटी (24 मिनट) |
| 1 घटी | = | 1 नाड़ी (24 मिनट) |
| 1 नाड़ी | = | 1 दण्ड (24 मिनट) |
| 60 घटी | = | 1 दिन–रात (24 घंटे) |
| 30 दिन–रात | = | 1 मास |
| 12 मास | = | 1 वर्ष |

| | |
|---|---|
| 1 मास | = पितरों का 1 दिन–रात |
| 1 वर्ष | = देवताओं का 1 दिन–रात |
| 1 निमेष | = 1 पलक झपकने का समय |
| 3 निमेष | = 1 क्षण |
| 5 क्षण | = 1 काष्ठा |
| 15 निमेष | = 1 काष्ठा |
| 30 काष्ठा | = 1 कला |
| 30 कला | = 1 मुहूर्त |
| 30 मुहूर्त | = 1 दिन–रात |
| 15 दिन–रात | = 1 पक्ष |
| 2 पक्ष | = 1 मास |
| कृष्ण पक्ष | = पितरों का 1 दिन |
| शुक्ल पक्ष | = पितरों का 1 रात |
| 2 मास | = 1 ऋतु |
| 3 ऋतु | = 1 अयन 6 मास |
| 2 अयन | = 1 वर्ष |
| 6 ऋतुएँ | = 1 वर्ष |
| 1 मास | = पितरों का 1 दिन रात |
| 1 वर्ष | = देवताओं का 1 दिन रात |
| उत्तरायन | = देवताओं का 1 दिन |
| दक्षिणायन | = देवताओं की 1 रात |

**अन्य कालप्रमाण**

| | |
|---|---|
| 100 त्रुटि | = 1 लव 1 तत्पर |
| 30 लव | = 1 निमेष |
| 10 गुरु अक्षर | = 1 प्राण 1 असु |
| 45 निमेष | = 1 प्राण |
| 6 प्राण | = 1 पल 1 बिनाडी |
| 1 विघटिका | = 1 विघटी |
| 10 विपल | = 1 प्राण 1 असु |
| 60 विनाडी | = 1 नाडी 1 घटी 1 दण्ड |
| 60 नाडी | = 1 नक्षत्र 1 दिन रात |
| 7 1/2 | = 1 प्रहर |
| 8 प्रहर | = 24 घंटा, 1 दिन और 1 रात, कुल 24 होरा |
| 2 घटी | = 1 मुहूर्त |
| 30 मुहूर्त | = 1 दिन–रात |

07 दिन = 1 सप्ताह, 02 सप्ताह, 1 पक्ष<br>
30 दिन = 2 पक्ष, 1 मास<br>
12 मास = 1 वर्ष<br>
30 अहोरात्र = 1 सादन मास<br>
30 सादन दिन = 1 सादन मास<br>
30 चन्द्रतिथि = 1 चन्द्र मास<br>
01 संक्रांति से दूसरी संक्रांति तक = 1 सौर मास<br>
12 मास = 1 वर्ष, एक दिव्य दिन<br>
360 वर्ष = 1 दिव्य वर्ष

**युग प्रमाण**

सत्ययुग = 4000 वर्ष। सत्य युग की पूर्व सन्ध्या = 400 देवतावर्ष सत्ययुग की अन्तिम सन्ध्या = 400 देवता वर्ष। सत्ययुग 1440000+144000+144000= 1728000 (सत्रह लाख अट्ठाईस हजार) मानव वर्ष।

त्रेतायुग = 3000 देवतावर्ष। त्रेतायुग की पूर्व सन्ध्या = 300 देवतावर्ष। त्रेतायुग की अन्तिम संध्या=300 देवतावर्ष।

कुल 1080000+108000+108000=1296000 (बारह लाख छियानबे हजार) मानव वर्ष

द्वापर युग = 2000 देवतावर्ष। द्वापर की पूर्व सन्ध्या= 200 देवतावर्ष। द्वापर की अन्तिम सन्ध्या=200 देवतावर्ष ।

कुल 720000+72000+72000= 864000 (आठ लाख चौसठ हजार) मानव वर्ष।

कलियुग युग = 1000 देवतावर्ष। कलियुग की पूर्व सन्ध्या= 100 देवतावर्ष। कलियुग की अन्तिम सन्ध्या=100 देवतावर्ष।

कुल 360000+36000+36000= 432000 (चार लाख बत्तीस हजार) मानव वर्ष।

चतुर्युगी = देवताओं के लिए 12000 वर्ष। मनुष्यों के लिए 4320000 वर्ष (तिरालीस लाख बीस हजार मानव वर्ष) कलियुग से दुगना द्वापरयुग, तिगुना त्रेतायुग और चौगुना सत्ययुग होता है। एक चतुर्युगी कलियुग से दस गुनी होती है।

विश्वसृष्टिमान = ईसवी सन् 2013 में कलियुग को प्रारम्भ हुए 5114 वर्ष हो गये है। विश्व–सृष्टि के 1972949114 वर्ष (एक अरब सत्तानबे करोड़ उन्तीस लाख उनचास हजार एक सौ चौदह वर्ष) बीत चुके है। अभी 28वाँ चतुर्युग चल रहा है यह वैवस्वत नाम का सातवाँ मन्वन्तर चल रहा है।

**मन्वन्तर**

1 महायुग (चतुर्युगी)= 4320000 मानव वर्ष। 71.43 महायुग = 1 मन्वन्तर (1 मनुका जीवनकाल) 1000 महायुग = 1 कल्प–ब्रह्म का 1 दिन (4320000000 मानव वर्ष) ब्रह्मवर्ष की 1 रात= 1 कल्प 360 कल्प=ब्रह्म का 1 वर्ष, ब्रह्म की आयु–100 ब्रह्मवर्ष– 360 X 100= 36000 कल्प।

1 मन्वन्तर = 1000 चतुर्युगी का चौदहावाँ भाग= 17103 दिव्य वर्ष।

1 मन्वन्तर = 2 ब्रह्म अयन। उत्तरायण–ब्रह्मालोक का प्रकाश मार्ग।

दक्षिणायन = ब्रह्मालोक का धूम्रमार्ग।

मन्वन्तर का उत्तरायण = एक मनु की पूर्ण आयु।

मन्वन्तर का दक्षिणायन = अन्य मनु का जीवनकाल।

ब्रम्हाका 1 वर्ष = दस हजार अस्सी मनुओं की आयु के बराबर।

1 कल्प = 14 मन्वन्तर।

**मनुओं के नाम**

मनु 14 हैं। उनके नाम है – 1. स्वायम्भुव, 2. स्वारोचिष, 3. उत्तम, 4. तामस, 5. रैवत, 6. चाक्षुष, 7. वैवस्वत, 8. सावर्णि, 9. दक्षसावर्णि, 10. ब्रह्मसावर्णि, 11. धर्मसावर्णि, 12. रुद्रसातर्णि, 13. देवसावर्णि तथा 14. इन्द्रसावर्णि। वर्तमान काल में सातवें वैवस्वत मनुका काल चल रहा है। प्रथम छः मनुओं के काल व्यतीत हो चुके हैं। वर्तमान सातवें मनुकाल के 27 महायुग बीत चुके हैं, 28वाँ महायुग चल रहा है, जिसके प्रथम तीन युग (सत्ययुग, त्रेता और द्वापरयुग) बीत चुके हैं और चौथा युग 'कलियुग' चल रहा है। अभी कलियुग का प्रथम चरण है। ब्रह्मा का द्वितीय परार्ध है। श्वेतवाराह नाम का कल्प है और वैवस्वतः नाम का मन्वन्तर है।

**ईसवीं सन, विक्रम सम्वत्, शक सम्वत्, हिजरी सन् आदि में सामंजस्य**

ईस्वी सन् (+) 57 = विक्रम सम्वत्
ईस्वी सन् (–) 78 = शक सम्वत्
शक सम्वत् (+) 78 = ईस्वी सन्
शक सम्वत् (–) 57 = ईस्वी सन्
विक्रम सम्वत् (–) 135 = शक सम्वत्
ईसवीं सन् (–) 583 = हिजरी सन्
हिजरी सन् (–) 10 = फसली सन्
फसली सन् (–) 1 = बंगला सन्
शक सम्वत् (–) 500 = हिजरी सन्

इस प्रकार हम देखते है कि भारतीय गणितज्ञों तथा ज्योतिष शास्त्रविदों ने सूक्ष्मतम से महानतम काल गणना की खोज की है, जो

विश्व के किसी वैज्ञानिक ने नही की है। इससे यह भी परिलक्षित है कि भारतीय खगोल विज्ञान कितना उन्नत था। यह कालगणना की सारिणी आभासित कराती है कि हमारे पूर्वज योगी ऋषि समय–यात्रा (Time Travel) की विधि से भली प्रकार परिचित थे, अन्यथा यह कालगणना सम्भव ही नहीं हो सकती थी।

# 22. मानव धर्म

भारत में सनातन धर्म का इतिहास अति प्राचीन है। अभी तक सनातन धर्म के प्रारम्भ का काल लगभग छैः हजार वर्ष की मान्यता रही है किन्तु वर्ममान में ही नहीं, विश्व के अनेक स्थानों पर पुरातत्व वेत्ताओं ने उत्खनन करके प्राप्त भवनों, मूर्तियों तथा अन्य सामग्री की कार्बनडेटिंग द्वारा और भी कई हजार वर्ष पूर्व का माना है तथा कुछ खगोलविद् वैज्ञानिकों ने तो रामायण व भागवत तथा महाभारत आदि ग्रंथों में खगोल से सम्बन्धित सन्दर्भों के अध्ययन के पश्चात वैदिक काल को सत्ताइस हजार वर्ष पूर्व तक का माना है।

पुरातन काल में मंत्र दृष्टा ऋषियों एवं तत्व मर्मज्ञों ने समय समय पर धर्मशास्त्र का विवेचन किया व नियम निर्धारित किये हैं। हमारे पुरातन ग्रन्थों, धर्म सूत्रों, गुह्य सूत्रों तथा स्मृतियों आदि में राजा तथा प्रजा के लिये आचरणीय नियमों का निर्धारण परिस्थिति एवं काल के अनुरूप समय–समय पर किये जाने का उल्लेख है। प्रख्यात विद्वान पी.वी. काणें ने अपने ग्रंथ 'धर्मशास्त्र का इतिहास' में अनेकानेक ग्रंथों तथा उनके रचयिताओं के कार्यकाल को दर्शाया है। इनके कुछ उदाहरण अवलोकनीय है–ऋग्वेद, अथर्ववेद, तैत्रीय संहिता 4000 वर्ष, शौत्र सूत्र (आपस्तम्भ, आश्वलायन, गौतम, बौधायन वशिष्ठ के धर्मसूत्र आदि 300 से 800 ई०पू० तथा नारद स्मृति, वैखानस स्मृति, याज्ञवल्क स्मृति एवं मनुस्मृति 200 से 500 ई0 वपू० काल की मानी है। किन्तु मनीषिकुल में काल निर्धारण पर मतैक्य नहीं है।

धर्म की सूत्र रूप में व्याख्या 'धारणात धर्मः' से धर्म के ऐसे स्वरूप का आभास होता है, जिसके धारण करने से प्राणीमात्र सब प्रकार के विनाश एवं अधोगति से बचकर उन्नति व सन्मार्ग की ओर अग्रसर होता है, वह धर्म है। डा०पी.वी. काणे ने अपने 'धर्म शास्त्र का इतिहास' नामक ग्रन्थ में लिखा है–

"Dharm came to mean peculier duties and privilage of a person as a member of the aryan community, as a member of one of the varnas or as in perticular stage of life-" 'बहुशाखाह्यनंतिका' (महाभारत) के कारण धर्म के एक रूप विशेष का निर्धारण करना कठिन है।

व्यास जी के अनुसार 'धर्म बहुत सूक्ष्म है और चक्कर मे डालने वाला है, इसलिये समझ मे नही आता। (शां 261/37)

किन्तु जिज्ञासु की मनस्तुष्टि ऐसा सोच लेने मात्र से तो हो नहीं सकती है। अतः अब हमें विचार करना है कि ऐसा कौन सा मार्ग है, जो हमें विनाश तथा अधोगमन से बचाकर उन्नति की ओर उन्मुख करने में सक्षम है। मनुस्मृति, भागवत पुराण, रामचरित मानस, गीता आदि में इस प्रेच्छा का हल खोजने पर कुछ उद्धरण अवलोकनीय हैं–

**मनुस्मृति**

**'अहिंसा प्रथमं पुण्यं द्वितीयं करणग्रहः।**
**तृतीयं भूतदया चतुर्थं शान्तिरेव च'।।**

अर्थात्– अहिंसा, इंद्रिय निग्रह, प्राणियों पर दया तथा शान्ति क्रमशः ये चारों पुण्य प्रदान करती है।

**बौद्ध धम्मपद**

**'सत्तं भणे न कुज्झेयं, दज्जा, प्यास्मिम्पि याचिते।**
**एतेहितर्हि उनिहि गच्छे देवान सान्ति के।।'**

अर्थात्– सत्य भाषण, क्रोध न कराना, थोडा रहते भी दान करना, इन तीनों वृत्तों के पालन करने से मनुष्य देवताओं के समकक्ष हो जाता है।

**रामचरित मानस**

**परहित सरिस धरम नहि भाई,**
**पर पीड़ा सम नहि अधमाई।**

इस प्रकार हम एक पुष्ट एवं सर्वग्राह्य मत पर पहुँचते हैं कि उन सभी अनुसरणीय मार्गों तथा आचरणीय कर्तव्यों का जिनके द्वारा स्वयं का जन साधारण का एवं समग्र समाज का कल्याण एवं उत्थान हो उसका समन्वित रूप धर्म है।

अनेक आचार्य मनीषियों ने अपने अपने दृष्टिकोण से धर्म को परिभाषित किया है तथा व्याख्या भी की है–

**स्वामी विवेकानन्द**

स्वामी जी ने धर्म को तीन प्रकार से विभक्त करके देखा है– 1. दार्शनिक भाग, 2. पौराणिक भाग तथा 3. अनुष्ठानिक भाग।

**1. दार्शनिक भाग**

धर्म का वह भाग जिसमें उसके सिद्धान्त, मूलतत्व तथा उससे लाभ का स्पष्टीकरण किसी दार्शनिक पद्धति पर किया जाता है।

**2. पौराणिक भाग**

अनेक आख्यानों व उदाहरणों के द्वारा उक्त दार्शनिक मत की पुष्टि

की जाती है।

**3. अनुष्ठानिक भाग**

यह धर्म का स्थूल रूप होता है, धर्म के अनुरूप किस प्रकार व्यवहार किया जाये अर्थात्–कर्तव्य का निर्देशन अनुष्ठानिक भाग का ही अंग है। कर्तव्य का ज्ञान होना उसके उचित अनुचित की पहचान होना कठिन है और उससे भी कठिन है उस पर आचरण करना। कर्तव्यज्ञान तथा आचरण रूपी यज्ञ के तीन अंग है–

**1. सत्य संकल्प**

असत्य का त्याग ही सत्य संकल्प है। शास्त्रों में ईर्ष्या, द्वेष, छल, कपट आदि असत्य के रूप कहे गये हैं तथा इनके त्याग का आदेश है। सत्य संकल्प की पूर्ति त्याग और यज्ञ के द्वारा सम्भव है।

**2. आहुति**

अग्नि में जो वस्तु डालकर देवता को अर्पित की जाती है वह आहुति कहलाती है। भौतिक जगत में यदि हम मानव समाज को देव स्वरूप मान लें और कर्तव्य रूपी यज्ञ करें तो इस देव रूपी समाज के हेतु सेवा रूपी आहुति देना श्रेयस्कर है।

**3. बलि**

देवता की प्रीति के लिये उपरोक्त कर्तव्य यज्ञ में अहंभाव की बलि देने पर यज्ञ के तीसरे अंग की पूर्ति हो जाती है।

कर्तव्य ज्ञान एवं पालन के सम्बन्ध में उपरोक्त विवरण से सामान्य ज्ञान बोध तो होता है किन्तु एक शंका इस विषय में उत्पन्न हो सकती है कि क्या अजितेंद्रिय (आसक्त पुरुष) द्वारा किये गये कर्तव्य की गणना धर्म में की जाना चाहिये?

**श्रीमद्भागवत गीता**

**'यस्त्विन्द्रियाणि मनसा नियम्यारभतेऽर्जुन ।**
**कर्मेन्द्रियैः कर्मयोगमसक्तः स विशिष्यते ।।**

तात्पर्य यह है कि बिना कामना, आसक्ति तथा अभिमान से रहित हुये योग की साधना सम्भव नहीं है। अतः उसी कर्तव्य की गणना धर्म के रूप से होगी जो बिना किसी कामना के अनासक्तभाव से किया गया हो और कर्ता को उसका अभिमान न हो। यही स्पष्ट रूप से *'योगः कर्मसु कौशलम्'* भी है।

चौदह मनु हुये हैं। सृष्टि के प्रारम्भ में प्रथम मनु वैवस्वत मनु हुये, जिनकी पत्नी शतरूपा थीं। इसी परम्परा में वैवस्वत मनु द्वारा रचित

*'मनुसंहिता'* सनातन धर्म का मान्य ग्रन्थ है।

महाराज मनु की आज बहुत आलोचना की जाती है। किन्तु किसी पूर्वाग्रह से ग्रसित हुये बिना धर्म के जो दस लक्षण अपनी स्मृति में मनु महाराज ने दिये हैं। क्या उनमें किसी व्यक्ति या वर्ग को किसी प्रकार की हानि की सम्भावना लेशमात्र भी है– मनु महाराज द्वारा कहे गये धर्म के यह दश लक्षण अनुष्ठेय कर्म हैं। इन कर्मों के पालन को हम नैतिकता वाले कर्म कह सकते है। ऐसे ही सामाजिक धर्म की ओर मनु महाराज ने इंगित करते हुए इस प्रकार व्यवस्था दी है –

**'धृतिः क्षमा दमोऽस्तेयं शौचमिन्द्रियनिग्रहः।**
**धी, विद्या सत्यमक्रोधो दशकं धर्म लक्षणम् ।।**
**'अहिंसा सत्यमस्तेयं शौचं इंद्रियनिग्रहः।**
**एतत सामसिकं धर्म चतुर्वर्ण्येऽब्रवीन्मनुः।।** (मनुस्मृति)

वर्तमान युग में जब हम आध्यात्मिक लक्ष्य से विमुख होकर भौतिक सुखों की मरीचिका की ओर उत्तरोत्तर अग्रसर हैं, ऐसे में तप और यज्ञ का प्रदर्शन मात्र हो रहा है। इनके वास्तविक अनुष्ठान की कल्पना शैलवत ही है। महाराज मनु द्वारा दर्शाये गये धर्म के ऐसे स्वरूप की ही आवश्यकता है जो समाज के सभी जन साधारण के लिये उदार दृष्टिकोण रखते हुये अत्मिक व आध्यात्मिक तथा लौकिक सुख की उपलब्धि के मार्ग भी प्रशस्त करता हो। यह मार्ग धनवान तथा निर्धन, शक्त व निशक्त सभी के लिये ग्राह्य हो।

**मानसं सर्वभूतानां धर्ममाहुर्मनीषिणः।**
**तस्मात् सर्वभूतेषु मनसा शिवमाचरेत।।** (म०भा०)

शिवमस्तु ।

# 23. सनातन संस्कृति में शंख

प्रत्येक मंदिर में तथा घर में शंख आवश्यक रूप से उपलब्ध होता है, शंख का पूजन भी किया जाता है तथा शंख बजाया भी जाता है। पौराणिक आख्यान के अनुसार समुद्र मंथन से चौदह रत्नों की प्राप्ति हुई थी जिनमें श्री (लक्ष्मी) तथा शंख भी थे। इसी कारण से मान्तया है कि जहाँ पर शंख होगा उस घर में लक्ष्मी भी वास करती है।

शंख घोंघा नामक जीव का आवरण है। घोंघा इसे अपनी सुरक्षा के लिय बना लेता है। पोंखरों, नदियों से लेकर समुद्र तक छोटे छोटे से लेकर बड़े घोंघों के आकार के अनुरूप शंखी से विभिन्न आकर के शंख पाये जाते हैं। सबसे बड़े आकार का शंख भारत के केरल राज्य स्थित गुरुवयूर के श्री कृष्ण मंदिर में है, जिसकी लम्बाई आधा मीटर तथा वजन दो किलोग्राम है। उत्तम प्रकार के शंख मानसरोवर, लक्षद्वीप, मालद्वीप, कोरलद्वीप, श्रीलंका में पाये जाते हैं।

शंख का जहां एक ओर पूजा में प्रयोग होता है, वहीं आयुर्वेद में रोगोपचार में भी प्रयोग होता है। शंख भस्म, शंखद्रव का प्रयोग उदर रोगों में किया जाता है। शंख में प्रचुर मात्रा में कैल्शियम, फास्फोरस तथा गंधक आदि खनिज तत्व पाये जाते हैं। यह अस्थियों को पुष्ट करते है तथा चर्म रोगों में भी लाभ प्रद हैं।

शंख की ध्वनि का सामंजस्य ऊँ की ध्वनि से है। शंख की ध्वनि की आवृत्तियाँ मस्तिष्क के तंतुओं को सक्रिय करती हैं जिससे स्मरण शक्ति प्रबल होती है। शंख बजाने से फेफड़ों में वायु की उपलब्धि की क्षमता बढ़ती है क्योंकि फेफडों का आकार भी बढ़ जाता है।

**शंख के प्रकार**

शंख अपनी बनावट के आधार पर तीन प्रकार के होते हैं–

1 . दक्षिणवर्ती, 2. वामवर्ती तथा 3. मध्यवर्ती।

दक्षिणवर्ती शंख शुभ माना जाता है। इसे पूजा स्थान में रखकर इसकी भी पूजा किये जाने का विधान है। वामवर्ती शंख अधिकांशतः उपलब्ध होता है। यह प्रायः बजाने के लिये प्रयुक्त होता हैं मध्यवर्ती शंख बहुत कम मिलता है। इसे गणेश शंख भी कहते हैं।

योगी इन तीनों प्रकार के शंखों की ध्वनि को क्रमशः इडा, पिंगला तथा सुश्मना नाडियों पर प्रभाव डालने वाली ध्वनि मानते हैं। योग में शंख मुद्रा बनाने का भी वर्णन है। शंख मुद्रा हाथों तथा उंगलियों से बनाते हैं। पूजा पद्धति में भी शंख मुद्रा बनाने का वर्णन है।

धर्म शास्त्रों तथा पुराणों में अनेक नाम के शंखों का उल्लेख है– विष्णु शंख, लक्ष्मी शंख, गणेश शंख, देव शंख, अन्नपूर्णा शंख, कामधेनु शंख, मणिपुष्पक शंख, शनि शंख, राहु शंख, केतु शंख, गरुड शंख, शेषनाग शंख, गोमुखी शंख, कच्छप शंख, चक्र शंख, हीरा शंख, मोती शंख, राक्षस शंख, व्याघ्र शंख आदि।

श्रीमद्‌भगवत गीता में भी अनेक नाम के शंखों का वर्णन है– प्रत्येक महारथी का अपना अपना विशेष शंख था। युद्ध प्रारम्भ का उद्‌घोष शंख बजकर किया गया था। पाण्डव पक्ष के महारथियों के शंख–

श्री कृष्ण के शंख का नाम – पाञ्चजन्य
अर्जुन के शंख का नाम– देव दत्त
भीम के शंख का नाम – पौण्ड्र
युधिष्ठिर के शंख का नाम – अनंतविजय
नकुल के शंख का नाम – सुघोष
सहदेव के शंख का नाम – मणिपुष्पक

इनके अतिरिक्त अन्य महारथियों कारिशराज, शिखण्डी, धृष्टद्युम्न, राजा विराट, सात्यकी, द्रुपद, अभिमन्यु आदि के भी अपने अपने शंख थे।

सर्वप्रथम पितामह भीष्म ने अपना गंगनाभ शंख युद्ध के प्रारम्भ की घोषणा करने के लिये बजाया था। द्रोणाचार्य सहित कौरव महारथियों के भी अपने अपने शंख थे।

युद्ध में शत्रु सेना को मनोवैज्ञानिक प्रभाव डालकर आतंकित करने के लिये भी शंख ध्वनि की जाती थी।

पुराणों में शंख के पर्यायवाची तथा अन्य नामों का भी उल्लेख है– समुद्रज, कंबु, सुनाद, पावन ध्वनि, कम्बोज, अब्ज, जलज, त्रिरेख, अर्णोभव, मद्यनाद, मुखर, दीर्घनाद, बहुनाद, हरिप्रिय, सुरचर, जलोद्‌भव, विष्णुप्रिय, स्त्रीभूषण, अर्णवभव आदि।

पुराणों में प्रथक प्रथक शंखों के लाभ, शंखों के पूजन की विधि, तथा उनके उपयोग विधि का वर्णन मिलता है।

उपरोक्त प्रकार से हम शंख को जहां धार्मिक व आध्यात्मिक महत्व का पाते हैं वहीं यह भी स्पष्ट है कि शंख शारीरिक व मानसिक स्वास्थ्य की दृष्टि से उपयोगी वस्तु तथा उपकरण के रूप में सिद्ध होता है। साथ ही अपनी ध्वनि की विशेष तरंगो द्वारा ब्राह्माण्ड में व्याप्त ध्वनि तरंगो से सामजस्य स्थापित करने में सहायक है। कतिपय शंखों के चित्रों का अवलोकन संलग्न चित्रों में करना प्रासंगिक होगा।

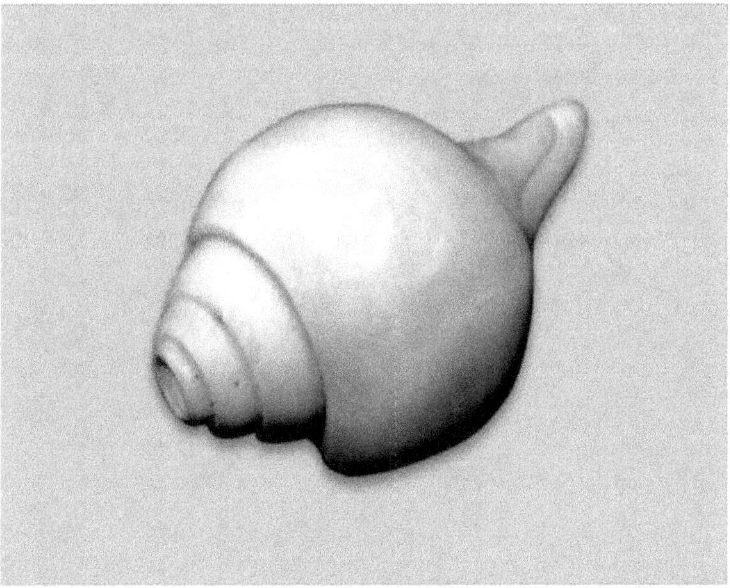

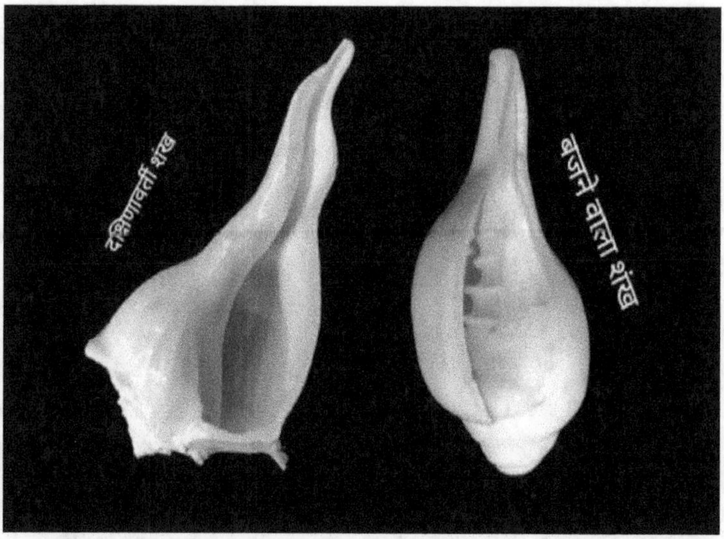


+ morphologie du coquillage univalve

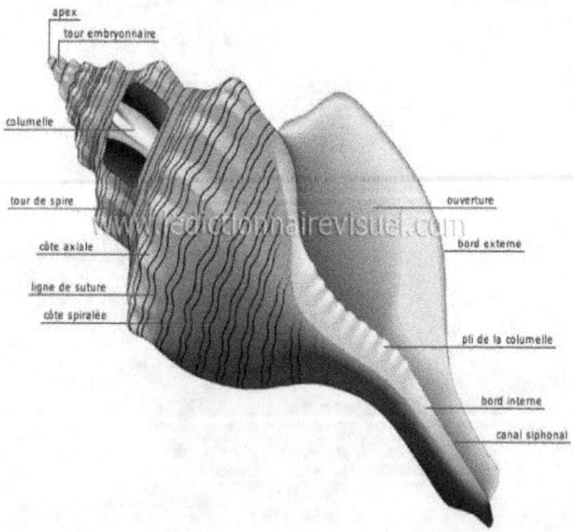

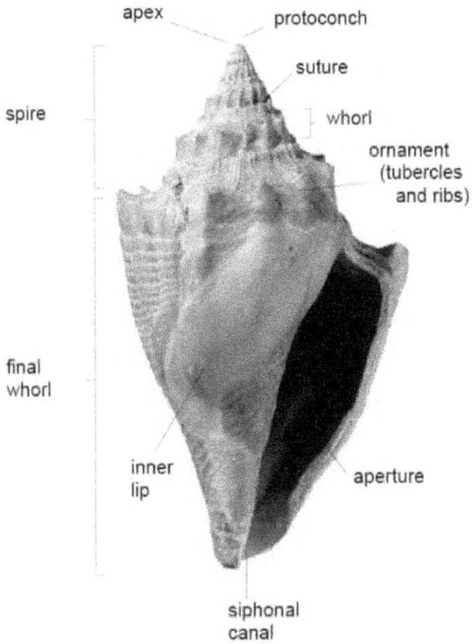
apex
protoconch
suture
spire
whorl
ornament
(tubercles
and ribs)
final
whorl
inner
lip
aperture
siphonal
canal

# 24. अद्‌भुत अनुलोम–विलोम काव्य

(यह दक्षिण भारत की एक अप्रतिम काव्य रचना है)

क्या ऐसा संभव है कि जब आप किताब को सीधा पढ़ें, तो राम कथा के रूप में पढ़ी जाती है और जब उसी किताब में लिखे शब्दों को उल्टा करके पढ़ें तो कृष्ण कथा के रूप में होती है।

जी हाँ, कांचीपुरम के 17वीं शदी के कवि वेंकटाध्वरि रचित ग्रन्थ 'राघवयादवीयम्' ऐसी ही एक अद्‌भुत काव्य रचना है।

इसे 'अनुलोम–विलोम काव्य' भी कहा जाता है। इसमें केवल 30 श्लोक हैं। इन श्लोकों को सीधे–सीधे पढ़ते जाएँ तो रामकथा बनती है और विपरीत (उल्टा) क्रम में पढ़ने पर कृष्णकथा। इस प्रकार है तो केवल 30 श्लोक लेकिन कृष्णकथा (उल्टे यानी विलोम) के भी 30 श्लोक जोड लिए जाय तो बनते है 60 श्लोक।

पुस्तक के नाम से भी यह प्रदर्शित होता है, राघव (राम) यादव (कृष्ण) के चरित को बताने वाली गाथा है "राघवयादवीयम्"

अर्थात्–

उदाहरण के तौर पर पुस्तक का पहला श्लोक है–

**वंदेऽहं देवं तं श्रीतं रन्तारं कालं भासा यः।**
**रामो रामाधीराप्यागो लीलामारायोध्ये वासे ।।1।।**

मैं उन भगवान श्रीराम के चरणों में प्रणाम करता हूँ, जिनके ह्रदय में सीताजी रहती हैं तथा जिन्होंने अपनी पत्नी सीता के लिए सहयाद्री की पहाड़ियो से होते हुए लंका जाकर रावण का वध किया तथा वनवास पूरा कर अयोध्या वापिस लौटे।

अर्थात् –

अब इस श्लोक का विलोमम् इस प्रकार है

**सेवाध्येयो रामालाली गोप्याराधी भारामोराः ।**
**यस्साभालंकारं तारं तं श्रीतं वन्देऽहं देवम् ।।1।**

मैं रुक्मिणी तथा गोपियों के पूज्य भगवान श्रीकृष्ण के चरणों में प्रणाम करता हूँ, जिनके हदृय में सदा ही माँ लक्ष्मी विराजमान हैं तथा जिनकी शोभा समस्त आभूषणों की शोभा हर लेती है।

"राघवयादवीयम" के ये 60 संस्कृत श्लोक इस प्रकार हैं–

वंदेऽहं देवं तं श्रीतं रन्तारं कालं भासा यः।
रामो रामाधीराप्यागो लीलामारायोध्ये वासे ।।1।।

विलोमम्

सेवाध्येयो रामालाली गोप्याराधी भारामोराः ।
यस्साभालंकारं तारं तं श्रीतं वन्देऽहं देवम् ।।1।।

साकेताख्या ज्यायामासीद्याविप्रादीप्तार्याधारा
पूराजीतादेवाद्याविश्वासाग्र्यासावाशारावा ।।2।।

विलोमम्

वाराशावासाग्र्या साश्वाविद्यावादेताजीरापूः ।
राधार्यप्ता दीप्राविद्यासीमायाज्याख्याताकेसा ।।2।।

कामभारस्स्थलसार श्रीसौधासौधनवापिका।
सारसारवपीनासरागाकारसुभूरुभूः ।।3।।

विलोमम्

भूरिभूसुरकागारासनापीवरसारसा ।
कापिवानघसौधासौ श्रीरसालस्थभामका ।।3।।

रामधामसमानेनमागोरोधनमासताम् ।
नामहामक्षररसं ताराभास्तु न वेद या ।।4।।

विलोमम्

यादवेनस्तुभारातासंररक्षमहामनाः ।
तां समानधरोगोमाननेमासमधामराः ।।4।।

यन् गाधेयो योगी रागी वैताने सौम्ये सौख्येसौ।
तं ख्यातं शीतं स्फीतं भीमानामाश्रीहाता त्रातम् ।।5।।

विलोमम्

तं वाताहा श्रीमानामाभीतं स्फीत्तं शीतं ख्यातं ।
सौख्ये सौम्येसौ नेता वै गीरागीयो योधेगायन् ।।5।।

मारमं सुकुमाराभं रसाजापनृताश्रितं । काविरामदलापागोसमावामतरानते ।।6।।

विलोमम्

तेन रातमवामास गोपालादमराविका ।
तं श्रितानृपजासारंभ रामाकुसुमं रमा ।।6।।

रामनामा सदा खेदभावे दया.वानतापीनतेजारिपावनते।
कादिमोदासहातास्वभासारसा.मेसुगोरेणुकागात्रजे भूरुमे ।।7।।

विलोमम्

मेरुभूजेत्रगाकाणुरेगोसुमे.सारसा भास्वताहासदामोदिका ।
तेन वा पारिजातेन पीता नवायादवे भादखेदासमानामरा ।।7।।

सारसासमधाताक्षिभूम्नाधामसु सीतया ।
साध्वसाविहरेमेक्षेम्यरमासुरसारहा ।।8।।

विलोमम्

हारसारसुमारम्यक्षेमेरेहविसाध्वसा । यातसीसुमधाम्नाभूक्षिताधामससारसा ।।8।।

सागसाभरतायेभमाभातामन्युमत्तया । सात्रमध्यमयातापेपोतायाधिगतारसा ।।9।।

विलोमम्

सारतागधियातापोपेतायामध्यमत्रसा।
यात्तमन्युमताभामा भयेतारभसागसा ।।9।।

तानवादपकोमाभारामेकाननदाससा ।
यालतावृद्धसेवाका कैकेयीमहदाहह । ।।10।।

विलोमम्

हहदाहमयीकेकैकावासेद्ध्वृतालया । सासदाननकामेराभामाकोपदवानता ।।10।।

वरमानदसत्यासहीतपित्रादरादहो । भास्वरस्थिरधीरोपहारोरावनगाम्यसौ ।।11।।

विलोमम्

सौम्यगानवरारोहापरोधीरस्स्थिरस्वभाः । होदरादत्रापितहीसत्यासदनमारवा ।।11।।

यानयानघधीतादा रसायास्तनयादवे ।
सागताहिवियाताही सतापानकिलोनभा ।।12।।

विलोमम्

भानलोकिनपातासहीतायाविहितागसा । वेदयानस्तयासारदाताधीघनयानया ।।12।।

रागिराधुतिगर्वादारदाहोमहसाहह । यानगातभरद्वाजमायासीदमगाहिनः ।।13।।

विलोमम्

नोहिगामदसीयामाजद्वारभतगानया ।
हह साहमहोदारदार्वागतिधुरागिरा ।।13।।

यातुराजिदभाभारं द्यां वमारुतगन्धगम् ।
सोगमारपदं यक्षतुंगाभोनघयात्रया ।।14।।

विलोमम्

यात्रयाघनभोगातुं क्षयदं परमागसः ।

गन्धगंतरुमावद्यं रंभाभादजिरा तु या ।।14।।

दण्डकां प्रदमोराजाल्याहृतामयकारिहा । ससमानवतानेनोभोग्याभोनतदासन ।।15।।

विलोमम्

नसदातनभोग्याभो नोनेतावनमास सः ।

हारिकायमताहल्याजारामोदप्रकाण्डदम् ।।15।।

सोरमारदनज्ञानोवेदेराकण्ठकुंभजम् ।

तं द्रुसारपटोनागानानादोषविराधहा ।।16।।

विलोमम्

हाधराविषदोनानागानाटोपरसाद्भुतम् । जम्भकुण्ठकरादेवेनोज्ञानदरमारसः ।।16।।

सागमाकरपाताहाकंकेनावनतोहिसः ।

न समानर्दमारामालंकाराजस्वसा रतम् ।।17।।

विलोमम्

तं रसास्वजराकालंमारामार्दनमासन ।

सहितोनवनाकेकं हातापारकमागसा ।।17।।

तां स गोरमदोश्रीदो विग्रामसदरोतत।

वैरमासपलाहारा विनासा रविवंशके ।।18।।

विलोमम्

केशवं विरसानाविराहालापसमारवैः । ततरोदसमग्राविदोश्रीदोमरगोसताम् ।।18।।

गोयुगोमस्वमायोभूदश्रीगखरसेनया । सहसाहवधारोविकलोराजदरातिहा ।।19।।

विलोमम्

हातिरादजरालोकविरोधावहसाहस ।

यानसेरखगश्रीद भूयोमास्वमगोयुगः ।।1

हतपापचयेहेयो लंकेशोयमसारधीः । राजिराविरतेरापोहाहाहंग्रहमारघः ।।20।।

विलोमम्

घोरमाहग्रहंहाहापोरातेरविराजिराः ।

धीरसामयशोकेलं यो हेये च पपात ह ।।20।।

ताटकेयलवादेनोहारीहरिगिरासमः । हासहायजनासीतानाप्तेनादमनाभुवि ।।21।।

विलोमम्

विभुनामदनाप्तेनातासीनाजयहाराहा। ससरागिरिहारीहानोदेवालयकेटता ।।21।।

भारमाकुदशाकेनाशराधी कुहकेनहा।

चारुधीवनपालोक्या वैदेहीमहिताहृता ।।22।।

विलोमम्

ताहृताहिमीदेव्यैक्यालोपानवधी रुचा । हानकेहकुधीराशानाकेशादकुमारभाः ।।22।।

हारितोयदभोरामावियोगेनघवायुजः ।

तंरुमामहितोपेतामोदोसारज्ञरामयः ।।23।।

विलोमम्

योमराज्ञरसादोमोतापेतोहिममारुतम् । जोयुवाघनगेयोविमाराभोदयतोरिहा ।।23।।

भानुभानुतभावामासदामोदपरोहतं । तहतामरसाभक्षोतिराताकृतवासविम् ।।24।।

विलोमम्

विंसवातकृतारातिक्षोभासारमताहतं ।

तं हरोपदमोदासमावाभातनुभानुभाः ।।24।।

हंसजारुद्धबलजापरोदारसुभाजिनि । राजिरावणरक्षोरविघातायरमारयम् ।।25।।

विलोमम्

यं रमारयताघाविरक्षोरणवराजिरा । निजभासुरदारोपजालबद्धरुजासहम् ।।25।।

सागरातिगमाभातिनाकेशोसुरमासहः ।

तंसमारुतजंगोप्ताभादासाद्यगतोगजम् ।।26।।

विलोमम्

जंगतोगद्यसादाभाप्तागोअंतरुमासतं । हस्समारसुशोकेनातिभामागतिरागसा ।।26।।

वीरवानरसेनस्य त्राताभादवता हि सः । तोयधावरिगोयादस्ययतोनवसेतुना ।।27।।

विलोमम्

नातुसेवनतोयस्यदयागोरिवधायतः । सहितावदभातात्रास्यनसेरनवारवी ।।27।।

हारिसाहसलंकेनासुभेदीमहितोहिसः । चारुभूतनुजोरामोरमाराधयदार्तिहा ।।28।।

विलोमम्

हार्तिदायधरामारमोराजोनुतभूरुचा ।

सहितोहिमदी भेसुनाकेलंसहसारिहा ।।28।।

नालिकेरसुभाकारागारासौसुरसापिका ।

रावणारिक्षमेरापूराभेजे हि ननामुना ।।29।।

विलोमम्

नामुनानहिजेभेरापूरामेक्षरिणावरा । कापिसारसुसौरागाराकाभासुरकेलिना ।।29।।

साग्र्यतामरसागारामक्षामाघनभारगौः ।

निजदेपरजित्यास श्रीरामे सुगराजभा ।।30।।

विलोमम्

भाजरागसुमेरा श्रीसत्याजिरपदेजनि । गौरभानघमाक्षामरागासारमताग्र्यसा ।।30।।

।। इति श्रीवेंकटाध्वरि कृतं श्री ।।

कृपया संस्कृत काव्य रसिक अपना थोडा सा मूल्यवान समय निकालकर उपरोक्त श्लोकों का अवलोकन व परिशीलन करें। कदाचित ही ऐसी अन्य रचना उपलब्ध हो। संस्कृत भाषा तथा श्री वेंकटाध्वरि जी को नमन।

जय श्री राम जय श्री कृष्ण ।

# 25. भारतीय संस्कृति में कुछ रोचक तथ्य

1. एक : निराकार ईश्वर
   एक : एक अक्षर का पूर्ण छंद – प्रणव 'ॐ'
2. दो पक्ष : 1. शुक्ल पक्ष, 2. कृष्ण पक्ष
3. तीन देव : 1. ब्रह्मा, 2. विष्णु, 3. महेश
   तीन ऋण : 1. देव ऋण, 2. ऋषि ऋण, 3. पितृ ऋण
   तीन जीव : 1. जलचर, 2. थल चर, 3. नभचर
   तीन गुण : 1. सत्व, 2. रज, 3, तम
   तीन लोक : 1. मर्त्य, 2. आकाश, 3. पाताल
   तीन दोष : 1. वात, 2. पित्त, 3. कफ
4. चार पुरुषार्थ : 1. धर्म, 2. अर्थ, 3. काम, 4. मोक्ष
   चार वेद : 1. ऋग्वेद, 2. यजुर्वेद, 3. सामवेद, 4. अथर्ववेद
   चार युग : 1. सतयुग, 2. त्रेतायुग, 3. द्वापर युग, 4. कलियुग
   चार वर्ण : 1. ब्राह्मण, 2. क्षत्रिय, 3. वैश्य, 4. शूद्र
   चार पीठ : 1. शारदा पीठ (द्वारिका), 2. ज्योतिषपीठ (बद्रीनाथ)
   3. गोवर्धन पीठ (जगन्नाथपुरी), 4. श्रृंगेरीपीठ (चिकमंगलूर)
   चार धाम : 1. द्वारिका, 2. बद्रीनाथ, 3. जगन्नाथपुरी, 4. रामेश्वरम
   चार आश्रम : 1. ब्रह्मचर्य, 2. ग्रहस्थ, 3. वानप्रस्थ, 4. सन्यास
   चार अंतःकरण : 1. मन, 2. बुद्धि, 3. चित्त, 4. अहंकार
   चार प्रमुख दिशायें : 1. पूर्व, 2. पश्चिम, 3. उत्तर, 4. दक्षिण
   चार शत्रु : 1. काम, 2, क्रोध, 3. लोभ, 4. मोह
5. पंच देव : 1. गणेश, 2. विष्णु, 3. दुर्गा, 4. शिव, 5. सूर्य
   पंच तत्व : 1. पृथ्वी, 2. अप (जल), 3. तेज (अग्नि), 4. वायु, 5. आकाश
   पंचामृत : 1. दूध, 2. दही, 3. मधु, 4. घृत, 5. शर्करा
   पंचगव्य : 1. गाय का दूध, 2. दही, 3. घी, 4. गौमूत्र, 5. गोबर
   पांच वायुः 1. प्राण वायु, 2. व्यान वायु, 3. समान वायु, 4. उदान वायु, 5. अपान वायु
6. षड दर्शन : 1. वैशेषिक, 2. न्याय, 3. सांख्य, 4. योग, 5. पूर्व मीमांसा, 6. उत्तर मीमांसा

षट रस : 1. मधुर, 2. कटु, 3. लवण, 4. तिक्त, 5. कषाय, 6. अम्ल

षड ऋतु : 1. ग्रीष्म, 2. वर्षा, 3. शरद, 4. शिशिर, 5. हेमन्त, 6. बसन्त

छः शास्त्र : (क) 1. न्याय, 2. वैशेषिक, 3. सांख्य, 4. योग, 5. मीमांसा, 6. वेदान्त

(ख) 1. धर्म, 2. दर्शन, 3. विज्ञान, 4. कला, 5. शिल्प, 6. चिकित्सा

(ग) 1. शिक्षा, 2. कल्प, 3. व्याकरण, 4. निरुक्त, 5. छंद, 6. ज्योतिष

7. सप्त ऋषि : 1. विश्वामित्र, 2.. जमदाग्नि, 3. भरद्वाज, 4. गौतम, 5. वशिष्ट, 6. कश्यप, 7. अत्रि

सप्त द्वीप : 1. जम्बू, 2. लक्ष, 3. शाल्मली, 4. कुश, 5. क्रौंच, 6. शक, 7. पुष्कर

सप्त पुरी : 1. अयोध्या, 2. मथुरा, 3. काशी, 4. मायापुरी, 5. अवंतिका, 6. पुरी, 7. द्वारिका

सप्त स्वर्ग : 1. भूः, 2. भुवः, 3. स्वः, 4. महः 5. जनः, 6. तपः, 7. सत्यलोक

8. अष्ट विनायक : 1. मयूरेश्वर, 2. सिद्धिविनायक, 3. बलातेश्वर, 4. वरदविनायक, 5. चिंतामणि, 6. गिरिजात्मजः, 7. विघ्नेश्वर, 8. महागणपति ।

अष्ट लक्ष्मी : 1. आद्या, 2. विद्या, 3. सौभाग्य, 4. अमृत, 5. काम, 6. सत्य 7. भोग, 8. योग लक्ष्मी

अष्ट सिद्धि : 1. अणिमा, 2. गरिमा, 3. लघिम, 4. महिमा, 5. प्राप्ति 6. प्राकाम्य, 7. इशित्व, 8. वशित्व

अष्ट भैरव आदि शंकराचार्य ने 'प्रपंच तंत्र' में अष्ट भैरव का उल्लेख किया है–

असितांग, 2. रूरू (रूद्र), भैरव, 3. चंड भैरव, 4. क्रोध भैरव 5. कपाली भैरव, 6. उन्मत्त भैरव, 7. भीषण भैरव, 8. संहार भैरव

रुद्रयामल तंत्र में 64, लिंग पुराण में 52, सप्तविशंति रहस्य में 10 वीर भैरव का वर्णन मिलता है। सामान्यतया–काल भैरव तथा बटुक भैरव की पूजा की जाती है।

अष्टांग योग : 1. यम, 2. नियम, 3. आसन, 4. प्राणायाम, 5. प्रत्याहार 6. धारणा, 7. ध्यान, 8. समाधि

अष्ट धातु : 1. सुवर्ण, 2. रजत, 3. ताम्र, 4. लौह, 5. कांस्य, 6.

पीतल, 7. सीसा, 8. रांगा

शरीर की अष्ट धातु : 1. रस, 2. रक्त, 3. मांस, 4. मेद, 5. अस्थि 6. मज्जा, 7. शुक्र, 8. ओज

9. नौ दुर्गा : 1. शैलपुत्री, 2. ब्रह्माचारिणी, 3. चंद्र घंटा, 4. कूष्माण्डा, 5. स्कंदमाता, 6. कात्यायनी, 7. कालरात्रि, 8. महागौरी, 9. सिद्धि दात्री

नौ निधि : 1. पद्म, 2. महापद्म, 3. नील, 4. मुकंद, 5. नंद, 6. मकर, 7. कच्छप 8. शंख, 9. सर्व (मिश्रित) निधि

नवधाभक्ति : 1. श्रवण, 2. कीर्तन, 3. स्मरण, 4. पदसेवा, 5. अर्चन, 6. वंदन 7. मित्र, 8. दास्य, 9. आत्म निवेदन

नौ ग्रह : 1. सूर्य, 2. चंद्र, 3. मंगल, 4. बुध, 5. बृहस्पति, 6. शुक्र, 7. शनि, 8. राहु, 9. केतु (यह दोनो छाया ग्रह है। )

जम्बू दीप के 9 खण्ड : 1. इलावृत्त, 2. भद्राश्च, 3. किंपुरुष, 4. भारत, 5. हरि, 6. केतुमाल, 7. रम्यक, 8. कुरु, 9. हिरण्यमय

भारत खण्ड के नौ खण्ड : 1. इन्द्र द्वीप, 2. कसेरू, 3. ताम्रपर्ण, 4. गभस्तिमान 5. नागद्वीप, 6. सौम्य, 7. गंधर्व, 8. वरुण, 9. समुद्र से घिरा नौवां द्वीप

10. दशावतार : 1. मत्स्य, 2. कच्छ्प, 3. वाराह, 4. नृसिंह, 5. वामन, 6. परशुराम 7. राम, 8. कृष्ण, 9. बलराम, 10. बुद्ध

दश दिशायें : 1. पूर्व, 2. पश्चिम, 3. उत्तर, 4. दक्षिण, 5. आग्नेय, 6. नैरित्व, 7. वायव्य, 8. ईशान, 9. आकाश, 10. पाताल

11. एकादश रुद्र : शैवागम के अनुसार 1. शम्भु, 2. पिनाकी, 3. गिरीश, 4. स्थाणु, 5. भर्ग 6. सदाशिव, 7. शिव, 8. हर, 9. शर्व, 10. कपाली, 11. भव

शिवपुराण के अनुसार : 1. कपाली, 2. पिंगल, 3. भीम, 4. विरुपाक्ष, 5. विलोहित 6. शस्त, 7. अजपाद, 8. अहिर्बुधन्य, 9. शंभु, 10. चंड, 11. भव

महाभारत के अनुसार : 1. मृगव्याध, 2. सर्प, 3. निऋति, 4. अजैकपाद, 5. पिनाकी 6. अहिवृधन्य, 7. दहन, 8. कपाली, 9. स्थाणु, 10. ईश्वर, 11. भव

सर्वस्वीकृति : 1. हररूद्र, 2. बहुरूप, 3. त्रयंबक, 4. अपराजित, 5. वृषाकपि, 6. शम्भु 7. कपर्दी, 8. रैवत, 9. मृगव्याध, 10. शर्व, 11. कपाली

गोस्वामी तुलसीदास जी ने श्री हनुमान को भी रूद्रावतार माना है।

12. द्वादश ज्योतिर्लिंग : 1. सोमनाथ, 2. मल्लिकार्जुन, 3. महाकालेश्वर, 4. ॐकारेश्वर, 5. बैजनाथ, 6. भीमाशंकर, 7. रामेश्वर, 8. नागेश्वर, 9. विश्वनाथ 10. त्रयंबकेश्वर, 11. केदारनाथ, 12. घृणेश्वर

सूर्य की द्वादश कलायें – 1. विवस्वन, 2. आर्यमा, 3. तूषा, 4. त्वष्टा, 5. सविता, 6. भग, 7. धाता, 8. विधाता, 9. वरुण, 10. मित्र, 11. शुक्र, 12. उरुक्रम

द्वादश मास – 1. चौत्र, 2. वैशाख, 3. जेष्ठ, 4. आषाढ़, 5. श्रावण, 6. भाद्रपद 7. आश्विनि, 8. कार्तिक, 9. मार्गशीर्ष, 10. पौष, 11. माघ, 12. फाल्गुन

13. चौदह रत्न : 1. श्री (लक्ष्मी), 2. मणि (कौस्तुभ), 3. रम्भा, 4. वारुणी, 5. अमृत, 6. शंख, 7. गजराज (ऐरावत) 8. कल्पद्रुम, 9. शशि, 10. धेनु (नंदनी), 11. धनु (पिनाक) 12. धन्वन्तरि, 13. विष (कलकूट) 14. वाजि (उच्चौश्रवा)

चौदह भुवन : 1., तल, 2. अतल, 3. वितल, 4. सुतल, 5. रसातल, 6. पाताल 7. भू:, 8. भुवः, 9. स्वः (स्वर्ण), 10. मर्त्य, 11. यम, 12. वरुण, 13. सत्य, 14. ब्रह्मलोक.

14. पंद्रह तिथियां : 1. प्रतिपदा, 2. द्वितीय, 3. तृतीया, 4. चतुर्थी, 5. पंचमी, 6. षष्टी 7. सप्तमी, 8. अष्टमी, 9. नवमी, 10. दशमी, 11. एकादशी, 12. द्वादशी, 13. त्रयोदशी 14. चतुर्दशी, 15. पूर्णिमा/अमावस्या।

15. सोलह कलायें : प्रथक प्रथक ग्रंथों में 16 कलाओं के प्रथक–प्रथक नाम मिलते हैं–

(क) 1. श्री, 2. भू, 3. कीर्ति, 4. इला, 5. लीला, 6. क्रांति, 7. विद्या, 8. विमला, 9. उत्कर्शनी, 10. ज्ञान, 11. क्रिया, 12. योग, 13. प्रहवि, 14. सत्य, 15. इसना, 16. मन।

(ख) 1. प्राण, 2. श्रद्धा, 3 आकाश, 4. वायु, 5. तेज, 6. जल, 7. पृथ्वी, 8. इंद्रिय, 9. मन 10. अन्न, 11. वीर्य, 12. तप, 13. मंत्र, 14. कर्म, 15, लोक, 16. नाम।

(ग) 1. अन्नमया, 2. प्राणमया, 3. मनोमया, 4. विज्ञान मया, 5. आनन्द मया 6. अतिशयनी, 7. विपरिनामिनी, 8. संक्रमिनी, 9. प्रभवि, 10. कुंथिनी 11. विकासिनी, 12. मर्यादिनी, 13. सन्हालादिनी, 14.आह्लादिनी, 15. परिपूर्णा 16. स्वरूयावस्थिता

सोलक श्रृंगार : 1. सिंदूर, 2. इत्र, 3. पायल, 4. बिछिया, 5. अंगूठी, 6. गजरा, 7. झुमका 8. वैवाहिक वस्त्र, 9. मेंहदी, 10. टीका, 11. मांग का सिंदूर, 12. काजल, 13. मंगलसूत्र 14. चूडियां, 15. बाजूबंद, 16. करधनी।

16. अठारह पुराण : 1. मत्स्य, 2. मार्कण्डेय, 3. भविष्य, 4. भागवत, 5. ब्रह्माण्ड, 6. ब्रह्मवैवर्त 7. ब्रह्म, 8. वामन, 9, वाराह, 10. विष्णु, 11. वायु, 12. अग्नि, 13. नारद, 14. पद्म, 15. लिंगपुराण, 16. गरुड, 17. कूर्म, 18. स्कंदपुराण

17. इक्कीस स्मृतियां : 1. मनु, 2. विष्णु, 3. अत्रि, 4. हारीत, 5. याज्ञवल्क, 6. उशना 7. अंगिरा, 8. यम, 9. अपस्तम्भ, 10. सम्वर्त, 11. कात्यायन 12. ब्रहस्पति, 13. पराशर, 14. व्यास, 15. शांख्य, 16. लिखित, 17. दक्ष, 18. शतातप, 19. वशिष्ट 20. कश्यप, 21. बौधायन।

**'वशिष्ठो नारदश्चौव सुमन्तुश्च पितामहः।**
**विष्णु काष्णजिनि सत्यव्रतो गार्ग्यश्च देवलः।।**
**जमदग्निर्भरद्वाजः पुलस्त्य ऋतुः**
**आत्रेयश्च गवेयश्च मरीचिर्वत्स एव च**
**पारस्करश्चर्य्यशृऽवे वैजवापस्तथैव च**
**इत्येते स्मृति कर्तार एक विंशतिरोरिताः।।**

18. सत्ताइस नक्षत्र : 1. अश्विनी, 2. भरणी, 3. कृतिका, 4. रोहिणी, 5. मृगशिरा, 6. आद्रा 7. पुनर्वसु, 8. पुष्य, 9. श्लेखा, 10 मघा, 11, पूर्वफाल्गुनी, 12 उत्तरा फाल्गुनी, 13. हस्त, 14. चित्रा, 15. स्वाती, 16. विशाखा, 17. अनुराधा, 18. ज्येष्ठा, 19. मूल, 20. पूर्वाषाद, 21. उत्तराषाढ़, 22. श्रवण, 23. धनिष्ठा, 24. शतभिषा 25. पूर्व माद्रपद, 26. उत्तर भाद्रपद, 27. रेवती।

अन्य प्रकार से विवरण वीरमित्रोदय नामक पुस्तक में मिलता है।

# 26. देवभिषग युगल अश्विनी कुमार

वैदिक युग में स्वर्ग में त्वष्टा की पुत्री अश्विनी को सविता देव से युगल पुत्रों की प्राप्ति हुई। बड़े भाई का नाम 'नासत्य' तथा छोटे भाई का नाम 'दस्त्र' था। दोनों को अश्विनी कुमार नाम से सम्बोधित किया गया। एक अन्य आख्यान मे रूपान्तर से कहा गया है कि अश्विनी कुमारों के पिता सविता थे तथा माता शरण्यु थी। बडे अश्विनी कुमार की पत्नी का नाम ज्योति तथा छोटे अश्विनी कुमार की पत्नी का नाम मावद्री था। किन्तु ऋग्वेद के अनुसार दोनों अश्विनी कुमारों का विवाह सूर्य पुत्री ऊषा से हुआ था। अतः प्रतीत होता है कि सविता देव और सूर्य देव का प्रथक अस्तित्व था।

अश्विनी कुमारों ने देव लोक में जन्म लिया। स्वर्ग के सर्वप्रथम संचालक, ब्रह्मा, विष्णु तथा इन्द्र थे। स्वर्ग मे देवत्व प्रदान करने वाली आध्यात्मिक व सामाजिक व्यवस्था थी, आजीवन स्वास्थ्यप्रद वातावरण था, अभाव रहित सम्पन्नता थी तथा शोक व भय नही था। यथावश्यक आमोद प्रमोदमय सामाजिक व्यवस्था थी। ऐसे वातावरण में अश्विनी कुमारों का पालन व विकास हुआ। प्रजापति ने स्वयं इन्हें आयुर्वेद गर्गज्ञ बनाया। अपनी तीक्ष्ण बुद्धि के कारण ये प्रजापति के सुयोग्य शिष्य हुये। अपनी प्रतिभा के कारण वह लोकप्रिय व प्रशंसित हुये और यह दोनों देवभिषग प्रतिष्ठित हुये।

ऋग्वेद मे अश्विनी कुमारों का नाम 398 बार आया है। इनकी स्तुति में 50 से अधिक ऋचायें लिखी गई। अश्विनी कुमारों को 99 बार "नासत्यौं" शब्द से सम्बोधित किया गया। त्वष्टा जो स्वर्ग के महान शिल्पी थे उन्होंने एक अद्‌भुत क्षमताओं से सम्पन्न स्वर्ण रथ इन्हें प्रदान किया था जो अत्यन्त द्रुतगामी था। यह पृथ्वी, जल तथा आकाश तीनों मे चल सकता था। इस यान से अश्विनी कुमारों ने अनेक ग्रहों, लोकों की यात्रा की, समुद्र से अनेक ऋषियों व राजाओं को बचाया तथा पृथ्वी पर तो भ्रमण करते ही थे। इसी यान से सूर्य की भी परिक्रमा की।

### सोम, सुरा, अमृत तथा सुधा

अश्विनी कुमारों की बढ़ रही ख्याति से इंद्र को ईर्ष्या होने लगी। देवलोक में 'सोम' पान का अधिकारी होना या न होना यह इन्द्र के अधिकार में था। इन्द्र द्वारा सोम पान का अधिकारी होना प्रतिष्ठा का मापदण्ड भी था। इन्द्र ने ईर्ष्यावश अश्विनी कुमारों को सोमपान का अधिकारी नहीं माना और तिरस्कृत किया। इसके प्रतिकार में अनेक गण्यमान ऋषि समूह तथा सुरों ने सोम का बहिष्कार कर दिया। सोम के

स्थान पर विकल्प के रूप में एक अन्य पेय का आविष्कर व निर्माण किया। सुरों के द्वारा निर्मित इस पेय का नाम हुआ 'सुरा'। इस पेय को प्रचलित करने के लिये 'सौत्रामणि' नाम यज्ञ का आयोजन किया गया। यह पेय सुरों के साथ साथ सामान्य जनों को सुलभ कराया गया, किन्तु 'सोमरस' की भांति 'सुरा' निरापद व सुरक्षित प्रभाव वाला पेय नहीं सिद्ध हुआ। सुरा के अधिक व अनियंत्रित प्रयोग से देवलोक में 'मदात्य' रोग फैलने लगा। तब अश्विनी कुमारों ने सोमरस व सुरा के दोषों तथा दुष्प्रभावों से मुक्त करने के लिए एक अद्‌भुत पेय का निर्माण किया, जिसे 'अमृत' कहा गया। मदात्य रोग की चिकित्सा अमृत से हुई तथा इस प्रकार मृत्योन्मुख होने से मुक्ति मिली। किन्तु कालांतर मे इसके निर्माण की प्रक्रिया का ज्ञान व द्रव्यों का लोप हो गया। आज 'अमृत' एक अप्राप्य तथा कल्पना मात्र की वस्तु रह गया है। नाग लोक के निवासी कम प्रतिभाशाली नहीं थे। देवलोक वासियों से उनकी प्रतिस्पर्धा विख्यात थी। 'सोम' के तथा 'अमृत' के समान प्रभावकारी पेय नागों ने भी विकसित किया, जिसका नाम 'सुधा' रखा गया। उपरोक्त सोम, अमृत व सुधा तीनों ही आयुष्य की वृद्धि के लिये आविष्कृत हुयें। तीनों के द्रव्य, घटक व निर्माण विधि का स्पष्ट विवरण का ग्रंथो मे उल्लेख नहीं है। सम्भवतः तीनों के घटक भिन्न–भिन्न रहे होंगे, जो अब अनेक औषधि द्रव्यों की भांति विलुप्त हो चुके हैं। कालान्तर में ऋषियों व आयुर्वेद के विद्वानों ने उपरोक्त सोम, अमृत तथा सुधा के अभाव में किन्तु आयुष्य की वृद्धि के उद्देश्य से 'रसायन द्रव्यों' का आविष्कार किया, जिनका प्रयोग अद्यतन प्रचलित है। ('भारत के प्राणाचार्य' से साभार)

**अश्विनी कुमारों का कृतित्व**

(ऋग्वेद से उद्‌धृत)

वैदिक साहित्य में उपलब्ध विवरण को संकलित कर अति संक्षेप में अश्विनी कुमारों के कृतित्व पर प्रकाश डालने का प्रयास हैं। जैसा पूर्व में संकेत किया गया है कि अश्विनी कुमार न केवल चिकित्सक, शल्य शालाक्य क्रिया के कर्ता थे, वरन वह जन हितकारी तथा समाज के हितकारी कार्यों में भी योगदान करते रहे। वह पशुओं की चिकित्सा भी करते थे। अश्विनी कुमार देवों के भिषग होने के साथ साथ जन सामान्य के भी चिकित्सक थे। उनके चिकित्सा कौशल के अद्‌भुत उदाहरणों का वेदों में उल्लेख है। कतिपय निम्नांकित हैं–

1. अंधे लूले परव्रज को नेत्र व पैर प्रदान किये।
   (Occular transplant surgery - provided Artificial Legs)
2. भेडिया द्वारा ग्रसित वेटरी को बचाया।

(Anti Rabies treatment)

3. राजा खेल की पत्नी विष्पला की जांघ युद्ध में कट गई, विष्पला पंगु हो गई। उसके धातु की जांघ लगाकर पुनः युद्ध मे जाने लायक बना दिया।
   (Metalic Prosthesis implant in thigh)
4. वृद्ध च्यवन को युवा बना दिया।
   (Rejuvination of an aged)
5. रोते हुये कण्व को देखने की शक्ति दी।
   (Treatment of Blindnes)
6. अपराध के दंड स्वरूप पिता ने अपने पुत्र ऋजस्व की आंखे फुडवाकर अंधा करवा दिया। ऋजस्व को पुनः नेत्र ज्योति दी।
   (Carneal tranplant surgery)
7. रेभ ऋषि को शत्रुओं ने अंग छिन्न भिन्न करके जल में छुपा दिया। रेभ ऋषि के अंगो को सोने के समान गढ़ कर जोड़ दिया।
   (Complicatcd & micro surgery)
8. अथर्व के पुत्र दध्य के घोडे का सिर लगा दिया।
   (Transplant surgery of Head & neak)
9. गर्भस्थ शिशु को मेधावी बनाया।
   Surgery of brain of Foetus (In intrauterinc period)
10. यक्ष्मा का उपचार।
    (Treatment of tuberculosis)
11. सूर्य रश्मियों से पीलिया तथा हृदय रोग की चिकित्सा।
    (Treatment of Joundice & certain Heart Disease by Sunrays)
12. वृद्ध गौ को दूध देने योग्य बना दिया।
    (Veterinary Treatment)
13. मधु विद्या का प्रयोग कर वशिष्ठ, कुत्स तथा श्रुतर्थ की चिकित्सा की।
    (use of Anaesthesia/Antipychotic treatment)
14. यक्ष्मा मनुष्य तथा गाय को होता है ऐसा उल्लेख है।
    (Today too medical science accepts unlike Humans cow in suscetable to suffer from Tuberculosis)
15. दक्ष प्रजापति के यज्ञ विध्वंश के समय शंकर जी के गणों द्वारा काट दिये सिरों को जोड़ दिया।
    (Complicated & Highly skilled surgery of Head Transplant)
16. अदिति के पुत्र पुषा ने आदेश का पालन न करने पर उसके दांत

तोड दिये गये। अश्विनी कुमारों ने दवा पिलाई और उसे चमकते हुये दांत प्रदान किये।

(Dental treatment & providing Denture)

17. कई नदियों (मधुमती, रसा) को तथा कूप को जल से पूर्ण किया।
18. वृद्ध गाय को पयस्वनी बनाया।

(Veterinary Medicine)

19. अश्वों, गांयों की चिकित्सा की।
20. समाज हित के अनेक प्रकार के कार्य किये।

इस प्रकार देवभिषक अश्विनी कुमारों ने आयुर्वेद के ज्ञान तथा अपने कौशल से चिकित्साकर्म के अद्‌भुत उदाहरण प्रस्तुत किये। अनेक चिकित्सा एवं शल्यशालाक्य कर्म आधुनिक समय में अश्विनी कुमारों के अनुकरण में व्यवहरित हैं।

# 27. वेदों में रोगों के नाम

ऋग्वेद, यजुर्वेद तथा अथर्ववेद में अनेक रोगों के नाम उल्लिखित हैं। उक्त के अवलोकन से वैदिक काल में होने वाले रोगों की जानकारी के साथ साथ यह भी ज्ञात होता है कि उक्त रोगों की चिकित्सा हेतु प्रमुखतः वन्य औषधियों तथा धातुओं का भी प्रयोग किया जाता था।

उपरोक्त प्रकार से यह कुछ ही उदाहरण हैं। वेदों मे रोगो के नाम तथा अनेक औषधियों के नाम भी वर्णित हैं। इन्हें प्रथक–प्रथक सूची में प्रस्तुत किया जा रहा है–

**ऋग्वेद**

पीलिया (Jaundice)
अलर्क (Rabies)
यक्ष्मा (Tuberculosis?Ch Diseares)
मनोरोग अभिचार (Mental Diseases)
पशु चिकित्सा (Vaterinary Medicine)
नेत्र रोग (Ophthalmology - ocular transplant Surgery)
दंत चिकित्सा तथा नकली दांत प्रदान करना (Dentistry - Denture)
अस्थि भंग (Fracturese - Prosthetic Surgery)
कटे हुये शरीर व सिर (Complicated Surgical-transplant Surgeries)

**अथर्व वेद**

अथर्ववेद मे ऋग्वेद की अपेक्षा अधिक विस्तार में आयुर्वेद पर विषय वस्तु उपलब्ध है। रोगों के नाम, औषधियों के नाम तथा उन्नत चिकित्सा विधियों के विषय में अथर्ववेद मे वर्णन है। हम अथर्ववेद के काण्डवार चर्चा करेंगे।

**1. प्रथम काण्ड (सूक्त 11)**

1. प्रसूत कर्म का सविस्तार वर्णन (During prosess of delivery epiciotomy, Relaxing of uterine museles, Resecting of umblical cord, Arresting of bleeding from major vessels etc.)
2. अंतरंगआशयभ्रंश (Visceraptosis- Treatment of prolaps of uterus.)
3. विकृत सिर, चेहरा, आंखो की शल्य चिकित्सा। (Malformations on Head, face-eyes and their surgical currections.)
4. कुष्ठ रोग (Leprosy)
5. पाण्डु ज्वर (Hepatitis with Jaundice)
6. शीत ज्वर (Malaria)

**2. द्वितीय काण्ड**

7. अतिसार (Diarrhoea)
8. आंत्र सूत्र (Parasites of Intestine)
9. नाडी ब्रण (Veinus ulcers)
10. मांस एवं अस्थि क्षय (Wasting of musceles & osteoporosis)
11. अपस्मार (Epilepsy)
12. मनोरोग (Mental Diseases), स्मरण शक्ति प्रबल करना।
13. चर्म रोग (Skin Diseases)
14. तृषा दूर करना (ORS का प्रयोग)
15. बल वीर्य वर्धन (Aphrodietics - Stimulants)
16. विभिन्न प्रकार के कृमियों का वर्णन (Discription of Several type of worms)

**3. तृतीय काण्ड**

17. वृंहण (Regaining health with the food & medicine)
18. क्षेत्रीय रोग व मिर्गी (Dissases of Locality and Epilapsy)
19. वन्यजन्तु विष तथा सर्पविष (Poisons of wild animals and snake poison)

**4. चतुर्थ काण्ड**

21. श्रवस्य, शोषक, कुर्कुर, रोग (Names of Skin Diseases)
22. सर्प विष जन्य सन्निपात तथा प्राण हर विकार (Delerium after Snake Bite & grave signes)
23. विषाक्त जल पीने के कारण उत्पन्न रोग (Water born diseases)
24. नेत्र विकार (Diseases of Eyes)
25. शंख रोग, अध्यमान, सन्यास (Names of Abdominal diseases causing mental abnormal effect eg- Tyehoid Encephalopathy)
26. मांस व्रण, रक्तश्राव (Wounds of muscles & Bleeding)
27. अस्थि संधान (Reduction of fractures)
28. चोट, अस्थि भंग, रक्त श्राव, मांस पेशी कट जाना (Injury with fracture of bone with bleeding and resection of muscle)
29. अभिचार (भूत विद्या) (Mental Desease)
30. नेत्र ज्योति वर्धन (Improving Eye Sight)

**5. पंचम काण्ड**

31. कठिन रोग (Discased Difficult to treat, Chronic diseases)
32. व्रण चिकित्सा (Treatment of wounds)
33. विभिन्न प्रकार के सर्प तथा उनके विष की चिकित्सा (variety of

snakes- Anti vanum treatment)

34. शीत तथा कम्पित करने वाला ज्वर जो एक दिन छोडकर एक दिन, दो–दो दिन में, तीन–तीन दिन में, चार–चार दिन में आने वाला ज्वर शीत तथा वर्षा ऋतु में आने वाला ज्वर (Malaria)
35. कृमि, आंख, नाक, कान के क्रमि (Parasites in Eye - ENT)
36. शतायु तथा कायाकल्प के औषधि योग (Combination of medicines for long life of hundred years - Rejuvination threapy)

**6. षष्टम काण्ड**

37. पुंसवन (Promoting Fertility)
38. प्रजापति द्वारा IVF तथा Surrogacy Technique (सूक्त11 श्लोक 1, 2 तथा 3)
39. कण्ठ माला (Cervical Adinitis)
40. यातुधानों को यज्ञ धूम से नष्ट करना। (Smoke of Yagya to kill the viruses)
41. नेत्र रोग में गंगाजल का प्रयोग (use of water of Ganga River in ophthalmic Diease)
42. विषण तथा आसुव रोग (Ac. Viral Dieases)
43. स्वप्न (Dreams causing mental problems)
44. गौमूत्र फेन से ब्रष धोना (Antiseptic frorth of urine of cow)
45. पशु चिकित्सा (Veterinary Medicine)
46. गंड माला (Adinitis)
47. सौ नाडियों के शूल (Neuralgias)
48. शरीर में जल की पूर्ति हेतु यवजल (Barly watter for Rehydration)
49. चर्म रोग नाशक तथा त्वचा कांतिवर्धक उपटन (Paste of medcine for glowing of Skin & Hair)
50. बांबी की मिट्टी स्थानीय विष नाशक (For Local application to remove poison after snake bite)

सॉप की बाम्बी का दुर्लभ चित्र – गोदावरी उदगम स्थल त्रयम्बकेश्वर

51. वात रोग तथा आक्षेपक (बार बार हाथ–पैर पटकना (Epilepsy/ Acute Neuritis with myalgia)
52. विद्रधि विसर्प, अंड रोग तथा बगल की दूषित त्वचा (Infected Scabies & Ringworm of groin - Axilla)
53. मुख से सम्पूर्ण शरीर मे फैलने वाले रोग (Desease spreading in hold body from poor oral hygene)
54. सिर बालों के रोग तथा बालों का गिरना (Diseases of scalp - Hair and baldness)
55. दंत दृढीकरण (stregthening of teath)

**7. सप्तम काण्ड**

56. सौवर्चल नमक का महत्व (Importence of Rock salt)
57. सर्प विष (Snake Poison)
58. कुत्सित नख व काले पीले दांत वाले व्याधि ग्रस्त पुरुष के साथ भोजन करने से उत्पन्न व्याधि दोष। (Discase after taking food with diseased person infected with fungal nail & yellow colour teath)

**8. अष्टम काण्ड**

59. आयुवर्धक एवं शक्तिवर्धक (Retardation of Ageing - aphrodeatic)
60. कीटाणु नाशक (Anti Infectent - Antiseptic)
61. क्रत्या, भूत विद्या (Mental Disease)
62. गर्भणी के उरुओं, अंत प्रदेश का नीचे खिसकना (Prolaps of uterus & adjoing parts)
63. शिरो रोग जो अंधा बना देता है, शीर्षमत्रा, शीर्षक, कर्णशूल, विलोहित (Sever Head ache and Glucoma which causes blindness, ear ache)
64. अंग मरोडने वाला जवर (निसत्य शिवांग) Fever with cramps in muscles
65. उदर से अध्म रोग, अंतरात्मा से अक्षमोघा रोग (Visceraptosis of Abdominal organs and Abdominal diseases)
66. मूत्र रोग (UTI & Variety of abdominal diseases)
67. पेट का ककावह रोग (Intra abdominal Anurism)
68. अनेक प्रकार के अस्थि रोग (Various Deicases of Bones)
69. मनोरोग (Anixity - Depression)

**10. दशम काण्ड**

70. हृद्य औषधि (Cardioprotective medicine)
71. सर्पविष (Snake Venum)
72. ओज, वीर्यवर्धन (Inhancing Inomunity - Spermotogenic)

**नोट :–** इसी काण्ड में सीसा, तंतु, तसर तथा वेम (करघा) शब्द आये हैं। जिससे धागा बनाना तथा वस्त्र निर्माण का प्रमाण वैदिक काल में सर्वप्रथम मिलता है।

**18. अष्टदश काण्ड**

73. जल जाने पर नमक पानी तथा औषधि प्रयोग (Saline water treatment of burns & medicinal treatment )

**19. एकोनविंशत काण्ड**

74. दर्भमणि जल की वृद्धि करने वाली (Herbal Rehydration therapy)
75. A- आंख की पुतली तथा भैंगापन की चिकित्सा (Treatment of Pupil & Squint)

B- ध्वनि प्रदूषण से बहरापन तथा मनोरोग (Auditory Loss & Mental Disease due to sound pollution)

76. नासिका छिद्र, नेत्र गोलक, कर्णछिद्र तथा मुख अनिष्ट कर्म से मुक्त हों। (Irredication of infection in Nostrils, eye balls, ear and oral

cavity)
77. धुयें के नस्य द्वारा उपचार (smoke inhalation therapy)
78. औषधियों के बल से क्रीडा में कुशलता (Sports medicine)
79. भेडिया, श्येन पक्षी, बाघ और सिंह को विशूचिका नहीं होती है। Wolfs, Falcon and lion do not suffer from cholera disecase)

**20. विंशत काण्ड**

80. त्रिदोष तथा श्लेष्म द्वारा कण्ठावरोध (Delerium & Respiratory obstruction due to viscus mucus or sputum)
81. क्षय, अर्श, मेद रोग, श्वयशु, श्लीपद मुखपाक आदि रोग (TB, Piles, Dysplipidemia, Lipoma, Asthma, Eliphantitis, Oral sore etc.)

**यजुर्वेद**

यज्ञ प्रधान वर्णन है किन्तु रोगों, औषधियों व चिकित्सा के भी संदर्भ मिलते हैं।

**अध्याय–17**

अश्विनी कुमारों के कतिपय अद्भुत व साहसिक कार्यों की पुनरावृत्ति ऋषि कक्षीवन ने सूक्त 116 से 121 में की है।

**अध्याय–19**

ऋषि प्रजापति, भरद्वाज, आभूति, हेमवर्चि, वैखानस तथा शंख ने सोम व सुरा की निर्माण सामग्री, विधि, सोम के गुण तथा सुरा से प्रथक होना एवं सोम का यज्ञों में प्रयोग किये जाने का सविस्तार वर्णन श्लोक संख्या 7 से 95 तक के विभिन्न श्लोकों में किया है।

श्लोक संख्या 80 में सीसा तथा ऊन से बुने जाने वाले पट (वस्त्र) का उल्लेख है।

श्लोक संख्या 82 में तसर (एक प्रकार का वस्त्र जिसे सम्भवतः आज 'टसर' कहा जाता है। तथा वेम (करघा) का उल्लेख है।

**अध्याय 12 में**

**श्लोक संख्या 83**

82. 'क्षुधा राक्षसी से हमे छुडाओ ऐसा वर्णन है। (Volimia Nervosa)
83. यक्ष्मा (Chest Disease, TB)
84. यक्ष्मा, अंग, ग्रंथि, केश रोग (Chest disease, TB, Abnormal Sore in organs, diseases of hair)
85. कफ द्वारा कंठावरोध तथा त्रिदोष । (Mucus pluging in resperatory tract causing obstruction & Delerium)
86. औषधियां परस्पर एक दूसरे के गुणों की रक्षा करें। (Medicines

Should not to be incompatible)

87. औषधियों के राजा 'सोम' हैं।
88. 'सोम' हमारी रक्षा करें। (Immunity Improvement)
89. क्षय, अर्श, मेद रोग, श्लीपद श्वयशु, मुखपाक आदि रोग। (Chest Disease TB, Piles, dislipidemia Fillariasis, Elephantitis, Asthma, oral Thrush)

**श्लोक संख्या– 82 – 85**

90. दुग्ध बल वीर्य वर्धक, हृदय की रक्षा करने वाला, मूत्रवह स्रोतों की रक्षा करने वाला यकृत (Liver) क्लोम (Spleen) तथा कण्ठ नाडी को पुष्ट करने वाला होता है। Milk is Benificial to heart, protects urinary system, stragthen Liver, spleen & Vessels of neck.)
91. मधु, श्येन पक्षी का पंख हृदय के बांये भाग के मांस को पुष्ट करने वाला है। Honey & Fether of Falcon strenthen left side cardiac muscles.
92. अजा दुग्ध से नेत्र रोग की चिकित्सा (Goat milk benefecial for ophthalmic dissases.)
93. जौ, बदरीफल, कुशा का नासिका और वायु रोग में प्रयोग। (Barly, cherry, kushgrass for Nasal & Respiratory diseases)

**सामवेद**

सामवेद मे इंद्र, अग्नि, पवमान, वरुण, मित्रवरुण, अश्विनी कुमारों की स्तुति मे ऋचायें लिखी गई हैं। विभिन्न छंदो के माध्यम से आध्यात्मिक ज्ञान, बुद्धि, समृद्धि आदि प्राप्त करने हेतु स्वर विज्ञान का आधार लेकर मन की एकाग्रता हेतु सोम को माध्यम बनाया गया है। सोम को बल, वीर्य तथा ओज वर्धन हेतु प्रयोग किये जाने के सन्दर्भ हैं।

**सोम–** सोमलता से सद्यः निचोडे गये, पत्थरों के बीच पीसे जाने, ऊन के छन्ने से छाने जाने, गो दुग्ध व घृत के साथ पिये जाने वाले, हरे रंग के सोम का अनेक श्लोकों में उल्लेख है। इससे स्पष्ट है कि यह आसवन विधि द्वारा निर्मित सोम, मदिरा का प्रकार नहीं था। सामवेद मे ऋग्वेद के अनेक श्लोकों की पुनरावृत्ति हुई है।

# 28. ऋग्वेद में निर्दिष्ट वनस्पतियां

| | | | |
|---|---|---|---|
| 1. अक्ष | 19. खदिर | 37. बिल्व | 55. शात |
| 2. अतसो | 20. घृताची | 38. भङ्गा | 56. शिग्रु |
| 3. अबधनी | 21. जलापभेषज | 39. मधुला | 57. शिशपा |
| 4. अरदु | 22. तेजन | 40. मुञ्ज | 58. शिलाची |
| 5. अश्वत्थ | 23. त्रायमाणा | 41. यव | 59. शीतिका |
| 6. अश्वावती | 24. दर्भ | 42. यवस | 60. शीपाल |
| 7. आञ्जन | 25. दूर्वा | 43. रोपणका | 61. सैर्य |
| 8. आयती | 26. नड | 44. लाक्षा | 62. सोम |
| 9. आलक | 27. परायती | 45. लिवुजा | 63. सोमावती |
| 10. उत्तानपर्णा | 28. पर्ण | 46. लोध | 64. स्पन्दन |
| 11. उदोजस | 29. पाकदूर्वा | 47. वंश | 65. स्वधिति |
| 12. उर्वारुक | 30. पाकलि | 48. विश्वभेषजी | 66. हिरण्यपर्ण |
| 13. उलप | 31. पाठः | 49. वीरण | 67. हादिका |
| 14. ऊर्जयन्ती | 32. पिप्पल | 50. वेणु | |
| 15. काकम्बीर | 33. पिषंती | 51. वेतस | |
| 16. किंशुर | 34. पुष्कर | 52. शर | |
| 17. कुशर | 35. बल्वज | 53. शल्मलि | |
| 18. क्याम्बू | 36. विभीतक | 54. शाकवलि | |

आचार्य श्री प्रियव्रत शर्मा कृत ग्रन्थ 'आयुर्वेद का वैज्ञानिक इतिहास' से उद्धृत

# 29. यजुर्वेद में निर्दिष्ट वनस्पतियां

| | | | |
|---|---|---|---|
| 1. अपामार्ग | 22. खदिर | 43. पुष्कर | 64. वंश |
| 2. अर्क | 23. खर्जूर | 44. पूतद्रु | 65. वरण |
| 3. अर्जुन | 24. खल्व | 45. पूतीक | 66. वर्षाह |
| 4. अलाबू | 25. गर्मुत | 46. प्रियंगु | 67. वर्षाह्वा |
| 5. अबका | 26. गवेधुका | 47. प्लक्ष | 68. विकंकत |
| 6. अश्वत्थ | 27. गुल्गुलु | 48. बदर | 69. वृष |
| 7. अश्ववार | 28. गोधूम | 49. बल्वज | 70. वेणु |
| 8. अश्वावती | 29. घृताची | 50. विभीतक | 71. वेतस |
| 9. आञ्जन | 30. चणक | 51. बिल्व | 72. व्रीहि |
| 10. आम्ब | 31.चतुष्कोण वनस्पति | 52. भूर्ज | 73. शमी |
| 11. इक्षु | 32. जम्बीर | 53. मधुला | 74. शर |
| 12. उदुम्बर | 33. जर्तिल | 54. मध्वष्ठीला | 75. शाल्मलि |
| 13. उदोजस | 34. तिल | 55. मधुक | 76. श्यामाक |
| 14. उपवाका | 35. तिल्वक | 56. ममूर | 77. सहमाना |
| 15. करीर | 36. दर्भ | 57. माष | 78. सुगन्धितेजन |
| 16. कर्कन्धु | 37. दूर्वा | 58. गुञ्ज | 79. सोम |
| 17. कार्म्मर्य | 38. नितत्नी | 59. मुद्ग | 80. सोमावती |
| 18. कुवल | 39. नीवार | 60. यव | 81. सेकपर्ण |
| 19. कुश | 40. न्यग्रोध | 61. यवस | 82. हिरण्यपर्ण |
| 20. कृष्णल | 41. पर्ण | 62. यवाष | |
| 21. क्रमुक | 42. पीतुदारू | 63. रोहितक | |

आचार्य श्री प्रियव्रत शर्मा कृत ग्रन्थ 'आयुर्वेद का वैज्ञानिक इतिहास' से उद्धृत

# 30. अथर्ववेद में निर्दिष्ट वनस्पतियां

| | | | | |
|---|---|---|---|---|
| 1. अक्ष | 19. अरुस्राण | 37. आसुरी | 55. औक्षगन्धि | 73. कूदी |
| 2. अधद्विष्टा | 20. अर्क | 38. आस्रावभेषज | 56. कङ्कतदन्ती | 74. कृतव्यधनी |
| 3. अजशृंगी | 21. अर्जुन | 39. इट | 57. कनक्नक | 75. केशवृंहणी |
| 4. अजिर | 22. अलसाला | 40. इन्द्राणी | 58. कपित्थक | 76. केशवर्धनी |
| 5. बतसी | 23. अलाबू | 41. इषीका | 59. कब्रू | 77. केशी |
| 6. अतिविद्धभेषजी | 24. अवका | 42. ईष्याभेषज | 60. कमल | 78. कोशबिला |
| 7. अदृष्टदहनी | 25. अवालिप्स | 43. उग्रौषधि | 61. कम्बला | 79. क्याम्बू |
| 8. अपराजिता | 26. अश्मला | 44. उच्छुष्मा | 62. कर्कटश | 80. क्रकोष्मा |
| 9. अपस्कम्भ | 27. अश्वत्थ | 45. उत्तानपर्णा | 63. कर्कन्धु | 81. क्लीबकरणी |
| 10. अपामार्ग | 28. अश्ववार | 46. उत्सक्तभेषज | 64. कर्करी | 82. क्षिप्तभेषजी |
| 11. अपाष्ठ | 29. अश्ववती | 47. उदुम्बर | 65. कर्शफ | 83. क्षुम्प |
| 12. अभिरोरुद | 30. असिवनी | 48. उद्योजस | 66. कल्मलि | 84. क्षेत्रिगनाशनी |
| 13. अभीवर्त्त | 31. अस्तृत | 49. उन्नयन्ती | 67. कान्दाविष | 85. खदिर |
| 14. अभिखाता | 32. आषाट | 50. उर्वारुक | 68. किलासनाशन | 86. खल्व |
| 15. अमूला | 33. आञ्जन | 51. उलप | 69. किलासभेषज | 87. गुग्गुलु |
| 16. अरदु | 34. आण्डीक | 52. ऊर्जयन्ती | 70. कुमुद | 88. गोधूम |
| 17. अराटकी | 35. आलक | 53. ऋतजात | 71. कुवल | 89. चतुरंगुल |
| 18. अरुन्धती | 36. आवयु | 54. ऋतावरी | 72. कुष्ठ | 90. चित्ति |

| | | | | |
|---|---|---|---|---|
| 91. चीपुद्रु (शीपुद्रु) | 111. तेजन | 131. नरिष्टा | 151. पीलु | 171. बलासनाशिनी |
| 92. चेतन्ती | 112. तौदी | 132. नलद | 152. पुण्डरीक | 172. बलासभेषज |
| 93. च्युकाकणी | 113. तौविलिका | 133. नलदी | 153. पुनर्नवा | 173. बल्वज |
| 94. जंगिड | 114. त्रायमाणा | 134. नानारोगभेषज | 154. पुरुशभेषज | 174. बाड्गिका |
| 95. जलाषभेषज | 115. त्रिवृत्त | 135. नितनी | 155. पुष्कर | 175. विभीतक |
| 96. जाल्य | 116. दण्डन | 136. नीलागलसाला | 156. पुष्कला | 176. बिम्बी |
| 97. जीवन्त | 117. दर्भ | 137. नीविभार्य | 157. पुष्पा | 177. विल्व |
| 98. जीवन्ती | 118. दशवृक्ष | 138. न्यग्रोध | 158. पुतद्रु | 178. विस |
| 99. जीवला | 119. दारुपत्रा | 139. न्यस्तिका | 159. पूतिरज्जु | 179. भङ्गा |
| 100. तरुणक | 120. दिप्सौषधि | 140. परुषवार | 160. पृश्निपर्णी | 180. भद्र |
| 101. तलाशा | 121. दुश्च्यवन | 141. परुषाह | 161. पृषातक | 181. मण्डूकपर्णी |
| 102. तस्तुव | 122. दूर्वा | 142. पर्ण | 162. पैद्ध | 182. मदावती |
| 103. ताजदृभंग | 123. देवमुनि | 143. पर्णधि | 163. प्रतिसर | 103. मदुघ |
| 104. ताबुव | 124. धव | 144. पर्णा | 164. प्रवन्धिनी | 184. मदुघ |
| 105. तार्ष्याव | 125. नघारिष | 145. पला | 165. प्रमन्दनी | 185. मधुक |
| 106. तिल | 126. नड | 146. पलाश | 166. प्रेणी | 186. मधुजाता |
| 107. तीक्ष्णबल्श | 127. नद्य | 147. पाटा | 167. प्लक्ष | 187. मधुमती |
| 108. तीक्ष्ण शृङ्गी | 128. नद्यसार | 148. पिङ्ग | 168. वज | 188. मधुला |
| 109. तृष्टा (ष्टिक) | 129. नघारिष | 149. पिप्पली | 169. बभ्र | 189. मधूलक |
| 110. तृष्टाघ (ध्न) | 130. नराची | 150. पीला | 170. बला | 190. मशकजंभनी |

| | | | | |
|---|---|---|---|---|
| 191. माष | 211. वातीकृ तनाशनी | 231. वेतम | 251. शालूक | 271. सहमाना |
| 192. मिरिका | 212. वालदुच्छ | 232. वेदतृण | 252. शिखण्डी | 272. सहस्रकाण्ड |
| 193. भुञ्ज | 213. विकंकत | 233. वेष्टन | 253. शिंशपा | 273. सहस्रचक्षु |
| 194. मुलाली | 214. वितन्त्री | 234. व्यल्कशा | 254. शिलाची | 274. सहस्रपर्ण |
| 195. यक्ष्मानाशिनी | 215. विबाध | 235. व्याघ्री | 255. शीतिका | 275. सहस्रपर्णी |
| 196. यव | 216. विशफ | 236. व्यालक | 256. शीपाल | 276. सहस्वती |
| 197. रजनी | 217. विश्लिष्टभेषज | 237. व्रीहि | 257. शेषहषणी | 277. सहसिनी |
| 198. रथवन्धुर | 218. विश्वभेषजी | 238. शंखपुष्पी | 258. शेव (वा) ल | 278. सहीयसी |
| 199. रामा | 219. विषदूषणी | 239. शण | 259. शोचि | 279. सहस्य |
| 200. रोहिणी | 220. विषा | 240. शतकाण्ड | 260. श्यामा | 280. साल |
| 201. रोहितक | 221. विषाणका | 241. शतपर्वा | 261. श्यामाक | 281. सुभंगकरणी |
| 202. रोषणाका | 222. विषातकी | 242. शतवार | 262. सचीन | 282. सोन |
| 203. लाक्षा | 223. विस्कन्धदूषणा | 243. शतशाख | 263. सदंफला | 283. सोमावती |
| 204. लिबुजा | 224. विहल्ह | 244. शफक | 264. समक्तभेषज | 284. स्रक्त्य |
| 205. लोहितवृक्ष | 225. विह्वल | 245. शमक (का) | 265. समुष्पला | 285. स्वधा |
| 206. वट | 226. वीरण | 246. शमी | 266. संबननी | 286. हरितभेषज |
| 207. वधक | 227. वीरोदीक | 247. शंशप | 267. सस्कन्दा | 287. हारिद्रव |
| 208. वंश | 228. वृश्चिकजभन | 248. शर | 268. सरूपकरणी | 288. हिरण्यपुष्पी |
| 209. वरण | 229. वृष्णयावती | 249. शलाञ्जाला (शिलाञ्जला) | 269. सह | 289. ह्लादिका |
| 210. वातीकृ तभेषजी | 230. वेणु | 250. शाकदूर्वा | 270. सहदेवी | |

आचार्य श्री प्रियव्रत शर्मा कृत ग्रन्थ 'आयुर्वेद का वैज्ञानिक इतिहास' से उद्धृत

# 31. संजीवनी विद्या

संजीवनी कोई एक जड़ी बूटी (वनस्पति) मात्र नहीं हैं, वरन संजीवनी एक विद्या है। इस विद्या के चार अंग है–

1. मृत संजीवनी
2. विशल्य करणी
3. सवर्ण करणी
4. संधान करणी

**मृत संजीवनी**

वह औषधियां जो मूर्छा हरण करके चेतना लाती है।

**विशल्य करणी**

शरीर में धातु, काष्ठ, पत्थर, नाखून, बाल आदि नासूर के व्रण को विशल्य करना।

**सवर्ण करणी**

टूटी हुई अस्थियां तथा मांसपेशियां जोड़ना तथा उनको पूर्व स्वरूप में पुर्नस्थापित करना।

**संधान करणी**

शरीर में पूर्व की भांति शक्ति उत्पन्न करना।

**दुर्गा सप्तशती के अनुसार 9 औषधियाँ**

| | |
|---|---|
| प्रथम शैलपुत्री | हरीतिकी (शिवा, हरड) |
| द्वितीय बृह्मचारिणी | ब्राह्मी |
| तृतीय चंद्रघंटा | चंदसुर |
| चतुर्थ कूष्माण्डा | कूष्माण्ड (भूरा कुम्हडा) |
| पंचम स्कंदमाता | अलसी |
| षष्ट कात्यायनी | मोचिका (मकोय) |
| सप्तम कालरात्रि | नागदौन |
| अष्ट महागौरी | रामा–श्यामा तुलसी, दौना |
| नवम सिद्धिदात्री | शतावरी |

दुर्गा सप्तशती के 'पाठ्यविधि' शीर्षक में एक मंत्र है, जिसे **"मृत संजीवनी विद्या"** कहा गया है। इस मंत्र को तंत्रशास्त्र के ज्ञाता गुरू के संरक्षण व निर्देशन में विधिपूर्वक सिद्ध करके पाठ करने से मृतप्राय रोगी भी जीवनदान पा जाता है। यह मंत्र दुर्गा सप्तशती में 'विश्वसारतंत्र' से लिया गया है।

# 32. नवग्रह की 9 औषधियां

(प्रकुपित ग्रहों की शान्ति हेतु)

## प्रकुपित ग्रह शान्ति हेतु विशेष औषधि मूल

| | **प्रकुपित ग्रह** | **शान्ति हेतु विशेष औषधि गूल** | **सामान्य हवन सामग्री के साथ** |
|---|---|---|---|
| 1. | रवि | बेंत की जड़ | तिल, जौ तथा चावल के साथ मिलाकर) छोटी इलायची, साठी चावल, खस मधु, अमलतास, कमलगट्टा, नागरमोथा |
| 2. | चंद्र | खिरनी की जड़ | पंच गंध कपूर |
| 3. | मंगल | सौंफ की जड़ | चमेली का तेल, बेल का फल, सोंठ<br>लाल चंदन, कुमकुम |
| 4. | बुध | देवदारु की जड़ | पीली सरसों |
| 5. | गुरु | भारंगी की जड़ | गुलाब की सूखी पंखुडी |
| 6. | शुक्र | एरण्ड की जड़ | आंवला |
| 7. | शनि | धतूरा की जड़ | काले तिल |
| 8. | राहु | अश्वगंधा की जड़ | चंदन की लकड़ी |
| 9. | केतु | बरगद की जड | सतनाजा |

इस सामग्री के साथ ग्रह विशेष के लिये निर्धारित औषधि मूल को भी सम्मलित किया जाता है।

## नवग्रह की वनस्पतियां

1. रवि – मदार
2. चंद्र – पलाश
3. मंगल – खैर
4. बुध – अपामार्ग
5. गुरु – पीपल
6. शुक्र – गूलर
7. शनि – शमी
8. राहु – दूर्वा
9. केतु – कुश

## राशियाँ तथा बायोकेमिक औषधियां
(Biochemic Salts)

राशियाँ 12 होती हैं तथा बायोकेमिक औषधियां भी 12 होती है। किस राशि के लिये कौन सी औषधि उपयुक्त हैं, निम्नांकित हैं–

| **क्रम सं.** | **राशि** | **राशीष ग्रह** | **राशीष ग्रह शान्ति हेतु औषधि (बायोकेमिक साल्ट)** |
|---|---|---|---|
| 1. | मेष | मंगल | कालीफास |
| 2. | वृष | शुक्र | नेट्रम सल्फ |
| 3. | मिथुन | बुध, केतु | कालीम्यूर |
| 4. | कर्क | चंद्र | कैल्केरिया फ्लोर |
| 5. | सिंह | सूर्य | मैग्नीशियम फारा |
| 6. | कन्या | बुध, राहु | कालीसल्फ |
| 7. | तुला | शुक्र | नेट्रमफास |
| 8. | वृश्चिक | मंगल | कैलकेरिया फारा |
| 9. | धनु | बृहस्पति | साइलेशिया |
| 10. | मकर | शनि | कैलकेरिया फास |
| 11. | कुम्भ | शनि | नैट्रम म्यूर |
| 12. | मीन | बृहस्पति | फेरम फास |

यह बायोकैमिक साल्ट 30 की मात्रा में प्रतिदिन एक से तीन बार ली जाती हैं अथवा 200 की मात्रा में सप्ताह में एक बार ले सकते हैं। चिकित्सक के परामर्श पर ही लेना चाहिये।

# 33. जल है जीवन का आधार

सृष्टि का प्रारम्भ जल से हुआ है। भारतीय संस्कृति के सत्साहित्य के अनेक ग्रंथों में सृष्टि के प्रारम्भ को जल से होना वर्णित है। यदि अवतार क्रम को देखें तो प्रथम अवतार मत्य के रूप में हुआ, द्वितीय अवतार कूर्म के रूप में हुआ। यह दोनों जीव क्रमशः जल तथा जल व थल के हैं।

मानव को जल की नितान्त आवश्यकता हुई यही कारण है कि सभी प्राचीन सभ्यताओं का विकास नदियों तथा समुद्र के तटों के पास ही हुआ है। जल तथा प्रकृति में उपलब्ध वनस्पतियों का कालांतर में कृषि के रूप में विकास हुआ, जो मानव के भोजन का प्रमुख साधन बना।

हम अवतारों की चर्चा कर रहे थे। एक अवतार श्री कृष्ण के बड़े भ्राता बलराम का हुआ, जिन्हें हलधर के रूप में दर्शाया गया, जो स्पष्ट रूप से कृषक तथा कृषि का प्रतीक हैं। हलधर बलराम कृषक का प्रतिनिधित्व करते हैं।

**नदियों के पास विकसित हुई प्रमुख सभ्यतायें**

1. हिमालय से कन्याकुमारी तक आर्य और दृविड सभ्यताओं का विभिन्न नदियों, जलाशयों तथा समुद्री तट पर विकास।
2. सिंधु घाटी सभ्यता – हरप्पा, मोहनजोदडो।
3. नील नदी सभ्यता – कालीबंगा, लोथल।
4. सोन नदी सभ्यता – पाटलीपुत्र (पटना)
5. गंडक, गोगरा, सोन तथा पुनपुन नदियों के पास मौर्य तथा गुप्तवंशों के साम्राज्य विकसित हुये।
6. गंगानदी के डेल्टा में गौड नगर
7. ह्वांग हो नदी (पीली नदी) और यांग्त्सी नदियों के मध्यवर्ती क्षेत्र में चीनी सभ्यता।

**भारतीय पुरातन संस्कृतिक साहित्य में जल विज्ञान**

वेदों को सभी प्रकार के ज्ञान–विज्ञान का श्रोत माना जाता है, फिर जल विज्ञान अछूता कैसे रह जाता। वेदों में जल विज्ञान पर प्राप्त विवरण समाहित कर सकना, इस छोटे लेख में सम्भव नहीं है। कुछ अंश को श्लोकों के भावार्थ के रूप में निम्नवत उद्धृत किया जा रहा है–

1. ऋगवेद (प्रथम मण्डल 23–16 से 20) जल, जीवन के लिये आवश्यक व उपयोगी है।
2. ऋगवेद (प्रथम मण्डल 186–15) सिंधु, बछडे के समान हमारा पोषण करें। उनके द्वारा जलोत्पन्न अग्नि (हाइड्रो इलेक्टिक) हम प्राप्त करें।

3. ऋगवेद (प्रथम मण्डल 187–8) हम जलों और औषधियो का थोडा थोडा सेवन करते हैं।
4. ऋगवेद (प्रथम मण्डल 2–13–24) बहने वाली नदियां सर्वत्र प्रवाहित होती हुई समुद्र में जाती हैं। जल निचले मार्ग पर चलता है।
5. ऋगवेद (6–4) जल, जो सूर्य के ताप से छोटे–छोटे कणों में विभाजित हो जाता है, उसे हवा के द्वारा ले जाया जाता है और उसके बादलों में सम्पादित होने के बाद बार बार वर्षा होती है।
6. ऋगवेद (1–32–9) पानी कभी एक स्थान पर नहीं ठहरता है। वह निरंतर वाष्पित होता रहता है और नीचे आता रहता है, किन्तु वाष्प के अतिसूक्ष्म कणों के कारण हम उन्हें देख नहीं सकते हैं।

**यजुर्वेद (10–19)**

जल का बादलों तक तथा बादलों से पृथ्वी तक संचार की प्रक्रिया और सरिताओं के माध्यम से उसके प्रवाह तथा महासागरों में भण्डारण एवं वाष्पीकरण का वर्णन है।

**अथर्ववेद (1–30–4)**

वर्षा जल की पृथ्वी में प्रविष्टि तथा पृथ्वी से वायु मण्डल तक के चक्र में निरंतर संचरण सूर्य की किरणों से होता है।

**सामवेद (पूर्व कालिक 6–607)**

एक प्रकार का पानी ऊपर जाता है और दूसरे प्रकार का पानी नीचे आता है। ये दोनों सूर्य के ताप से प्रशोधन के बाद वातावरण में जा सकते हैं। ऊपर से वर्षा के बाद जल नदियों में बहते हुये समुद्र में संग्रहीत होते हैं।

उपरोक्त संदर्भों से वैदिक काल में जल चक्र के विषय में स्पष्ट रूप से पता चलता है। सूक्ष्म कणों की भाप का ऊपर आकाश में बादल बनाना फिर वर्षा होना, नदियों में प्रवाहित होना, जल का भूमि के निचले भाग पर बहना (भूजल), जल से अग्नि (विद्युत) प्राप्त होना आदि में वायु एवं सूर्य के ताप की भूमिका तथा जल संरक्षण व वनस्पति संरक्षण (जल और औषधियों का थोडा–थोडा सेवन करना) से सम्बन्धित वर्णन आज भी यथावत प्रकृति के नियमानुसार व्यवहरित हैं। जल संरक्षण के लिये भी वैदिक काल से ही उपदेशित था।

वेदों के अतिरिक्त भागवत पुरण, मत्स्य पुराण, लिंग पुराण, वायु पुराण, ब्रह्माण्ड पुराण, वाल्मीकि रामायण, रामचरित मानस आदि ग्रंथों में भी जल चक्र का वर्णन मिलता है। भागवत पुराण की कथा की ओर ध्यान आकृष्ट करना है, जिसमें श्री कृष्ण के अद्भुत तथा विशेष जल प्रबंधन का परोक्ष रूप से वर्णन मिलता है–

श्री कृष्ण जी के तलवे मे बहेलिये द्वारा तीर मारे जाने के बाद जब वह स्वधाम (गोलोकधाम) जाने लगे तो उसके पूर्व अपने सारथी द्वारा द्वारिका के समस्त यदुवंशियों के लिये संदेश प्रेषित किया कि वे सब अपने परिजनों सहित अर्जुन के संरक्षण में चले जाये। क्योंकि उनके (श्री कृष्ण के) स्वधाम गमन के बाद समुद्र द्वारिका को डुबा देगा।

उपरोक्त आख्यान से परिलक्षित होता है कि श्रीकृष्ण ने समुद्र से द्वारिका को सुरक्षित रखने हेतु किसी विशेष व अद्‌भुत संसाधन को क्रियान्वित कर रखा था, जो उनके न रहने पर द्वारिका वासियों के द्वारा बनाये रखना सम्भव नहीं था, श्री कृष्ण यह जानते थे। हम सबको ज्ञात है कि कालांतर में द्वारिका समुद्र में समा भी गई। यह जल प्रबन्धन का अद्‌भुत उदाहरण है।

जल प्रबन्धन पर एक और परोक्ष उदाहरण ऋषि अगस्त द्वारा समुद्र पी लेने के कथानक में मिलता है – दक्षिण भारत तीन ओर से समुद्र से घिरा है। वर्षा के कारण बाढ़ का पानी समुद्र में न जा पाने के कारण उक्त क्षेत्र में समुद्र जैसी स्थिति हो जाती रही होगी। ऋषि अगस्त जो महान वैज्ञानिक थे, उन्होने जल प्रबन्धन के लिये नदियों के जल को एक दूसरे में यथा आवश्यक जोड़कर तथा भूमि में ऐसी स्थिति तैयार करके कि नदियों का जल समुद्र में चला जाये, किन्तु समुद्र का जल आवासीय क्षेत्र में न आ सके। इस विधि द्वारा दक्षिण भारत को जल प्लावन से मुक्त किया होगा, जिसे सांकेतिक भाषा में ऋषि अगस्त द्वारा समुद्र पी लेने की संज्ञा दी गई होगी।

गंगा को अवतरित कराने का श्री भगीरथ के प्रयास में देवताओं ने कहा कि यदि गंगा सीधे पृथ्वी पर उतार दी जायेगी, तो कृषि योग्य सहित भूमि ही गंगा के प्रखर प्रवाह से वह जायेगी, इसलिये शिव जी यदि अपनी जटाओं में गंगा को धारण कर लें तो प्रवाह कम हो जायेगा। अतः राजा भगीरथ ने शिव जी को प्रसन्न कर लिया और इस प्रकार गंगा स्वर्ग से चलकर शिव की जटाओं से होकर पृथ्वी पर आईं। यह भी एक सांकेतिक भाषा में रचित आख्यान है, ऐसा प्रतीत होता है। हिमालय से बर्फ का पिघला हुआ पानी हजारों फिट की ऊँचाई से सीधे आने पर निश्चय ही भूमि को काटकर बहा देता। इसलिये नागलोक की सैकडों पहाडियों से टकराकर जब उस जल धारा को लाया गया तो प्रवाह अपेक्षाकृत धीमा हो गया। केदारनाथ तथा बद्रीनाथ से अलकनंदा और भागीरथी के अतिरिक्त अनेक नदियों है, जिन्हें भी किसी न किसी नाम से गंगा कहा जाता है। नाग लोक के स्थानों के नाम भी नाग के नाम पर है (अनंतनाग, बैरी नाग, शेष नाग आदि)। वहां की पहाडियों, घाटियों से होकर बहती हुई अनेक जल धाराओं को शिव की जटाओं में गंगा को

धारण करने का सांकेतिक आख्यान है। इस प्रकार जल प्रबन्धन का यह भी अद्‌भुत सांकेतिक उदाहरण है।

समुद्र मंथन (अर्थात जल) से 14 रत्नों की उत्पत्ति की कथा भी जल की उपयोगिता एवं महत्व को दर्शाती है। वर्तमान में भी समुद्र से खनिजों, धातुओं तथा रत्नों का दोहन किया जाता है।

सनातन धर्म के सभी प्रमुख देवताओं का जल से सम्बन्ध का वर्णन है– ब्रह्म जी का प्राकट्य समुद्र में नाभिकमल से हुआ, भगवान विष्णु समुद्र में शेषनाग पर शयन करते हैं, भगवान शिव का निवास बर्फीले पर्वत कैलाश पर है तथा जटाओं में गंगा धारण करते हैं, लक्ष्मी जी कमल पर आसीन (जलीय पुष्प) तथा हाथ में भी कमल है। भगवान राम का सरयू नदी, गंगा तथा वन गमन मार्ग की अनेक नदियों तथा समुद्र से सम्बन्ध रहा। भगवान कृष्ण का दैनिक सम्बन्ध यमुना नदी से रहा। भरत जी ने जिस कूप में स्नान किया वह चित्रकूट के पास भरतकूप के नाम से प्रसिद्ध है। अनुष्ठानों, पूजापाठ, पर्व स्नान में गंगा जल तथा सात नदियों के जल का महत्व है। प्राचीन काल में राज्याभिषेक में सात पवित्र नदियों (गंगा, यमुना, नर्मदा, कृष्णा, काबेरी, गोदावरी और ब्रह्मपुत्र) के जल से अभिषेक किया जाता था। विभीषण का तिलक भगवान राम ने सिन्धु के जल से किया था। हमारे देश ही नहीं विश्व का सबसे बड़ा पर्व स्नान और कुम्भ मेला गंगा तथा क्षिप्रा नदियों रो ही सम्बन्धित हैं। माघ मेला एक माह का प्रवास गंगा नदी के तट पर होता है। प्रत्येक अमावस्या तथा अनेक पर्वों पर पयस्वनी नदी चित्रकूट बुन्देलखण्ड में कई हजार का जन समूह रनान करता है। दैनिक रूप से सूर्य को अर्घ देने का नियम है।

बिहार प्रदेश की छठ पूजा भी नदी जल से स्नान तथा सूर्य को अर्घ देने से सम्बन्धित है। भारत में जन्म से लेकर मृत्यु तक तथा मृत्यु के उपरान्त भी (अस्थि विसर्ज तथा पितृ तर्पण) जल का उपयोग किया जाता है।

पूजा करने से पहले आचमन, जल मार्जन तत्पश्चात भगवान को पाद्यर्ध, स्नान तथा भोग लगाने के बाद आचमन व प्रत्याचमन की विधियां भी जल से सम्बन्धित हैं। शिवलिंग पर निरन्तर जल डालने की व्यवस्था की जाती है।

घर पर अतिथि आगमन पर सर्वप्रथम जल प्रस्तुत किया जाता है। संतान प्राप्ति के उपरान्त कूप पूजन करने का प्रचलन बुन्देलखण्ड में है। कुआं, बाबडी, तालाब, पौशाला बनवाना तथा पशु व पक्षियों के लिये पेयजल की व्यवस्था करना पुण्य का कार्य माना जाता है।

सूर्य रश्मि युक्त जल चिकित्सा–जल को अलग अलग 07 रंग की बोतलों में भरकर उस जल को सूर्य की रश्मियों (किरणों) से प्रभावित करके उस जल से विभिन्न रोगों की चिकित्सा पद्धति भी है। इस प्रकार जल की महत्ता को दैनिक रूप से तथा सर्वजन हिताय स्वीकार की गई है। जल की महत्ता सृष्टि के प्रारम्भ से ही स्वीकारी गई है, क्योंकि जल के बिना जीवन की कल्पना नहीं की जा सकती है।

**भारत के प्रमुख जल श्रोत एवं उपलब्ध जल–**

भारत में उत्तरकाशी में गौमुख (जो गंगोत्री ग्लेशियर में है।) से भागीरथी निकलकर तथा सत्तोपंत ग्लेशियर से अलकनंदा नदी निकलकर देव प्रयाग में दोनों मिलकर गंगा नदी के नाम से विख्यात हैं। गंगा नदी के अतिरिक्त काली नदी, यमुना, नर्मदा, कृष्णा, काबेरी, नेपाल से आकर ब्रह्म पुत्र नदी आदि प्रमुख नदी जल के श्रोत है। अलग अलग स्थानों पर प्रवाहित सैकडो नदियां भी जल प्रदायनी है। ये सब मीठे पानी की नदियां हैं। भारत के तीन ओर समुद्र की अथाह जल राशि है किन्तु इसमें खारा जल है।

प्राप्त आंकडो के अनुसार वैश्विक संदर्भ में भारत में 40 प्रतिशत जल उपलब्ध है। सभी स्थानों पर एक समान भूमिगत जल नहीं पाया जाता है। अनुमानतः भारत में भूमिगत जल की मात्रा 433 क्यूबिक बिलियन घन मीटर है। भूगर्भ जल 08 किमी0 तक की गहराई में पाया जाता है। भूमिगत चट्टानों में कहीं कहीं पर दरारें (फिशर्स) पायी जाती है जिनसे भूजल ऊपर पृष्ठीय भूमि पर आ जाता है। जिसके कारण कहीं कहीं आर्टीसियन वेल्स भी पाये जाते हैं इनसे स्वतः निरंतर जल प्रवाहित होता रहता है। भूमि के अंदर गहराई में स्थित चट्टानों में स्वतः दरारें होती हैं और कभी कभी भूकम्प के कारण भी बन जाती हैं। उपरोक्त जल श्रोतों के अतिरिक्त वर्षा जल भी जल संग्रहीत होने का प्रमुख साधन है।

**भारत में वर्षा**

प्राप्त आंकडों के अनुसार भारत में वर्षा निम्नांकित प्रकार से होती है। एक वर्ष में कुल प्रतिशत वर्षा–

देश के 30% भूभाग पर 75 सेमी. वर्षा होती है।
देश के 40% भूभाग पर 75 से 125 सेमी. वर्षा होती है।
देश के 20% भूभाग पर 125 से 200 सेमी. वर्षा होती है।
देश के 08% भूभाग पर 200 सेमी. या इससे अधिक वर्षा होती है।

वर्षा से प्राप्त जल का 20% जल वाष्पित हो जाता है। शेष जल का बडा भाग भू पृष्ठ पर नदियों, झीलों, तालाबों, नालों तथा पोखरों में मिलता है। शेष जल बहकर समुद्रों में मिल जाता हैं, एक सर्वे के अनुसार

निर्मित जलाशयों में 174 अरब घन मीटर जल संग्रहीत होता है।

भूमिगत जल की मात्रा वर्षा की मात्रा पर निर्भर है। भूजल की वृद्धि में वर्षा की प्रकृति, भूमि के प्रकार, ठोस है या सांध्र (बलुई), ढलवा है या समतल का भी योगदान होता है। सांध्र भूमि तथा समतल भूमि में पानी जल्दी भूमिगत हो जाता है, जबकि ठोस और ढालदार भूमि से पानी बहुत कम मात्रा में भूमिगत हो पाता है। भारत में सभी प्रकार की भूमि स्थान स्थान पर पायी जाती है।

हमारे देश में कहीं पर बहुत कम वर्षा (राजस्थान में मात्र लगभग दस दिन) वर्षा होती है तो कहीं पर बहुत अधिक वर्षा (पश्चिमी तट से 137 दिन) होती है। सामान्य रूप से जून माह के मध्य से अगस्त माह तक वर्षा मध्य भारत में होती है।

यदि विश्व में जल की उपलब्धता की बात करें तो सन 2020 के सर्वे के अनुसार अनुमानतः 350 मिलियन क्यूबिक मील जल है। कुल जल श्रोतों से 07 मिलियन हेक्टेयर जल उपलबध है जिसका 97 प्रतिशत जल खारा है। मात्र 03% मीठा जल उपलब्ध है।

**जल चक्र**

जल चक्र में पांच क्षेत्रों तथा सूर्य के ताप की भूमिका होती है–

1. सम्पूर्ण वायु मण्डल
2. भूपृष्ठीय तथा भूमिगत जल
3. पेड़ पौधे व घने जंगल
4. प्राणी मनुष्य, पशु व अन्य जीव जन्तु
5. समुद्र।

सूर्य ताप की भूमिका जल चक्र के लिये अति महत्वपूर्ण है।

उपरोक्त पांच क्षेत्रों रो सूर्य अपने प्रखर ताप के प्रभाव से जल वाष्पित करता है, वायु द्वारा संघनित वाष्प से बादलों का निर्माण होता है। तत्पश्चात आकाश में नीचे आकर संघनित बादल वर्षा करते हैं। वर्षा जल का अधिकांश भाग नदियों व नालों से बह जाता है। शेष अवशोषित होकर भूपृष्ठींय तथा भूमिगत हो जाता है। ऊँचे पहाडों तथा ध्रुवीय प्रदेशों में जल, बर्फ के रूप में जम जाता है, ऐसा तापमान शून्य से नीचे होने के कारण होता हैं। नदियां जल को प्रवाहित कर समुद्र तक पहुंचाती हैं। इस प्रकार पुनः जल चक्र प्रारम्भ होता है तथा चक्रवत यह क्रिया चलती रहती है। ऋग्वेद (11–11–12) का भावार्थ भी इसी क्रम के संदर्भ में अवलोकनीय है। 'सात रंगो की किरणों वाला सूर्य नदियों में जल प्रवाह का कारण है। नदी के बाद सूर्य पुनः पृथ्वी से जल को ऊपर खींचता है और यह चक्र निरन्तर चलता रहता है'। जल चक्र में हमें वाष्प (गैस)

जल (द्रव) तथा बर्फ (ठोस) तीनों रूपों में देखने को मिलता है।

आधुनिक समय में विभिन्न उन्नत यंत्रों द्वारा जल चक्र का आंकलन व विश्लेषण वैज्ञानिक करते हैं किन्तु प्राचीन काल में भारतीय ऋषियों ने बिना किन्ही संसाधनों के जो ज्ञान अपने ग्रंथों में प्रस्तुत किया है वह भी उतना ही सटीक तथा वैज्ञानिक हैं इस पर कतिपय उदाहरण लेख के प्रारम्भ में पस्तुत किये जा चुके हैं।

जल वैज्ञानिक श्री मलिक ने वाल्मीकि रामायण के संदर्भों पर आधारित जल चक्र का सुन्दर चित्रांकन किया है। अवलोकनार्थ प्रस्तुत है–

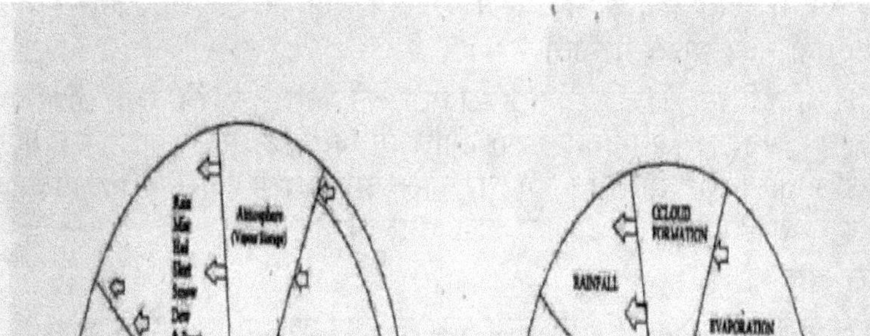


**चित्र 2.3: आधुनिक जलविज्ञानीय चक्र और वाल्मीकि रामायण में जलविज्ञानीय चक्र अवधारणा के बीच योजनाबद्ध तुलना, मलिक (2016)।**

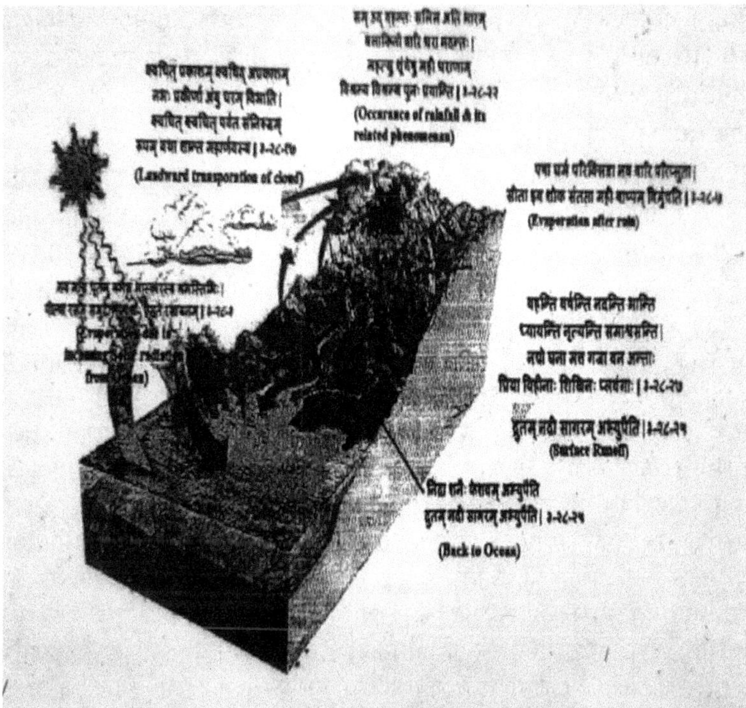


**चित्र 2.2: वाल्मीकि रामायण के किष्किंधा कांड से लिए गए जलविज्ञानीय चक्र का योजनाबद्ध निरूपण, मलिक (2016)।**

प्राचीन भारत में जल विज्ञान (द्वितीय संस्करण)
राष्ट्रीय जल विज्ञान संस्थान रुड़की से साभार

**प्रदूषण**

प्रकृति जिस पर्यावरण को करोड़ों वर्षों में निर्मित कर सकी तथा इस प्रकार व्यवस्थित किया है कि प्रकृति को पर्यावरण में कोई भी छेडछाड या प्रतिकूल परिवर्तन सह्य नहीं है। प्रकृति के इस स्वभाव के विपरीत हमारा विकास, प्रदूषण का पर्याय बनता जा रहा है। पर्यावरण की शुद्धता पर हमारा स्वास्थ्य टिका है। प्राकृतिक संतुलन को नकारते हुये आधुनिकता की दौड़ तथा होड़ ने चहु ओर प्रकृति के दोहन में कोई कसर नहीं छोडी है। परिणाम स्वरूप देश ही नहीं, वैश्विक स्तर पर प्रदूषण का राक्षस विनाश करने के लिये उद्यत है।

प्रकृति का अविवेक पूर्ण दोहन एक पक्ष है। आधुनिकता एवं विकास की दौड़ में हम स्वयं अनेकानेक प्रकार की प्रदूषण उत्पन्न करने वाली

सामग्री पर्यावरण में परोस रहे हैं। परिणाम स्वरूप हम अपनी ही सामूहिक रूप से की जा रही प्रकृति विरुद्ध क्रिया कलापों से जनपदोध्वंस को आमंत्रित कर रहे हैं।

## जल प्रदूषण और कारण

ऐसी कोई क्रिया जो जल के स्वाभाविक स्वरूप में विकृति या परिवर्तन करते हुये जल की उपयोगिता का ह्मस करती हो वह जल प्रदूषण का कारक कहीं जायेगी। वर्तमान में जल में प्रदूषण तेज गति से हो रहा है। उद्योगों से निकला अपशिष्ट जिसमें हानिकारक रसायन, विषाक्त सामग्री तथा हानिकारक गैसों का मिश्रण होता है वह सब जल के साथ बहाकर मैदानों व नदियों में डाला जा रहा है, जो भूमि में अवशोषित होकर भूजल तथा नदियों के जल से मिलकर भारी मात्रा में प्रदूषण का कारण बनता है। ऐसी नदी का जल मानवों, पशुओं तथा वनस्पति के उपयोग के योग्य नहीं होता। जहां भी चीनी व रसायन के उद्योग स्थापित हैं वहां मैदानों, सड़कों के किनारे तथा रेल लाइनों के पास अपशिष्ट जल एकत्र बना रहता है। जिसके कारण मीलों तक की वायु इतनी प्रदूषित हो जाती है कि सांस लेना भी दूभर हो जाता है। उक्त प्रदूषित जल के ठहराव से तथा नदियों का जल दूषित होने पर विवशता वश उपयोग करने से भयंकर बीमारियाँ भी निकट के आवासीय क्षेत्रों में फैलती हैं। यहां तक की नदियों के जल का रंग बदल जाता है और विषाक्त हो जाता है।

औद्योगिक अपशिष्ट के अतिरिक्त मृत मानव तथा पशु–पक्षियों के शव, मलमूत्र सीवर पाइप के माध्यम से बहाकर नदियों में डाले जा रहे हैं जो भयंकर जल प्रदूषण के कारण हैं। नगरों में बचा हुआ भोजन, कूड़ा कचरा, प्लास्टिक का सामान आदि यत्र तत्र फेंक दिया जाता है। यही स्थिति पर्यटन स्थलों की तथा पार्को की भी है, जिसके परिणाम स्वरूप वातावरण में प्रदूषण होता है।

समुद्री जल में तेल फैलने के कारण समुद्र के जल के ऊपर एक परत जम जाती है, परिणाम स्वरूप सूर्य की किरणें उसको पार कर समुद्र के पानी तक नहीं पहुँच पाती हैं और समुद्र के जल जन्तु, वनस्पतियाँ नष्ट हो जाते हैं, साथ ही समुद्र की स्वाभावित संरचना व पर्यावरण का इकोसिस्टम भी प्रभावित होता है।

कृषि कार्य में अविवेक पूर्ण अधिक मात्रा में रसायनिक उर्वरकों, खरपतवार नाशक रसायनों तथा कीट नाशक रसायनों का प्रयोग भी जल के साथ मिश्रित होकर प्रष्ठीय भूमि तथा भूजल को भी दूषित करते हैं। इतना ही नहीं मिट्टी की स्वाभाविक संरचना में विकृति उत्पन्न हो जाती

है, भूमि का क्षरण भी होने लगता है। भूमि की उर्वरा शक्ति भी प्रभावित होती है। प्राप्त आंकड़ों के अनुसार प्रति वर्ष, वर्षा के कारण 700 करोड टन मिट्टी बहकर नदियों व समुद्र में चली जाती है, 200 लाख हेक्टेयर भूमि दलदल तथा 70 लाख हेक्टेयर ऊसर (अनउपजाऊ) भूमि में परिवर्तित हो चुकी है, जो चिन्ताजनक है। थार, मरूस्थल ने उत्तर प्रदेश, दिल्ली, हरियाणा और पंजाब की ओर पैर पसारना प्रारम्भ कर दिया है।

औद्योगिक प्रदूषणों को निम्नांकित तालिका में प्रदूषक रसायनों गैसों तथा सम्बन्धित उद्योगों को दर्शाया गया है–

| **अपशिष्ट तथा प्रदूषण** | **संबन्धित उद्योग** |
|---|---|
| 1. धातुयें– एल्यूमिनियम, लेड, क्रोमियम, कैडमियम, तांबा, निकिल, जस्ता, लोहा, चांदी आदि। | एल्यूमिनियम उद्योग, बैटरी निर्माण उद्योग, तांबा का अम्ल बनाने के उद्योग, इलेक्ट्रो प्लेटिंग के उद्योग, पेंट बनाने वाले उद्योग, कलई करने के उद्योग, लोहे का अम्ल बनाने के उद्योग आदि। |
| 2. कार्बनिक तथा अकार्बनिक अम्ल– एसिटिक एसिड, टार्टरिक एसिड, हाईड्रोक्लोरिक एसिड, नाइट्रिक एसिड, फास्फोरिक एसिड, वसीय अम्ल आदि। | एसीटेट रेयन फैक्ट्री, अचार बनाने वाली फैक्ट्री, रसायन निर्माण फैक्ट्री, खाने वाले तेल शोधक फैक्ट्री, शराब उद्योग, रंजक उद्योग, चमड़ा उद्योग, कीटनाशक व अन्य विष बनाने की फैक्ट्री, डिटर्जेन्ट उद्योग, अचार बनाने की फैक्ट्री आदि। |
| 3. शर्करा | चीनी मिलें, एल्कोहल उद्योग, साफ्टड्रिंक उद्योग, मिष्ठान उद्योग, लकड़ी के कारखाने। |
| 4. वसा तथा प्रोटीन | ग्रीस निर्माण फैक्ट्री, पेंट बनाने की फैक्ट्री, साबुन तेल उद्योग, कपडों की मिल, धुलाई फैक्ट्री, इंजीनियरिंग उद्योग आदि। |
| 5. अन्य केमिकल्स – फ्लोराइड्स, सल्फाइड्स, क्लोरीन, फेनाल, अमोनिया, फ्री नाइट्रोजन, फास्फेट, | एल्यूमिनियम उद्योग, रसायन उद्योग, रंजक उद्योग, सिरामिक उद्योग, उर्वरक उद्योग, विस्फोटक उद्योग, वसा, रंजक फैक्ट्री |

| | |
|---|---|
| साइनाइड्स, फार्मलडिहाइड, हाइड्रोजन पर आक्साइड, हाइड्रोकार्बन। | पेट्रोलियम शोधन उद्योग, कागज तथा लकड़ी की लुगदी बनाने के उद्योग आदि। |
| 6. क्षार | सूती वस्त्र उद्योग, पेंट बनाने के उद्योग, लकड़ी के कारखाने आदि। |

उपरोक्त तालिका के अवलोकन से ज्ञात होता है कि दैनिक उपयोग में आने वाली वस्तुओं तथा अन्य आवश्यक वस्तुओं के निर्माण करने वाले उद्योगों में हानिकारक धातुओं व रसायनों का प्रयोग किया जाता है। इसीलिये इन उद्योगों के अपशिष्ट से प्रदूषण होता है। चिन्ता का विषय है कि औद्योगिक अपशिष्ट का उचित प्रबन्धन नहीं किया जाता वरन इसे वातावरण में पडा रहने दिया जाता है, अथवा नदियों में डाल दिया जाता है। इन उद्योगों की संख्या भी बहुत है, जिनमें कुछ छोटे कुछ भारी उद्योग हैं। अपशिष्ट प्रबन्धन इनमें से कुछ ही उद्योगों में है किन्तु अधिकांश में नही है।

**जल प्रदूषण के दुष्प्रभाव**

1. जलीय संरचना एवं परिस्थिति में असंतुलन।
2. खाद्य पदार्थों की श्रृंखला का दूषित होना।
3. जैव विविधता नष्ट होने का भय।
4. पेयजल दूषित होने से शुद्ध पेयजल का अभाव होना।
6. प्रदूषित जल से उत्पन्न होने वाली बीमारियों (टायफाइड, हिपेटाइटिस, कोलेरा, चर्मरोग आदि।)
6. शिशु मृत्यु दर में वृद्धि।

**जल प्रदूषण निवारण के उपाय**

जल प्रदूषण के प्रमुख कारकों पर अंकुश लगाकर प्रदूषण को व इसके विस्तार को रोक कर जल और पर्यावरण को सुरक्षित रखा जा सकता है। पूर्व में ही प्रमुख कारणों में औद्योगिक अपशिष्ट, नगरीय कचरा, सीवर, कृषि से सम्बन्धित हनिकारक रसायन व कीटनाशक आदि की ओर इंगित किया जा चुका है। अतः इनके निवारण पर चर्चा करना आवश्यक है–

1. औद्योगिक इकाइयों को उनके उद्योग से सम्बन्धित, अपशिष्ट के निवारण हेतु ऐसे संयत्र लगाने के लिये विवश किया जाये जो अपशिष्ट को सांद्र (पतला) करके जल से प्रथक करके समाप्त अथवा पुनर्उपयोगी बना सकें। इस प्रकार से प्राप्त जल को उसी उद्योग के लिए पुनः प्रयुक्त किया जा सकेगा।

यदि संयत्र लगाना अधिक व्यय साध्य हो तो आस पास के उद्योग उसे मिलकर स्थापित करें, जो उन सभी के उपयोग में आवे।

2. औद्योगिक अपशिष्ट को मैदानों, सड़कों के किनारे, रेल लाइनों के पास न इकट्ठा होने दिया जाये।
3. चीनी मिलों तथा शराब उद्योग में बायो गैस संयत्र लगाकर बिजली की खपत को कम किये जाने के साथ ही अपशिष्ट का शोधन करके पुनः उपयोग भी किया जा सकता है।
4. वस्त्र उद्योग में कपड़े की पहली व दूसरी धुलाई कम क्षार युक्त जल से की जाती है। इस हेतु अत्यधिक जल की आवश्यकता होती है। कपड़ा धुलाई से बचे जल के पुनर्उपयोग हेतु संयंत्र की स्थापना की जानी चाहिये।
5. थर्मल पावर प्लांट्स को ठंडा करने के लिये बहुत अधिक मात्रा में पानी की आवश्यकता होती है। प्रयुक्त होने की क्रिया में पानी बहुत गर्म हो जाता है और उसे छोटी नहरों द्वारा पास की नदी या जलाशय में डाल दिया जाता है जिसके कारण नदियों के जल जंतुओं तथा जलीय व तटीय वनस्पतियों की बहुत हानि होती है।

उक्त गर्म जल के औद्योगिक लाभ तथा उपयोग थर्मल पावर प्लान्ट्स के पास धान मिलें लगाकर किया जा सकता है। सेल्हा चावल को गर्म जल से उबालना होता है। इस हेतु ताप विद्युत ग्रह के गर्म जल का उपयोग किया जा सकता है। इससे दो लाभ होंगे, सेल्हा चावल उबालने के लिये ईंधन पर होने वाला व्यय बचेगा और निरर्थक मानकर बहाये जा रहे जल का परिपूरक के रूप में उपयोग भी हो जायेगा तथा पर्यावरण (जीव जन्तु व वनस्पतियों) की सुरक्षा भी हो सकेगी।

6. धातुओं के शोधन हेतु धतु उद्योग परम्परागत विधि के स्थान पर शुष्क प्रक्रिया अपनायें । (रेत विस्फोटन द्वारा) इस प्रक्रिया से जल की बचत होगी तथा जल प्रदूषण भी नहीं होगा।
7. लकडी, कागज तथा चीनी उद्योगों के अपशिष्ट को फेककर प्रदूषण फैलाने के बजाय बाईप्रोडक्ट के रूप में बोर्ड, पैनल्स, दफ्ती व पैकिंग मैटीरियल बनाने के काम में लाया जाये।
8. चीनी, शराब, कपड़ा, कागज तथा लुगदी उद्योगों में बहुत अधिक पानी का प्रयोग किया जाता है तथा अपशिष्ट पानी बहा दिया जाता है। जल शोधन संयत्र स्थापित करके जल शोधन उपरान्त उसे पुनः औद्योगिक उपयोग में लिया जा सकता है।
9. प्रायः नगरीय क्षेत्रों में मलजल बहाकर पास की नदियों में डाल दिया जाता है जो जल प्रदूषण का बहुत बड़ा कारण है। प्रदूषित जल से

अनेक घातक बीमारियाँ फैलती हैं। अतः उच्च प्राथमिकता के साथ सीवेज योजना तथा सीवेज ट्रीटमेन्ट प्लान्ट लगाकर भारी जल प्रदूषण को बचाया जा सकता है।

10. कृषि कार्य में रसायनिक खाद की अपेक्षा जैविक खाद के प्रयोग हेतु कृषकों को प्रोत्साहित किया जाना चाहिये। इस विधि के अपनाने से रसायन तथा विषाक्त कीटनाशक पृष्ठीय तथा भूमिगत जल में मिश्रित नहीं होंगे। जल भी प्रदूषित होने से बचेगा तथा कृषक पर रसायनिक खाद का व्यय भार भी नहीं पडेगा।
11. रसायनिक उर्वरकों की अपेक्षा जैविक उर्वरक, ग्रीन हाउस शैवाल, एंजोला, राइजोवियम व एजोटावेक्टर कल्चर्स, गोबर, कम्पोस्ट तथा पत्तियों से बनी खाद के उपयोग हेतु कृषकों को प्रशिक्षित करना व प्रोत्साहित किया जाना आवश्यक है।
12. घरेलू कचरा, बचा हुआ भोजन, अन्य खाद्य पदार्थ, प्लास्टिक के कैरी बैग व बोतलें खुले स्थानों में न फेंकी जाये।
13. सब्जी मंडियों तथा फलों की मंडियों में अत्यधिक प्रदूषण सब्जियों और फलों के सडने के कारण देखा जाता है। इसका उचित प्रबन्धन स्वशासी संस्थाओं द्वारा किया जाना आवश्यक है।

## तेल फैलने से समुद्री जल का प्रदूषण

समुद्री मार्गों से बड़े–बड़े जलपोत तेल लेकर विभिन्न देशों के तटों पर आते हैं। कभी कभी चट्टानो से टकराने, दो पोतों के आपस में टकराने, पोत के टैंकर में लीकेज तथा युद्ध के समय पोत पर किये गये आक्रमण से तेल ले जा रहे पोत का तेल समुद्र के पानी पर फैल जाता है तथा लहरों के साथ तटीय क्षेत्रों के पास आ जाता है। कभी कभी भारी मात्रा में तेल की मोटी परत मीलों लम्बे चौड़े समुद्री जल पर फैल जाती है, जो काफी समय तक पानी के ऊपर बनी रहती है।

समुद्र के जल जीवों की इस तेल के कारण मृत्यु हो जाती है। बहुत बड़े आकार की मछलियाँ मृत हो जाने के बाद लहरों के साथ समुद्री तटों पर आ जाती हैं जो बहुत अधिक प्रदूषण का कारण होती हैं मछलियों के अतिरिक्त पक्षी तथा समुद्री वनस्पति को भी भारी क्षति पहुँचती है। मोटी तेल की परत से सूर्य की किरणें जल तक नहीं पहुँच पाती हैं जिसके परिणामतः समुद्र की इकोलॉजी प्रभावित होती है।

सन् 1991 में युद्ध के समय तेल वाहक जलपोतों पर आक्रमण किया गया। पोत से बहे तेल में आग लगा दी गई जिससे दुश्मन देश को भयभीत किया गया तथा समुद्री यातायात को भी रोक दिया गया। इस प्रकार युद्ध कल में समुद्र में जानबूझ कर तेल भारी मात्रा में फैला दिया जाता है।

तेल, पानी में घुलनशील नहीं होता है, इसलिये बहुत कम मात्रा में वाष्पित होने के बद पानी पर लम्बे समय तक मोटी परत के रूप में बना रहता है। यही तेल की मोटी परत कुछ समय बाद तारकोल के पिण्ड बना लेती है और यह पिण्ड तटों पर आ जाते हैं, जिससे समुद्री जीव तथा कोरल (मूंगा) की चट्टानें भी नष्ट हो जाती हैं। मूंगे की चट्टाने लक्षदीप में नष्ट भी हो चुकी हैं।

**तेल रिसाब की हानि से बचने के उपाय**

1. पहला उपाय तेल को जला दिया जाये किन्तु कभी कभी तेल समुद्र में 01 किमी. से 07 किमी. तक के घेरे में फैलकर आधा मीटर मोटी परत बन जाती है जिसे जलाकर नष्ट किये जाने में बहुत अधिक समय लग सकता है तथा लम्बे समय तक भारी मात्रा में धुयें से वातावरण तथा तटवासियों के स्वास्थ्य को बहुत हानि होने की सम्भावना होगी।
2. तेल की परत को बडे सक्शन पम्पों के द्वारा निकाल बाहर किया जाये।
3. तेल सोखने वाले बुरादे को तेल की परत में डाल कर तेल को अवशोषित किया जाये फिर उसे निकाल लिया जाये।
4. अधिक घनत्व वाले ठोस पदार्थ के कणों को तेल की परत पर बिखेर कर तेल को समुद्र में डुबा दिया जाये।

उपरोक्त सभी उपाय सहज नहीं है किन्तु सक्षमता के साथ उन देशों को जिनकी सीमा समुद्री यातायात वाले क्षेत्रों से लगी हुई है उन्हें सदैव सतर्क व तैयार रहना चाहिये ताकि अधिक हानि होने से बचा जा सके।

**जल संरक्षण**

जल का मुख्य श्रोत नदियाँ हैं। विश्व की 50 प्रतिशत आबादी 250 प्रमुख नदियों के आसपास ही है। कुछ नदियाँ देश विशेष में है और कुछ बहुदेशीय हैं। जो नदियाँ एक देश से होकर दूसरे देश तक फैली हैं उनके संरक्षण का साझा दायित्व दोनों देशों का है। प्रत्येक स्थिति में एक देश विशेष को अपने देश की नदियों तथा दो देशों में बहने वाली नदियों का साझा रूप से जल संरक्षण के उपाय योजनाबद्ध विधि से किया जाना आवश्यक है अन्यथा नदियों में जल का अभाव व उनके विलुप्त होने की स्थिति आ सकती है, जो घातक परिस्थिति होगी।

कहीं बहुत अधिक तो कहीं बहुत कम वर्षा होती है, इसलिये कहीं बाढ़ और कहीं सूखा की समस्या का सामना करना पड़ता है। परिणामतः भूजल भी स्वाभाविक रूप से उपलब्ध नहीं हो पाता। विश्व में पृष्ठीय जल 75 प्रतिशत तथा भूमिगत जल केवल 25 प्रतिशत उपलब्ध होता है। भूपृष्ठीय जल नदियों, झीलों तथा समुद्र और बांधों के जल भण्डार से

प्राप्त होता है।

- भारत का कुल क्षेत्रफल 328 करोड हेक्टेयर है, जिसमें से 04 करोड हेक्टेयर बाढ़ से प्रभावित होता है। इसमें से अधिकांश भूमि (3.2 करोड हेक्टेयर) को नदियों पर तटबंध बनाकर, नहरें और छोटे बांध बनाकर बाढ़ से बचाया जा सकता है। नदियों को आपस में योजनाबद्ध ढंग से जोड़कर कम जल उपलब्धि वाले क्षेत्र में नदी जल की आपूर्ति की जा सकती है।
- नदियों, जलाशयों के तटों तथा कृषि योग्य भूमि के क्षरण को रोकने के लिये तटों पर अपनी जड़ों से भूमि को बिखरने से रोक सकने वाले वृक्षों का रोपण कराये जाने से मिट्टी की कटान रूकेगी तथा जल भराव की क्षमता बनी रहेगी।
- सरकारी, सामाजिक, बंजर भूमि, पहाडियों तथा परती भूमि, 61000 किमी. रेल लाइनों के किनारे तथा 16.48 लाख किमी. (इधर कुछ वर्षों में नई रेल लाइनों व हाइवेज बन जाने के पश्चात इन आंकणों में वृद्धि हुई है) सड़कों के किनारे दोनो ओर यथोचित चौड़ाई में वृहत वृक्षारोपण कार्यक्रम चलाया जाये। वृक्ष अपनी जड़ों से जल अवशोषित करके भूजल में वृद्धि करने तथा वर्षा कराने में सहायक होते हैं।
- खेतों में मेडबन्दी करके और छोटे छोटे तालाब बनाकर संग्रहीत जल कृषि कार्य के उपयोग में लिया जा सकता है। मत्स्य पालन वह जलीय पौधों से प्राप्त खाद्य पदर्थो के द्वारा अतिरिक्त आय भी हो सकती है। जल संग्रहीत रहने पर भूजल की भी वृद्धि होगी।
- भूजल की निरन्तर कमी हो रही है इसलिये भूजल का ट्यूबवेलों से सीमाहीन दोहन रोकना होगा। केवल अति आवश्यक तथा विवेकपूर्ण दोहन करना ही श्रेयस्कर है।
- वर्तमान जलाशयों के पुनर्भरण (रिचार्ज) की व्यवस्था भी सुनिश्चित करना आवश्यक है।
- पेयजल का व्यापार बहुत बडे. व्यवसाय के स्तर पर हो रहा है। जल को फिल्टर करने में जल की बहुत बडी मात्रा का अपव्यय होता है। यही स्थिति कोल्ड ड्रिंक्स बनाने में भी होती है। जबकि कोल्ड ड्रिंक्स के पीने से शरीर में काफी मात्रा में शर्करा पहुँचती है साथ ही कुछ हानिकारक रसायन भी अनावश्यक रूप से पहुँचते हैं। स्वास्थ्य संरक्षण तथा परोक्ष रूप से जल संरक्षण की दृष्टि से कोल्ड ड्रिंक्स के प्रति ललक को त्यागना ही उचित है।
- जल संरक्षण के प्रति सचेष्टता तथा प्रतिबद्धता दर्शाते हुये आवश्यक जल प्रबन्धन किये जाने तथा स्वच्छ पेयजल के विचार से केन्द्र

सरकार ने 'जल शक्ति मंत्रालय' के नाम पर एक अलग मंत्रालय बनाया है तथा प्रदेशों की भागीदारी भी सुनिश्चित की है। सरकार के द्वारा इस हेतु किया गया प्रयास अति सराहनीय है तथा दीर्घकालिक लाभदायक है।

**जल प्रबन्धन**

- ➢ जल प्रबन्धन से आशय है, जल का इष्टतम उपयोग करते हुये संरक्षित जल को यथा आवश्यक जलाभाव वाले स्थानों पर आपूर्ति व वितरण करके बाढ़ तथा सूखा की स्थिति को संतुलित करना।
- ➢ जल प्रबन्धन के लिये प्राकृतिक रूप से उपलब्ध जल का उचित संग्रह करना। भूमि का क्षरण रोकना, वृक्षों की कटान को प्रतिबंधित करना, रिक्त भूमि पर वृहत वृक्षारोपण करना आदि मूलभूत आवश्यक कार्य हैं।
- ➢ कृषि उपज तथा उपज में वृद्धि हेतु जल का आवश्यक प्रबन्ध करना तथा कृषि कार्य हेतु समय पर जल की उपलब्धता सुनिश्चित करना।
- ➢ उद्योगों को उनकी आवश्यकता अनुरूप जल की उपलब्धता सुनिश्चित करना।
- ➢ ट्यूबवेल्स कम ही लगाये जाकर विवेकपूर्ण भूजल का दोहन करना।
- ➢ शोधन संयंत्रों द्वारा अपशिष्ट जल का शोधन एवं उपचारित करके पर्यावरण के अनुकूल बनाकर पुनर्उपयोग में लेना। उद्योगों, वानिकी तथा बागवानी के लिये शोधित जल के प्रयोग हेतु प्रोत्साहित करना।
- ➢ समुद्र के खारे पानी को संयंत्रो की सहायता से मीठे पेयजल में परिवर्तित करके समुचित वितरण करना।
- ➢ वन सम्पदा का संरक्षण तथा वृहत वृक्षारोपण करके वन सम्पदा की वृद्धि करना। सरकारी वन विभाग, अन्य विभागों तथा स्वयंसेवी संस्थाओं द्वारा वृक्षारोपण तो किया जाता है, किन्तु उन पौधों में से कितने पल्लवित होकर वृक्ष बने, इस ओर भी ध्यान देना आवश्यक है। केवल पौधरोपण कर देना ही कार्य की सफलता का मापदण्ड मान लेना उचित नहीं है।

**अपने घरों में जल प्रबन्धन**

हम सभी का दायित्व है कि अपने घरों में जल का अपव्यय न करें केवल यथेष्ट उपयोग करें।

इस हेतु निम्नांकित बिन्दुओं पर ध्यान देना तथा व्यवहार में लाना उचित होगा –

1. व्यर्थ में पानी न बहायें।

**2.** आवश्यकता से अधिक पानी प्रयोग न करें।

**3.** प्रयोग करने पर बहे हुये पानी का उपयोग गमलों तथा किचेन गार्डेन में करें।

**4.** पानी की टंकी, पाइप व टैव से पानी का टपकना या रिसाव को यथा शीघ्र बन्द करायें। अनुमानतः प्रति सेकेण्ड एक बूंद पानी टपकते रहने पर एक वर्ष में 13 हजार लीटर पानी व्यर्थ ही बह जाता है। इसे थोडे से प्रयास से बचाया जा सकता है।

**5.** नहाने के लिये शावर का प्रयोग करने की अपेक्षा बाल्टी में पानी लेकर नहाने से पानी का अपव्यय बचता है।

**6.** हाथ मुंह धोते समय और शेविंग करते समय नल लगातार खुला रखकर पानी न बहने दें।

**7.** वाटर फिल्टर (R.O.) तथा वाशिंग मशीन से पानी का बहुत अपव्यय होता है। इसका विवेकपूर्ण प्रयोग करें।

इन कुछ छोटे छोटे उपायों तथा सावधानी से पानी की काफी मात्रा में बचत की जा सकती है। बूंद बूंद पानी बचाने की आदत प्रत्येक सदस्य व परिवार को डाल लेना चाहिये।

**बुन्देलखण्ड की जल–सम्पदा**

बुन्देलखण्ड क्षेत्र की सीमायें नदियों से निर्धारित थीं। एक प्रचलित दोहा में सीमांकन का उल्लेख है–

*इत चम्बल उत बेतवा, इत नर्मदा उत टौंस।*
*छत्रसाल के राज में रही न काहू धौंस।।*

- बुन्देलखण्ड में लगभग 35 नदियाँ हैं जिनमें से 5 नदियाँ यमुना, नर्मदा, चम्बल, बेतवा और धसान, राष्ट्रीय स्तर की है।
- बुन्देलखण्डके 14000 गांवो में 6000 तालाब, 3 लाख कुयें, 200 पर्याप्त जल वाले नाले, 500 पुरानी बावडी, 25 से अधिक प्राकृतिक जल श्रोत–जटाशंकर, भीमकुंड, मडफा, कालिंजर, हनुमान धारा, गुप्त गोदावरी, चित्रकूट क्षेत्र में अनेक छोटे झरने, बदौसा के पास आर्टीसिएन वेल आदि प्रमुख है।
- बुन्देलखण्ड में माताटीला बांध, अर्जुन सागर, लहचूरा व देवरी बांध, चंद्रावल बांध, केन नदी पर गंगऊ, रंनगवां बांध व बरयारपुर बैराज आदि प्रमुख जल भण्डार है।
- अविभाजित बांदा के चित्रकूट–मानिकपुर क्षेत्र में एशिया की सबसे बड़ी 'पाठा पेयजल योजना' में पानी की तरह पैसा बहाया गया, किन्तु अभी तक इसका अभीष्ट क्रियान्वयन तथा लाभ पूर्ण रूप से नहीं मिल सका हैं।

- महाराज छत्रसाल ने 51 युद्ध लडे और युद्ध स्थलोंपर 52 बावडियां बनवाई।
- रानी दुर्गावती ने भी 51 बावडियां बनवाई।
- महोबा के विशाल तालाब कीरत सागर तथा मदन सागर युद्धो के साक्षी रहे हैं। एक कहावत भी प्रचलित है –

*बुन्देलों की सुनीं कहानी, बुंदेलों की बानी में।*
*पानीदार यहां का घोडा, आग यहां के पानी में।।*

- बुन्देलखण्ड के चरखारी में अनेक तालाब है जो अपनी कलात्मक निर्माण शैली के लिये प्रसिद्ध है। चरखारी को अपनी अच्छी जलवायु के कारण बुन्देलखण्ड का काश्मीर कहा जाता था।
- केन–बेतवा नदियों का संयोजन करके बहुत बडे क्षेत्र में नहरों द्वारा जल पहुंचाने की भारत की प्रथम नदी संयोजन योजना की घोषणा प्रधानमंत्री जी ने झांसी की जनसभा में की है। क्रियान्वयन भी प्रारम्भ किया जा रहा है।

**यमुना नदी की अस्मिता के लिये बुन्देलखण्ड का योगदान**

यमुना नदी के तटवर्ती क्षेत्रों में भारी उद्योगों, बहुत बडे क्षेत्रों में शहरीकरण, हरित तथा पीत क्रान्ति के फलस्वरूप यमुना अपनी अस्मिता खोती नजर आती है। दिल्ली में यमुना जल पर तैरता झाग भारी प्रदूषण का गवाह है। यमुना नदी के जल में कमी होने के कारण आगरा में ताजमहल के पीछे यह नाले के रूप में दिखती है। इस कारण गंगा भी अपने को ठगी हुयी महसूस करती है, क्योंकि यमुना नदी, गंगा नदी को पर्याप्त जल नहीं दे पा रही है।

- बुन्देलखण्ड के जालौन जिला के 'पंचनद' में पांच नदियों का संगम है–पहूज, क्वारी, सिंद, चम्बल नदियाँ अपना जल यहां पर यमुना नदी को देती है। इस प्रकार यमुना को गरिमा प्रदान करती है।
- बुन्देलखण्ड में ही आगे चलकर धसान, बेतवा, केन, मंदाकिनी आदि नदियां यमुना को अपना जल देकर उसकी गरिमा में वृद्धि करती हैं। इस प्रकार बुन्देलखण्ड से गर्वित होकर यमुना पर्याप्त जल के साथ गंगा से जा मिलती है।

**बुन्देलखण्ड के पुरातन ग्रामीण परिवेश में स्वाभाविक जल प्रबन्धन एवं संरक्षण**

बुन्देलखण्ड के गांवो में अधिकांश मकान मिट्टी की दीवारों से बने व छप्पर वाले होते हैं। रवी की फसल के बाद घरों की वार्षिक मरम्मत करने, संवारने तथा मिट्टी के बरतन बनाने के लिये गांव के बाहर से मिट्टी

खोद कर लाते हैं, जिसके कारण बड़े आकार वाले गहरे गड्ढे हो जाते हैं। आने वाली वर्षा का जल उनमें भर जाता है। इन गड्ढो से लाई गई मिट्टी से, घडे, अनाज सुरक्षित संग्रह करने के लिये कोठली, चूल्हे, आग जलाने व रखने की गुरसी, पानी संग्रह के लिये नांद, पशुओं के लिये लडौरी तथा दीवालों और फर्श की मरम्मत, मकान बनाने आदि का काम लिया जाता है।

खोदे गये गड्ढों में पर्याप्त जल संग्रहीत रहता है। यह पानी उपरोक्त कार्यों में प्रयोग के बाद भी रवी की फसल के लिये खलिहान लीपकर तैयार करने के काम में आता है।

तालाबों की सिल्ट निकालकर उससे छप्पर छाने के लिये खपरे, बडे घडे, डहरी, हांडी, कूडी, तवा आदि बनाये जाते हैं। तालाबों की सिल्ट निकालने से तालाबों की गहराई तथा आकार सुरक्षित रहता है। जल संग्रह क्षमता बनी रहती है। बडे खोदे गये गड्ढों व तालाबों से अवशोषित जल भू–जल में वृद्धि करता है।

बुन्देलखण्ड क्षेत्र में विशेषकर नदी, नालों, जलाशयों के पास तथा खेत की मेडों पर के वृक्ष, दूर्वा, कांस, कुश आदि पाये जाते हैं जो भूमि के कटाव को रोकते हैं तथा कुछ व्यवसायिक लाभ भी इनसे हो जाता है।

इस क्षेत्र में जलीय उत्पाद–सिंघाडा, कसेरू, मुरार (कमलनाल) व पान की उपज होती है। यहां के मीठे जल की मछलियों का व्यवसाय अन्य प्रदेशों तक भी होता है।

किन्तु इस क्षेत्र की विडम्बना है कि यहां की नदियों से अंधाधुंध बालू का खनन किया जा रहा है, जिसके कारण नदियों की जलधारण क्षमता में भारी कमी देखी जा रही है। पेड़ो की कटान तथा बड़ी संख्या में क्रेशर लगाकर पत्थर व गिट्टी के व्यापार से अनेक पहाड़ समाप्त हो गये तथा अन्य अनेक भी समाप्त होते जा रहे हैं। इन दोंनो उद्योगों (बालू तथा पत्थर) के कारण यहां के इकोसिस्टम पर बहुत प्रतिकूल प्रभाव पड रहा है। इस क्षेत्र में भूजल की कमी होती चली जा रही है।

पशुओं से सम्बन्धित एक समस्या भी है जिससे कृषक भी प्रभावित है। पशुओं के लिये चारागाह न होना। चकबन्दी के नियम के अनुसार गांवो के तालाबों/जलाशयों के पास ही चारागाह के लिये भूमि छोडी जाय ताकि पशुओं को चारा तथा पास में ही, पीने के लिये पानी भी उपलब्ध हो। किन्तु ग्रामवासियों ने या तो तालाबों के किनारे घर बना लिये हैं या प्रभावशाली लोगों ने तालाबों के पास की भूमि कृषि भूमि के रूप में चक बनवा लिये हैं। इससे पशुओं के लिए चारागाह नहीं रह गये,

साथ ही जो वर्षा जल बहकर तालाबों में पहुँचता था, उसका मार्ग भी अवरूद्ध हो गया, परिणामतः तालाब सूखने लगे और उनका अस्तित्व समाप्त हो रहा है। चारागाहों के न होने के कारण जानवर खेतों की फसलें खाने लगे। स्थानीय नस्ल की गाय कम दूध देती हैं। इनको पालने में दुग्ध उत्पाद के अनुपात में व्यय अधिक आता है। अतः कृषकों तथा दूध का व्यापार करने वालों ने देशी नस्ल की गायों को अन्ना छोड दिया। अब बडी संख्या मे अन्ना गाय व सांड फसलें चर जाते हैं, जिससे कृषकों की खडी फसलों का भारी नुकसान होता है तथा यह अन्ना जानवर सड़को में एकत्र हो जाते हैं, जिससे यातायात तो बाधित होता ही है साथ ही इनके कारण अनेक जानलेवा सड़क दुर्घटनायें भी आये दिन होती हैं।

**ग्रामों में शहरीकरण**

वर्तमान में ग्रामीण क्षेत्रों में तीव्र गति से शहरीकरण हो रहा है। ईंटें खरीदकर पक्के मकान बनने लगे जिसके कारण गड्ढे खोदकर मिट्टी निकालने की आवश्यकता न रह गई, घरों में धातु के वर्तन तथा गैस चूल्हा के कारण तथा अनाज के भण्डारण के लिये टीन की बखारियां सहज उपलब्ध होने से डहरी व कोठली बनाने की आवश्यकता न रह गई।

- गाँवो में पेयजल के ओवरहेड टैंक व पाइप लाइन से पानी की उपलब्धता तथा सार्वजनिक स्टैण्ड पोस्ट लगवाने से पानी की सुलभता के साथ पानी का दुरुपयोग तथा अपव्यय भी होने लगा। पेयजल का ही प्रयोग मकान की फर्श धोने, बरतन धोने, पशुओं को नहलाने, उन्हें पानी पिलाने में होने लगा। इस प्रकार पेयजल का अपव्यय होने लगा। परिणामतः कुओं और तालाबों की ओर से ग्रामीणों ने मुंह मोड लिया। कुआ, तालाब उपेक्षित हो गये। कुओं से पानी न निकाले जाने से उनके श्रोत अवरूद्ध हो गये, उनका पानी भी दूषित हो गया। तालाबों की उपेक्षा, उनके जल संरक्षण क्षेत्र घट जाने तथा उनका जल आपूर्ति का मार्ग अवरूद्ध होने से तालाब सिकुडकर छोटे होने लगे। तालाबों के किनारे जो भूमि जल रहित होती गई उस पर उत्तरोत्तर अतिक्रमण करके मकान बनने लगे। अनेक तालाबों का अस्तित्व ही समाप्त हो चुका है।
- उपरोक्त परिस्थितियों के कारण गांवो के प्राकृतिक एवं स्वाभाविक जल संरक्षण व प्रबन्धन पर तथा इकोसिस्टम पर भी प्रतिकूल प्रभाव पड़ रहा है। शहरीकरण तो हो रहा है और अधिक होता रहेगा। शहरीकरण के साथ ही इस बात की नितान्त आवश्यकता है कि ग्रामवासी जल का यथोचित उपयोग करने तथा अपव्यय से बचने की आदत डालें।

अनाज केवल एक कृषक परिवार की ही नहीं वरन राष्ट्रीय सम्पत्ति है। अनाज दूषित व विषाक्त न हो जाये, इसलिये रसायनिक विषयुक्त कीटनाशकों का प्रयोग न करके नीम की पत्तियों के प्रयोग से अनाज संरक्षित किया जाये। प्रत्येक वर्षा ऋतु में रेलवे प्लेटफार्मों, ट्रांसपोर्ट स्थलों, सरकारी गोदामों के बाहर अनाज के भारी मात्रा में भीगने और नष्ट होने के समाचार आते हैं। सभी सम्बन्धित विभागों को इस ओर ध्यान देकर उचित तथा आवश्यक प्रबन्धन करना चाहिये ताकि प्रतिवर्ष भारी मात्रा में अनाज (खाद्यान्न) की क्षति न हो।

**जल प्रबन्धन का 'ग्राम–जखनी मॉडेल'**

बुन्देलखण्ड के बाँदा जिला के ग्राम जखनी में जल संरक्षण तथा प्रबन्धन के साथ वृक्षारोपण को प्रोत्साहन देने के लिये एक अनुकरणीय मॉडल **श्री उमाशंकर पाण्डेय** ने प्रस्तुत किया है। इस मॉडल से प्रभावित होकर 50000 ग्रामों ने इसे अपनाकर लाभ प्राप्त किया है। श्री पाण्डेय का नारा है **'खेत में मेड, मेड पर पेड़'**। इस मॉडल की विशेषता है कि कृषक केवल अपने श्रम से अपने खेत में मेड बनाकर उस पर वृक्षारोपण करता है। इस प्रक्रिया में धन व्यय नहीं होता है। खेतों में मेड बन जाने से खेतों में जल भरा रहता है। जो धान की खेती के लिये आवश्यक होता है। धान की फसल के बाद गेहूँ की पैदावार भी की जाती है। पानी तथा जैविक खाद गोबर आदि के प्रयोग से दोनों फसलों की अच्छी पैदावार होती है। मेडों पर पेड़ लगने से अतिरिक्त आय तथा पत्तियों के गिरने से खाद भी बन जाती है।

खेत में मेडबन्दी होने से वर्षा जल संचित हो जाता है, इसलिये जल प्राप्ति के लिये नहर, ट्यूबवेल या पम्पसेट आदि पर निर्भरता नहीं रहती है तथा इस हेतु व्यय भी नहीं करन पडता है। मेड पर नीबू, करौंदा, सागौन, मेंहदी, नीम, बेल, शीशम आदि के वृक्ष लगाये जा सकते है। जिनसे अतिरिक्त आय तथा पत्तियों के गिरने से खाद भी स्वतः बन जाती है और ऐसे वृक्षों से खेत में फसल को कोई हानि भी नहीं होती है।

मेडबंदी से खेत का सीमांकन हो जाता है तथा खेत की मिट्टी का क्षरण भी नहीं होने पाता हैं। खेतों में जल के भरे रहने से भूजल की भी वृद्धि होती है। धान की उपज वाले क्षेत्रों के अतिरिक्त सभी प्रकार की फसल वाले खेतों को इस योजना से लाभ होता है।

अतः **'खेत मे मेड, मेड पर पेड़'** एक उपयोगी, व्यय के बिना साध्य, एक लाभदायक मॉडल है। इस योजना का विस्तार व प्रचार करके अधिकाधिक कृषकों को लाभ पहुंचाया जा सकता है। सरकारी कृषि विभाग को भी इस योजना को जन जागरूकता के माध्यम से कृषकों को

प्रोत्साहित करना चाहिये। श्री उमाशंकर पाण्डेय जी का इस योजना के प्रचार–प्रसार तथा क्रियान्वयन हेतु प्रयास और सक्रियता सराहनीय है।

अन्यन्त हर्षदायक समाचार प्राप्त हुआ है कि श्री उमाशंकर पाण्डेय को उनके उपरोक्त सराहनीय कार्य के लिए महामहिम श्री राष्ट्रपति जी ने **'पद्मश्री'** पुरस्कार देकर सम्मानित किया है। बाँदा जनपद के लिए यह गौरव का विषय है। बाँदावासी **पद्मश्री उमाशंकर पाण्डेय जी** के लिए मंगल कामना करते हैं।

## वर्षा तथा कृषि पर बुन्देलखण्ड में प्रचलित कहावतें

बुन्देलखण्ड में घाघ तथा भडरी की कहावतें बहुत लोकप्रिय हैं। यह दोनों कवि ज्योतिष तथा मौसम विज्ञान के ज्ञाता थे। इनका कार्यकाल 18वीं शताब्दी में रहा है। यह दोनों लोकभाषा के कवि थे। सरल ग्रामीण भाषा में इन्होंने कृषि से सम्बन्धित वर्षा तथा मौसम पर कहावतें लिखी हैं, जो आज भी सटीक तथा कृषि योजना के परिपेक्ष में विचारणीय तथा अनुकरणीय हैं।

ज्योतिष ज्ञान तथा गौराग विज्ञान पर आधारित अनेक कहावतें है, जिनके द्वारा कृषि उपज अच्छी होगी अथवा नही, वर्षा होगी अथवा नहीं का पूर्वानुमान किया गया है। इन कहावतों को 'सुकाल' और 'अकाल' दो श्रेणियों में विभक्त किया गया है।

**कुछ उदाहरण देखें–**

**सुकाल**

*उत्तर चमकै बीजुरी, पूरब बहै जु बाव।*
*घाघ कहै सुन घाघनी, बरखा भीतर आव।।*
*पूर्व तपै जो रोहिनी, सर्व तपै जो मूर।*
*परिवा तपे जो जेठ की, उपजै सातो तूर।।*
*शुक्रवार को चढ़ी बदरिया, रहे शनिचरी छाय।*
*ऐसा बोले भड्डरी, बिन बरसे न जाय।।*
*माघ न बरसै भरै न पेट, मघा न बरसे भरै न खेत।*
*गोबर राखी पाती सरै, फिर खेती मे दाना परै।*
*गोबर मैला नीम की खरी, यासों खेती दुगनी फरी।।*

**अकाल**

*आदि न बरसै आदरा, हस्त न बरसे निदान।*
*कहै घाघ सुन घाघनी, भये किसान पिसान।*
*श्रावण शुक्ला सप्तमी, जो गरजै आधी रात।*
*बरखै तो झूरा परै, नाहीं समौ सुकाल।।*
*जब बरखा चित्रा मे होय, सगरी खेती जावै खोय।*
*माघ बादर लाल घिरे, तब जान्यों सांचो पथरा परै।*

इनके अतिरिक्त यह भी कहा गया है 'जब वन में कांस फूलने लगे और अस्त हुआ तारा आकाश में दिखने लगे, तो वर्षा समाप्त हुई जानें।'

उपरोक्त प्रकार की बहुत सी कहावतें है, केवल कुछ को संदर्भित किया गया है। यह कहावतें वर्षा, अनावृष्टि, उपज अच्छी होगी अथवा नहीं आदि के पूर्वानुमान के लिये सटीक तथा उपयोगी हैं, किन्तु पर्यावरण में परिवर्तन के कारण घाघ और भडुरी की कहावतों की सटीकता में आजकल यत्र–तत्र परिवर्तन देखने को मिल जाता है, फिर भी अधिकांशता सटीक है।

**गंगा पवित्र तथा पूज्य है**

हमारे देश में हजारों की संख्या में बडी तथा छोटी नदियां हैं, जिनमें से कुछ नदियों को ही विशेष स्थान दिया गया है। इन विशिष्ट नदियों में से गंगा नदी की अति महत्वपूर्ण नदी के रूप में मान्यता है। वैदिक काल में सरस्वती नदी की विशिष्ट मान्यता थी, किन्तु अब सरस्वती नदी विलुप्त हो चुकी है। उत्तर वैदिक काल में गंगा नदी सर्वाधिक पवित्र तथा पूज्य मानी गई है।

भागीरथी तथा अलकनंदा के संगम स्थल देवप्रयाग से आगे चलकर यह गंगा नदी कही जाती है। गंगा नदी ऋषिकेष तक पूर्णरूपेण शुद्ध पवित्र हैं ऋषिकेष से हरिद्वार होते हुये गंगा मैदानी क्षेत्र में बहते हुये गंगा सागर तक जाती है। नगरीय क्षेत्रों तथा पास में लगे भारी उद्योगों के कारण इसके जल में प्रदूषण बढ़ता जाता है, फिर भी इसके जल को लम्बे समय तक रखे रहने के बाद भी यह शुद्ध रहता है। गंगा का जल प्रदूषण व कीटों से संक्रमित नहीं होता है।

1. भागीरथी तथा अलकनंदा दोनों ही ग्लेशियर्स के जल से पैदा होती हैं इसी प्रकार आगे चलकर गंगा भी बर्फ के पानी को लेकर बहती है। यह गंधक की चट्टानों से होकर बहती है। इसमें यत्र तत्र गर्म पानी के श्रोत भी मिलते हैं।
2. इनके अतिरिक्त इसके जल में ऐसे भूरसायनिक तत्व पाये जाते हैं जो जल को प्रदूषित होने से बचाते हैं।
3. गंगा जल में ऐसे वायरस पाये जाते हैं, जो जल को प्रदूषित करने वाले वैक्टीरिया को नष्ट कर देते हैं।
4. गंगा नदी के तट पर अनेक स्वास्थ्य प्रद औषधियों के वृक्ष और वनस्पतियां हैं, जिनके प्रभाव से भी जल शुद्ध रहता है।
5. गंगा नदी की तलहटी में ऐसे भूरसायनिक तत्व हैं, जिनके सम्पर्क के कारण भी जल शुद्ध बना रहता है।

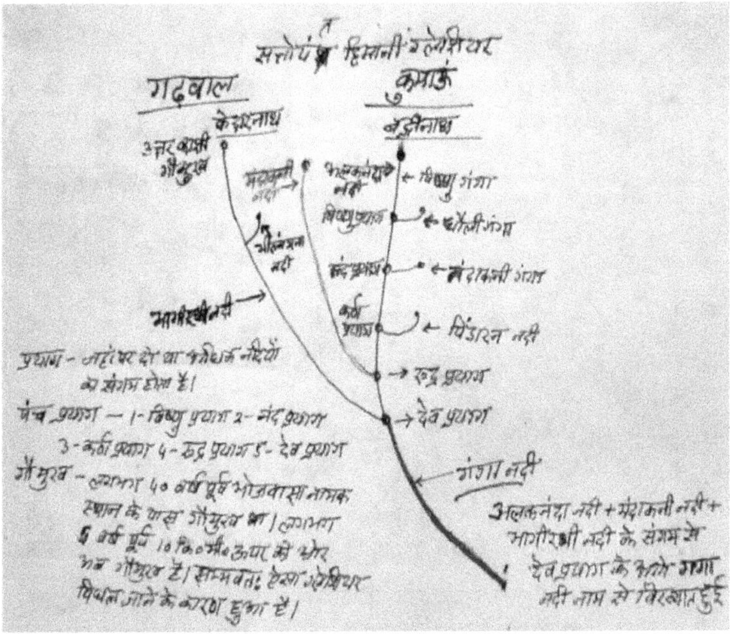
हिमानी ग्लेशियर
गढ़वाल
कुमाऊं
केदारनाथ
बद्रीनाथ
विष्णु गंगा
धौली गंगा
मंदाकनी गंगा
पिंडारन नदी
भागीरथी नदी
रुद्र प्रयाग
देव प्रयाग
गंगा नदी
प्रयाग - जहां पर दो या अधिक नदियों का संगम होता है।
पंच प्रयाग - 1- विष्णु प्रयाग 2- नंद प्रयाग
3- कर्ण प्रयाग 4- रुद्र प्रयाग 5- देव प्रयाग
अलकनंदा नदी + मंदाकनी नदी + भागीरथी नदी के संगम से
नदी नाम से विख्यात हुई

सन 1989 गौमुख ग्लेशियर के पास से लिए गये तीन चित्र
(श्री भैरव प्रसाद अग्रवाल जी के सौजन्य से)

उपरोक्त कारणों से गंगाजल प्रदूषण मुक्त, शुद्ध व पवित्र रहता है। यह हिमालय से गंगा सागर तक करोड़ों लोगों की जीविका का साधन है। इसका भौगोलिक महत्व नकारा नहीं जा सकता। सांस्कृतिक रूप से विश्व का सबसे बडा मेला 'कुंभ मेला' प्रयाग के संगम तट पर आयोजित होता है। धार्मिक रूप से गंगाजल को सर्वाधिक पवित्र जल की मान्यता है तथा पूजापाठ, अनुष्ठान, यज्ञ आदि सभी कार्यों में गंगा जल अनिवार्य रूप से प्रयोग किया जाता है। इन्हीं सभी स्थितियों एवं परिस्थितियोंके कारण गंगा नदी पवित्र तथा पूज्य है।

उपरोक्त अध्ययन में हमने पाया कि जीवन के लिये जल अपरिहार्य है जल की महत्ता को किंचित भी नकारा नहीं जा सकता है। पांच तत्वों में जल का विशिष्ट स्थान है। मनुष्य के सामान्य शरीर में जल की उपस्थिति का आंकलन निम्नांकित है–

एक सामान्य मानव शरीर में 60% जल होता है।
शरीर के भार का 07% रक्त होता है।
मानव मस्तिष्क में 85% जलीयांश होता है।

फेफडों में आक्सीजन के द्वारा रक्त का शुद्धीकरण होता है। इसलिये फेफड़ों में उसका 80 प्रतिशत जलीयांश होता है।

एक वयस्क व्यक्ति एक दिन में सामान्यतया 2 से 3 लीटर पानी पीता है। ग्रीष्म ऋतु में 4 से 5 लीटर पानी की आवश्यकता होती है। शरीर में पानी की अत्यधिक कमी घातक हो जाती है इस स्थिति में तत्काल शिरा द्वारा द्रव की पूर्ति करना आवश्यक होता है, तभी जीवन की रक्षा हो पाती है। जल के बिना स्रष्टि की कल्पना नहीं की जा सकती है। अंतरिक्ष में जीवन की खोज करने के लिये वहां पर जल की उपस्थिति का आंकलन किया जाता है। अतः कहा जा सकता है 'जल में जीवन है, जल ही जीवन है।'

अतः इस बहुमूल्य जीवनरक्षक निधि का संरक्षण व प्रबंधन करना आवश्यक कर्तव्य है। पृष्ठीय तथा भूजल की कमी होने के कारण विश्व के कई देश जल संकट का सामना कर रहे हैं यदि हम अभी से सचेष्ट न हुये तो कुछ वर्षों बाद कदाचित हमारा देश भी जल संकट ग्रस्त देशों की सूची में सम्मिलित हो सकता है।

**सिंधु सभ्यता में प्राप्त स्नानागार**

अस्तु प्रत्येक व्यक्ति का तथा समाज का दायित्व है कि जल संरक्षण, प्रबन्धन एवं पर्यावरण संरक्षण के लिये सचेष्ट हो, सक्रिय हों, पूरा उत्तर दायित्व सरकार का है, ऐसा मानकर बैठ जाना कतई उचित नहीं है। अतः आसन्न जल संकट से पहले ही प्रतिरक्षात्मक उपाय करना ही श्रेयस्कर होगा। श्री रहीमदास जी ने निम्नांकित दोहा को सदगुणात्मक तथा भौतिक दोनों अर्थों मे सत्य ही कहा है–

***रहिमन पानी राखिये, बिन पानी सब सून।***<br>
***पानी गये न ऊबरे, मोती मानुस चून।।***

# 34. रामचरितमानस
## (दो प्रथक प्रेस में मुद्रित प्रतियों में पाठान्तर)

श्री गोस्वामी तुलसीदास जी द्वारा रचित 'रामचरितमानस' भारत में श्रद्धा के साथ पढ़ा जाने वाला धार्मिक, आध्यत्मिक तथा शिक्षापद ग्रंथ है। श्री गोस्वामी जी ने अनेक पुराण, निगम, आगम आदि का सार तत्व समाहित करते हुए इस गंथ की रचना, सरल अवधी भाषा में की है। इस ग्रंथ में उनकी विद्वता एवं उत्कृष्ट काव्य क्षमता का दिग्दर्शन होता है। कथा प्रवाह अदभुत है, जो सरल भाषा के कारण न केवल ग्राह्य है, वरन पढ़े–लिखे व अनपढ़ लोगों को अनेको कथा प्रसंग कंठस्थ भी है। यद्यपि श्री गोस्वामी जी ने इस ग्रंथ की रचना स्वांतः सुखाय की है, किन्तु मानस मर्मज्ञों ने विद्वतापूर्ण व्याख्यायें भी की है। 'वाल्मीकि रामायण' तथा 'रामचरितमानस' की प्रवाहपूर्ण भाषा के कारण रामकथा इतनी लोकप्रिय है कि विश्व में लगभग 300 प्रकार की रामायण (रामकथा काव्य रूप में) उपलब्ध है। रामायण का लगभग 38 भाषाओं में अनुवाद किया जा चुका है। विश्व के अनेक देशों में उनकी अपनी अपनी वेशभूषा एवं भाषा में नाटकों तथा नृत्य नाटिकाओं का मंचन रामलीला के रूप में लोकप्रिय है।

विद्वानों में मान्यता है कि राम कथा को प्रस्तर खण्डों पर सर्वप्रथम श्री हनुमान जी ने लिपिबद्ध किया था, तदनंतर श्री वाल्मीकि जी जो श्री राम के समकालीन थे, उन्होंने 'रामायण' तथा 'आनंद रामायण' की रचना की। महामुनि व्यास ने 'आध्यात्म रामायण' की रचना की। दक्षिण भारत के श्री कम्बन ऋषि ने 'कम्ब रामायण' लिखी। श्री गोस्वामी तुलसीदास जी ने 'रामचरितमानस' की रचना की है।

गीता प्रेस–गोरखपुर उ0प्र0 ने सनातन साहित्य के दुर्लभ ग्रंथों सहित अनेक ग्रंथों का मुद्रण करके सनातन धर्मी हिन्दू समाज को ही नही विद्धान अध्येताओं व अन्वेषकों को अत्यल्प मूल्य पर उपलब्ध कराकर श्लाघनीय तथा स्तुत्य कार्य किया है।

प्रस्तुत अध्ययन का उद्देश्य गीता प्रेस से मुद्रित 'रामचरितमानस' की प्रति तथा मुझे अपने पूर्वजों से प्राप्त लगभग 168 वर्ष पूर्व लिथो प्रेस–बनारस में मुद्रित 'रामचरितमानस' की प्रति में प्राप्त पाठान्तरों का अवलोकन करना हैं। लिथो प्रेस की प्रति सचित्र हैं, इसमें एक पंक्तिबद्ध ढंग से चौपाई, दोहा, छंद, श्लोक व सोरठा इंगित करते हुये मुद्रित है। एक दो चित्रों में सैनिकों को संगीन लगी बंदूके लिए हुए तथा महलों में रखी तोपें दर्शाई गई है। ऐसा सम्भवतः मुगल/ब्रिटिश शासनकाल के प्रभाव के कारण हुआ होगा।

प्रस्तुत अध्ययन दोनो प्रेस में मुद्रित प्रतियों में प्राप्त पाठान्तरों का अध्ययन मात्र है। यह किसी की आलोचना करने के उद्‌देश्य से नहीं किया गया हैं। इस अध्ययन में प्राप्त कुछ ही अंश निम्नांकित रूप में प्रस्तुत है –

**लिपि, अक्षरों तथा प्रसंगों में प्रयुक्त शब्दों में पाठान्तर**

| **गीता प्रेस की प्रति** | | **लिथो प्रेस की प्रति** | **गीता प्रेस की प्रति** | | **लिथो प्रेस की प्रति** |
|---|---|---|---|---|---|
| य | – | ज | पुकारा | – | चिकारा |
| के | – | की | सर रची | – | सरारची |
| ष | – | ख | परमसुंदर | – | परमादर |
| ज्ञ | – | ग्या | जई | – | गई |
| रा | – | न | मरूत | – | पवन |
| झ | – |  | धिक | – | धृक |
| ह़ | – |  | कदराई | – | विकलाई |
| | | | खिसियाना | – | रिसियाना |
| | | | सुरतिकरत | – | सुमिरत |
| | | | बिहरावा | – | बहलावा |

1. रामचरितमानस के बालकाण्ड में माता कौशिल्या के समक्ष श्री नारायण हरि के प्राकट्‌य के संदर्भ में श्री गोस्वामी जी ने इस स्थिति का वर्णन करते हुए जो कुछ लिखा है, उसके कुछ अंश अवलोकनीय है – 'भये प्रकट श्री कन्ता' तथा 'निज अयुध भुज चारी'। तब माता कौशिल्या की मनोदशा 'माता पुनि बोली सो मत डोली, तजहु तात यह रूपा'। इसी प्रसंग में दो प्रतियों में निम्नाकिंत पाठान्तर है –

गीता प्रेस की प्रति – मम उर सो बासी यह उपहासी, सुनत धीर मति थिर न रहै।

लिथो प्रेस की प्रति – मम पुर सो बासी यह उपहासी, सुनत धीर मति थिर न रहै।

यहां पर यह विचारणीय है कि किसी भी माता के गर्भ से कैसा भी विकलांग/अधिक अंगों वाला शिशु उत्पन्न हो तो वह माता के लिए उपहास का विषय नहीं होता है वरन माता उसे स्नेह प्रदान करती है। किंतु पुरवासियों के लिए 'निज आयुध भुजचारी' शिशु उपहास का पात्र हो सकता है। अतः 'मम उर सो बासी' के स्थान पर 'मम पुर सो बासी' अधिक प्रासंगिक प्रतीत होता है। इसी कारण माता कौशिल्या ने 'तजहु तात यह रूपा' तथा कीजै शिशु लीला' का आग्रह किया।

2. रामचरितमानस के संदरकाण्ड के प्रारम्भ में श्री गोस्वामी जी ने तीन श्लोक लिखे है। तीसरे श्लोक के पाठ में दोनो प्रेस की प्रतियों में पाठान्तर है –

गीता प्रेस की प्रति – अतुलित बलधामं हेम शैलाभ देहं, दनुज वन कृ शानुं ज्ञानिनामाग्रगण्यम। सकल गुण निधानं वानराणाम अधीशं, रघुपति प्रियभक्तं वातजातं नमामि।

लिथो प्रेस की प्रति – अतुलित बलधामं स्वर्ण शैलाभ देहां, दनुज वन कृ शानुं ज्ञानिनामाग्रगण्यम। सकल गुण निधानं वानराणाम अधीशं, रघुपति वरदूतं वातजातं नमामि।

गीता प्रेस की प्रति में 'हेम शैलाभ देहं' शब्दों का प्रयोग हुआ है, जब कि लिथो प्रेस की प्रति में 'स्वर्ण शैलाभ देहं' का प्रयोग हुआ है। विद्धानों का मत है कि सोने की खदान से निकाले गये कच्चे सोने को हेम कहा जाता है, किन्तु तपाये हुये शुद्ध कांतिमान सोने को स्वर्ण कहते है। हमारी मान्यता है कि श्री हनुमान जी का शरीर कांतिमान स्वर्ण के पर्वत जैसा था। इस आधार पर 'हेम' के स्थान पर 'स्वर्ण' शब्द अधिक उपयुक्त प्रतीत होता है।

इसी श्लोक का अंतिम अंश देखें – गीता प्रेस की प्रति के अनुसार 'रघुपति प्रियभक्तं वातजातं नमामि' किन्तु लिथो प्रेस की प्रति में पाठान्तर है 'रघुपति वरदूतं वातजातं नमामि'। यह तो निर्विवाद रूप से मान्य है कि श्री हनुमान जी, श्री राम जी के सबसे प्रिय अनन्य भक्त हैं। यह प्रसंग सुन्दर काण्ड का है और इसमें श्री हनुमान जी की भूमिका एक श्रेष्ठ दूत की है। उन्होंने स्वयं अपना परिचय 'रामदूत मै मातु जानकी' तथा रावण से सम्वाद करते समय भी अपना परिचय 'तासु दूत मैं जा करि हर आनेहु प्रिय नारि' – अतः प्रसंग तथा भूमिका की दृष्टि में 'रघुप्रति प्रिय भक्तं' के स्थान पर 'रघुपति वरदूतं' अधिक प्रासंगिक प्रतीत होता है।

3– सुन्दर काण्ड में ही जलाधिपति सिंधु जब श्री राम जी के कोप से बचने के लिए विप्र रूप में आया तो दैन्य प्रदर्शित करते हुए निम्नांकित रूप से अपना भाव प्रकट किया –

गीता प्रेस की प्रति– ढ़ोल गवार शूद्र पशु नारी, सकल ताडना के अधिकारी।

लिथो प्रेस की प्रति– ढ़ोल गवार शूद्र पशु नारी, ये सब ताड़न के अधिकारी।

उपरोक्त चौपाई में 'सकल ताड़ना' व 'ये सब ताडन' के अधिकारी का पाठांतर है। विचारणीय है कि 'ताडना' शब्द में दंडात्मक भाव तथा कठोरता ध्वनित होती है, किन्तु 'ताडन' शब्द में दंडात्मक भाव नहीं है

www.ingramcontent.com/pod-product-compliance
Lightning Source LLC
LaVergne TN
LVHW012022041026
849558LV00003B/107